近代中日關係研究 第二輯 1

中日十五年戰爭小史：
九一八事變～日本投降

江口圭一 著
陳鵬仁 譯

LITERARY TIMES
蘭臺出版社

《前言》

十五年戰爭的意義

所謂「十五年戰爭」，係以一九三一年九月十八日的柳條湖事件爲開端，一九四五年八月十四日接受波茨坦宣言，以及九月二日對同盟國簽訂降書而結束的，前後達十五年的戰爭而言。這個戰爭，可以分爲一九三一年九月十八日的九一八事變，以及一九三七年七月七日之盧溝橋事變肇端的中日戰爭，和一九四一年十二月八日，以偷襲珍珠港、英領土馬來半島爲啟端的亞洲太平洋戰爭等三個階段。而第一階段的九一八事變，以一九三三年五月三十一日的塘沽停戰協定爲界，可以分成狹義的九一八事變（一九三一年九月十八日至一九三三年五月三十一日）和華北分離工作（一九三三年六月一日至一九三七年七月七日）的兩個小階段。

「十五年戰爭」這個名稱，在日本，係於一九六五年由鶴見俊輔（譯註①）首次使用。就其理由，他寫著：「開始了滿洲事變，開始了上海事變，開始了日支事變，開始了大東亞戰爭等等，分別地傳來消息。因此從主觀來看，這些好像是零零落落的戰鬥行爲」，但日本戰敗以後，「（我）覺得把這些連貫起來比較合乎事實（不是我意識上的事實）」，同時，「把太平洋戰爭或大東亞戰爭當作對美國的戰爭，並以對美戰爭是錯誤的亦即不應該打這場戰爭的觀念，是無法真正了解這個戰爭」（註一）。

是即九一八事變、中日戰爭和亞洲太平洋戰爭，絕非零零落落的戰爭，而是互相關聯的一連串的戰爭。在九一八事變的延長線上，因華北分離工作而發生中日戰爭，在中日戰爭的延長線上，與第二次世界大戰的聯動而爆發了亞洲太平洋戰爭。而且，要不要取消九一八事變之產物——「滿洲國」，成爲美日交涉的最大爭論點之一，在此種意義上，九一八事變與亞洲太平洋戰爭實有直接的關聯。不僅如此，日本對中國的武力侵略在這十五年從未間斷，一直擴大。由於以上所述的關聯性，這三個戰爭實可以總稱爲「十五年戰爭」。

但這並不意味著九一八事變會不可避免地發展爲中日戰爭，中日戰爭也會不可避免地成爲亞洲太平洋戰爭，進而演變爲十五年戰爭。九一八事變是極其強硬開始和擴大的戰爭（譯註②）。爾後，日本的執政者和戰爭指導者，經過種種抗爭、對立、妥協和合作，從許多可能性和餘地中選擇和執行一個政策，其結果，九一八事變連接爲中日戰爭，更擴大爲亞洲太平洋戰爭，而竟長達十五年之久。事實上這是人爲和選擇的結果，同時也是充滿曲折的過程，並非宿命的、直線的。

十五年戰爭這個稱呼，在今日日本的學術界和一般社會雖然相當普遍，並獲得了「公民權」，但學術界的部分人士對此名稱仍然持不同的意見。譬如臼井勝美（譯註③）則認爲，因一九三三年五月的塘沽停戰協定，九一八事變「應視爲告一個段落」，「將一九三一年以後的戰爭期總括起來說成一個單元，是有問題」（註二）；藤村道生（譯註④）的論據雖然與臼井不同，卻主張「從局部限定戰爭之形式的柳條湖至塘沽停戰協定的九一八事變」，與「始於一九三七年的盧溝橋事變，因南京大屠殺事件而不能解決的中日全面戰爭」沒有連續性（註三）。

這就有如生病，要把它認爲一九三三年五月治好了，一九三七年七月又生病？還是一九三三年五月病情好轉了，但到一九三七年七月又再發、惡化的差異？本書採取後者的立場，其根據將以本文的敘述來說明（註四、註五）。

秦郁彥（譯註⑤）也認爲「九一八事變與中日戰爭之間有很明顯的斷層」，「如果正確計算從九一八事變到停戰，是十三年十一個月，四捨五入也不過十四年。因知道這個用語的創始者是鶴見俊輔，前些日子，（我）曾經問過，他說他算錯了」（註六）。

但十五年戰爭的十五年乃是從一九三一年到一九四五年，前後十五年的意思，是來自日本人生活實感的造語，而從秦郁彥說他曾向鶴見確認過的「東京裁判」的國際學術研究會的問答來看，秦郁彥的說法與事實不符（註七）。一九三一年是戰爭的第一年，一九三二年是第二年，一九四〇年爲第十年，一九四五年爲第十五年。

關於十五年戰爭各階段的稱呼，有若干問題。以當時日方的稱呼稱第一階段爲滿洲事變，因「滿洲」是日方的專稱，在中國，他們稱爲東北、東三省或東四省，而且這是不折不扣的戰爭，所以稱爲滿洲事變並不適當。但如果稱爲「侵略滿洲」或「侵略東北」，則將包括一九〇四至〇五年以後的情勢，不能明示柳條湖事件以還的情況。另外有人建議稱爲「東北戰爭」（註八），惟因日本也有東北地方，乍看不容易辨別指的是什麼。另一方面，「滿洲」在當時的日本是相當根深柢固的稱呼和形象。而且，實際上雖然是戰爭，但其規模，無論在地域層面和動員、消耗層面都有限，所以稱爲事變也不能說是完全不對。中國人把它叫做九一八事變。基於這幾點考慮，本書擬採用「滿洲事變」這個用語（譯註⑥）。

十五年戰爭的第二階段叫做中日戰爭或中日全面戰爭，前者包括廣義的滿洲事變和亞洲太平洋戰爭下的中國戰線，本書將狹義地從盧溝橋事變到亞洲太平洋戰爭開始稱爲中日戰爭。

至於把十五年戰爭的第三階段叫做太平洋戰爭一事，就以前便使用這個稱呼的人而言，既不能表達中國戰線，且又予人專指美日戰爭的印象，自然不是很適當，故有所保留。關於這一點，重視這個戰爭爲第二次世界大戰之一環的中西功（譯註⑦），便提倡使用「第二次大戰——亞洲太平洋戰爭」這個名稱，經家永三郎（譯註⑧）把它介紹出來（註九）；繼而副島昭一提議使用「亞洲太平洋戰爭」這個稱呼（註一〇），木坂順一郎也支持這個提議而採用「亞洲太平洋戰爭」（註一一）。本書贊成中西、副島、木坂三氏之見解，故採用亞洲太平洋戰爭的用語。

本書以有限的頁數來描繪十五年戰爭史；由於是戰爭史，所以將記述的重點放在爲何發生戰爭、誰發動的戰爭、戰爭如何進行、因爲戰爭產生怎樣的情況，亦即要弄清楚戰爭的原因、經過和結果。因此，對於十五年戰爭下的經濟、財政、社會、生活、思想、文化等，無法談得太多，對歐洲情勢也只能點到爲止，這是首先要特別聲明的一點。與此同時，轉折的敍述或輕鬆的插曲，我全部予以割愛，而以基本且重要的事實爲中心來敍述，兼顧年輕的和年老的讀者，使其能全盤了解、融會貫通是我努力的目標。

註釋

註一　鶴見俊輔《戰後日本の精神史——一九三一～一九四五年》，岩波書店，一九八二年，頁二四〇、二四一。

註二　臼井勝美《中國をめぐる近代日本の外交》，筑摩書房，頁八。

註三　藤村道生〈二つの占領と日本史——軍部獨裁體制とアメリカによる占領〉，《世界》，一九八二年八月號，頁五五。

註四　江口圭一〈盧溝橋事件への道——十五年戰爭への視角〉，井上清、衛藤瀋吉編著《日中戰爭と日中關係——盧溝橋事件五十周年日中學術討論會紀錄》，原書房，一九八八年。

註五　一九七七年盧溝橋事變五十周年，在濟南和京都舉行的學術會議，作者曾批評過臼井、藤村和秦郁彥的見解。

註六　秦郁彥《昭和史を縱走する》，グラフ社，一九八四年，頁一五一、二三九。

註七　細谷千博、安藤仁介、大沼保昭編《東京裁判を問う》，講談社，一九八四年，頁三一〇。

註八　安井三吉〈日中戦争史研究についての覺書——『十五年戦爭』『抗日戰爭』〉，《歷史科學》，九九、一〇〇合併號，一九八五年，頁一〇〇。

註九　家永三郎〈日中戦争についての中西功書簡〉，《近きに在りて》，三號，一九八三年。

註一〇　副島昭一〈日中戦争とアジア太平洋戦爭〉，《歷史科學》，一〇二號，一九八五年。

註一一　木坂順一郎〈『大日本帝國』の崩壞〉，歷史學研究會，日本史研究會編集《講座日本歷史（10）近代4》，東京大學出版會，一九八五年。

譯註①　鶴見俊輔（一九二二～），出生東京，為政治家鶴見祐輔的長子，曾任外務大臣、滿鐵總裁、臺灣總督府民政長官之後藤新平的外孫。留學美國哈佛大學，曾任京都大學、東京工科大學副教授、同志社大學教授，政論家，著有《鶴見俊輔著作集》五卷。

譯註②　關於九一八事變，請參閱拙譯《日人筆下的九一八事變》一書，一九九一年，水牛出版社。

譯註③　臼井勝美（一九二四～），栃木縣人，京都大學畢業，曾任筑波大學教授，著作甚多，譯者曾譯他的《中日關係史——一九一二～一九二六》、《中日外交史——北伐時代》、《近代日本外交與中國》三書，皆由水牛出版社出版。

譯註④　藤村道生（一九二九～），名古屋人，名古屋大學畢業，曾任九州工業大學副教授，現任上智大學教授，著有《日清戰爭》、《山縣有朋》、《日本史》等書。

譯註⑤　秦郁彥（一九三二～），山口縣人，東京大學畢業，留學美國哈佛大學和哥倫比亞大學，法學博士，曾任普林斯頓大學客座教授、拓殖大學教授，現任千葉大學教授，著有《史錄、日本角軍備》、《南京事件》、《裕仁天皇五個決斷》等許多書。

譯註⑥　中文版，擬統稱為九一八事變。

譯註⑦　中西功（一九一〇～一九七三），三重縣人，上海同文書院肄業。參加日共，曾被捕，戰後當選過參議院議員，著有《中國共產黨史》、《中國革命與中國共產黨》等許多書。

譯註⑧　家永三郎（一九一三～），愛知縣人，東京大學畢業。曾任東京教育大學教授，極力反對日本政府檢查教科書，甚至告到法院以其為違憲。著有《太平洋戰爭》、《革命思想的先驅者》等很多書，也寫了幾本小說。

目次

第七章　非常時期　115

第八章　滿洲帝國　130

第九章　分離華北工作　145

第十章　準戰時體制　159

第一篇　九一八事變

一九三一年　九月十八日　柳條湖事件

九月廿一日　朝鮮軍獨斷越境出動滿洲

十月八日　關東軍飛行隊轟炸錦州

十月十七日　管東橋本欣五郎中佐等（十月事件）

十月廿四日　國際聯盟理事會限期日軍撤軍建議案，票決結果爲十三比一。

十一月十九日　日軍占領齊齊哈爾

十二月十二日　成立犬養毅內閣

一九三二年　一月三日　日軍占領錦州

一月廿八日　爆發一二八（上海）事變

二月五日　日軍占領哈爾濱

三月一日　「滿洲國」建國宣言

五月五日　簽訂一二八事變停戰協定

五月十五日　五一五事件

五月廿六日　成立齋藤實內閣

九月十五日　簽訂日滿議定書
十月二日　公布李頓報告書

一九三三年
二月十七日　開始熱河作戰
二月廿四日　國際聯盟根據李頓報告書的建議案，以四十二比一通過，日本代表松岡洋右退席。
三月廿七日　日本通知退出國際聯盟
五月三十一日　簽訂塘沽停戰協定

第一章　大日本帝國

軍事大國

發動十五年戰爭的主角——大日本帝國，在開始戰爭的一九三〇年代初，爲世界屈指可數的軍事強國，也是亞洲唯一的帝國主義大國，與列強爭奪東亞、西太平洋的霸權。

日本除其固有領土外，因中日甲午戰爭（一八九四～九五年）獲得臺灣、澎湖諸島爲其領土；因日俄戰爭（一九〇四～〇五年）租得遼東半島頂端部分（關東州）、得到庫頁島的南半部、併吞朝鮮（一九一〇年）；以及因第一次世界大戰（一九一四～一八年）而取得南洋羣島的委任統治。

與此同時，日本在中國東北的南部所謂南滿洲（註一）設定以關東州、南滿洲鐵路、關東軍為首的滿蒙特殊權益（註二），以該地方為其勢力範圍，並在中國擁有治外法權和租界（註三），配備陸海軍（註四），與列強置整個中國為半殖民地。

華盛頓會議（一九二二年）和倫敦會議（一九三〇年）的兩項海軍裁軍條約，將主力艦（戰艦、航空母艦）、補助艦（巡洋艦、驅逐艦）的保有率，定為美國五、英國五、日本三、義大利和法國各一．六七。於此，日本成為排名世界第三位的海軍國家，一九三一年當時，擁有二百八十艘一百一十三萬八千公噸的大艦隊。在另一方面，陸軍的常備兵力為十七個師團，大約二十三萬人，其中兩個師團配備於朝鮮軍（註五），一個師團配屬於關東軍（註六）。

除此以外，日本是第一次世界大戰以後，為維持國際和平，於一九一九年所組織的國際聯盟（The League of Nations）的常任理事國（註七），在國際政治上躋身四至五大國之強力地位。

帝國主義的兩面與華盛頓體制

但是軍事大國日本，在經濟上卻很脆弱。第一次世界大戰證明現代的戰爭是大量消耗物質、人力資源的國家總體戰，因此，確保足夠消耗之資源乃爲贏得國家總體戰的必須條件。可是日本的煤，雖然大致能夠自給，但其他不可缺的戰略物資譬如鐵、石油，以及非鐵金屬類、橡膠、羊毛、棉花等幾乎不能自給，而完全依靠與其爭霸權的美國和英國殖民地輸入。

而且，在確保這些原料的貿易關係上，日本對於美英兩國立於很不利的地位。即日本從美英輸入原料和工作機器類（日本在生產方式上也很落後）時，用於抵銷的是，由其寄生地主制支配下之農村所提供的便宜的勞力製成的生絲、棉製品向美國和英國殖民地輸出。但基本上支持這個貿易關係的生絲（註八），係屬奢侈品的絲織物的原料，故逐漸爲化學纖維所代替，同時日本對英國殖民地輸出的商品，在英國國內已經能夠自給。

日本在經濟上雖然這樣脆弱和不力，卻要拚命對外採取擴張政策，因此在國際金融上不得不依賴美國和英國。近代帝國主義的一般特徵是資本的輸出，而在日本，由於日俄戰爭的大部分戰費係依靠外債，加以帝國主義發展也依賴引進外資來進行，這是捨本逐末的現象。一九二九年年底，日本的對外投資額（主要對象是滿洲）是十七億五千一百萬日圓，但對外債務卻高達二十五億四千九百萬日圓，其債務竟超過七億九千八百萬日圓；從一九二三年至一九三〇年，在美英籌募的外債爲十五億八千三百萬日圓。由一九三〇年前後日本國家財政之一般會計爲十五至十七億日圓看來，其對外債務不能不說是相當吃重。

由以上所述，我們可以知道，日本在資源、貿易和國際金融的層面，相對美英均立於劣勢地位，而且非常依賴美英，這種依賴是日本作爲軍事大國不可或缺的條件。換句話說，日本一方面在軍事上發展成爲三強之一而與美英對抗，另方面在經濟上卻依賴美英，即日本是以依賴（dependence）而自立（independence）爲軍事大國的自我矛盾的兩面帝國主義。

經濟上的弱點與依賴美英，使日本對美英妥協和協調（合作）成爲不可避免。一九二一年年底，因美國的主張舉行華盛頓會議，限制了海軍軍備，且清算了日本於第一次世界大戰期間在東亞的過分膨脹，制止其在中國的獨占性行動，從而對列強之支配中國創造協調的體制。即日本參加了華盛頓會議，在裁軍條約上妥協，廢止英日同盟和石井—藍辛協定，同意將德國在山東的權益歸還中國，並參加爲維持太平洋現狀的四國條約（註九），和尊重中國之主權、獨立、領土完整與在中國之工商業上機會均等而開放門戶的九國公約（註一〇）。

由於華盛頓會議與第一次世界大戰後維護歐洲國際秩序的凡爾賽體制（譯註①）併行，形成了東亞、西太平洋之國際秩序的華盛頓體制（Washington Treaty System）。由此，日本遂不能在亞洲爲所欲爲，而爲順應華盛頓體制，日本不得不以與美國、英國協調爲其基本對外政策。日本的倒退和自制，顯示日本帝國主義兩面性的深刻矛盾。

沿著國際協調的方向，日本於一九二八年參加了放棄戰爭的條約（非戰公約）。依此條約，締約國「各依其人民之名嚴肅宣言放棄作爲國家政策之手段的戰爭」（註一一），與締約國「接受不訴諸戰爭之義務」（註一二）的國際聯盟規約，約束了軍事大國日本不能輕易發動戰爭。日本的國際協調路線，於一九三〇年濱口內閣壓制海軍的反對，成立倫敦海軍裁軍條約達到其高峯。

天皇制立憲主義

而統治實行十五年戰爭之大日本帝國的是，一九二一年成爲攝政，一九二六年登基，一九二八年即位的昭和天皇裕仁（一九〇一～一九八九年）（譯註②）。

根據大日本帝國憲法（日人通稱其爲明治憲法——譯者），天皇是總攬統治權的國家元首，集立法、帝國議會、官制、軍編制、外交、戒嚴、大赦等國務大權於一身的最高權力者。同時，天皇也是陸海軍（以前的日本陸海軍各擁有其空軍——譯者）的最高統帥即陸海軍大元帥。但國務大權乃由國務大臣輔弼行使，統帥權則由最高幕僚長的陸軍參謀總長和海軍軍令部長（一九三三年以後改稱軍令部總長）輔佐行使（註一三、一四）。平時，天皇不會主動干預國政和統帥（註一五），大權的行使和運作都委諸內閣和統帥部（亦稱爲軍令機關，即參謀本部和軍令部）。

根據帝國憲法，天皇更是「萬世一系」之「神聖不可侵犯」的存在，在國家神道（註一六）之下，他是「現人神」（活神——譯者）、「現津神」，爲國民所畏敬而尊崇的神祕天子。

如上所述，日本天皇是絕對神聖不可侵犯的，但在另一方面，美濃部達吉（譯註③）所主張基於國家法人說之天皇機關說的帝國憲法解釋卻普遍爲人們所接受，從而成立了天皇是「依憲法之條規」，作爲國家最高機關行使統治權，君權並非萬能無限制，而受憲法本身局限。

天皇機關說的立憲主義，接連責任政治論，而爲議會政治與政黨內閣的根據。自一九二四年誕生護憲三派內閣以來，大家以爲由衆議院之第一大黨黨魁交互組織該黨內閣爲「憲政之常道」。衆議院，依一九二五年所制定男子普通選舉法選出的議員所構成。一九三〇年濱口雄幸（譯註④）的民政黨內閣，抑制海軍和樞密院（天皇的最高諮詢機關）等的反對，簽訂倫敦海軍裁軍條約，是順應華盛頓體制的協調外交的產物，顯示政黨內閣的力量。

政黨內閣雖是「憲政之常道」，但首相悉由元老西園寺公望（一八九四～一九四〇。註一七）推薦，天皇所任命，政黨和衆議院毫無權限，其取捨皆在元老一念之間，此種運作成爲一種慣例。而政黨內閣的首相即政黨黨魁，也不一定是衆議院議員。

而與內閣在政治上同樣具有極大權限的就是軍部（註一八）。依統帥權的獨立，軍部就軍隊的指揮與運用，不許內閣干預。更因軍部大臣的武官制，只有大、中將（包括預備役。註一九）才能出任陸、海大臣。參謀總長、軍令部總長、陸海軍大臣依帷幄上奏權（註二〇），與內閣毫無關係的，得向天皇直接上奏軍機（軍事上、統帥上之祕密事項）和制定軍令（有關統帥事項的勅令）。而且軍部，如軍人勅諭（一八八二年）所說：「我國軍隊，世世為天軍所統率」，乃是天皇親自統率的軍隊。

十五年戰爭初的日本國，係以神權的天皇為頂峯，一方面以代表國民的眾議院多數黨為基礎組織政黨內閣，依議會政治立憲主義運作國政，對外，順應華盛頓體制，維持協調外交，另方面確保直隸天皇的軍部這個排他機構獨特地位的體制。我把它叫做天皇制立憲主義的政治體制。

兩個對外路線

大日本帝國的領導者，在一九二〇年代所以選擇順應華盛頓體制的對外路線（政策），乃係認為日本在經濟上遠不如美英，依賴美英並唯有與美英協調才有前途可言所致。倫敦會議時，元老西園寺公望說：「甚至連東洋問題，若與美英協調，自可獲得解決」（註二一），說明了這種對美英協調的立場。

此種立場，從欲維持國際協調需要裁軍與外交一元化，對內強化了天皇制立憲主義之政治體制的立憲主義層面，又因議會政治的建立和緊縮財政，而與欲抑制軍部的勢力結合。代表這種對美英協調路線的是，天皇、元老等皇宮的一羣（註二二），他們與民政黨、財界主流有關係。

反此，不以採取對美英協調路線為然者則認為，日本應該在經濟上擺脫依賴美英，挽回對美英經濟的劣勢地位，在亞洲建立「自給自足圈」（勢力範圍），達到真正能夠與美英對峙的自立，日本才會有前途。此時，與美英對立並非首要目的，但為確立自給自足圈，必須打破已有的勢力範圍和國際秩序，因此遂有與美英等列強對決的意向。

由於要和美英對決的立場逐漸膨脹，所以必須增強軍備、確立國家總體戰體制，故在國內，要加強天皇制立憲主義之政治體制的天皇制層面的軍部，便與欲抑制甚至掃除議會、政黨的勢力（當時被稱為「革新」）聯手。

早在一九一六年，典型的膨脹論者德富蘇峯（譯註⑤）說過：「日本帝國的使命，在於完全實現亞洲門羅主義……，亞洲門羅主義者，由日本人處理亞洲之主義也。」他並主張「要掃蕩白閥的跋扈」（註二三、二四、二五）；一九一八年，近衛文麿（譯註⑥）在凡爾賽媾和會議時，發表題名〈排斥美英本位的和平主義〉的論文，表現與西園寺的不同立場。

這種反美英的亞洲門羅主義路線的健將是軍部，民間右翼勢力是它的幫手，政友會在對外政策上，大多支持這個路線。

由於日本帝國主義之兩面性的矛盾，雖然皆具有大帝國主義的共同性，因順應華盛頓體制，維持其對美英協調路線，同時引起對華盛頓體制的反彈，而形成欲打破它的亞洲門羅主義路線，從而導致日本對外政策的分裂。這種分裂，由於天皇制立憲主義在國家權力中國務與統帥的分立而更加嚴重。即軍部以統帥權之獨立爲藉口，從亞洲門羅主義的觀點，一再干預國政和外交，阻礙對美英協調路線的貫徹，擴大了對外政策的分裂。

不過，主導一九二〇年代對外政策的卻是，適應大日本帝國之現狀的對美英協調路線。由於亞洲門羅主義路線係欲打破現狀以保證日本帝國之存在和發展的路線，無法立即適合現狀，因而不得不立於對外政策之支流的地位。

註釋

註一　滿洲是十七世紀建立清朝之女真族的族稱變成地名者，在推翻清廷以後所成立的中華民國，把它稱為東北、東三省，在日本則仍然稱為滿洲。

註二　日本在一九一二年的日俄協約，擴張其勢力範圍到內蒙古東部（以日後熱河省為中心地區），因而產生滿蒙的稱呼。相對於列國共同享有的治外法權等一般權益，為日本所獨占的權利和利益叫做特殊權益。關於滿蒙特殊權益，請參閱第二章。

註三　日本在杭州、蘇州、漢口、天津等地設立專屬租界，在上海和廈門則參加共同租界。

註四　依義和團事變的北京議定書（一九〇一年），日本在北京和天津配置支那駐屯軍（司令部在天津）。另外，第一遣外艦隊擔任長江流域及長江以南中國沿海之警備，第二遣外艦隊負責長江以北中國、關東州沿海之警備。

註五　負責朝鮮的防備，其司令部設於京城（漢城），由第一九師團（衛戍——駐屯羅南）、第二〇師團（龍山）所構成。

註六　負責關東州的防備和南滿鐵路的保護，其司令部設在旅順，由日本國內每兩年更替所派遣的駐箚師團（司令部在遼陽），和以六個大隊而成的獨立守備隊（司令部在公子嶺）所構成。

註七　英國、法國、義大利和日本，一九二六年以後加上德國的五國。

註八　在一九三〇年代前半，日本所輸出生絲的百分之八十五至九五，係輸出美國，而對美國的輸出品中大約百分之六十至八〇為生絲。

註九　美國、英國、法國和日本。

註一〇　除上述四國之外，加上比利時、中國、義大利、荷蘭和葡萄牙五國。

註一一　外務省編《日本外交年表竝主要文書(下)》，原書房，一九六六年，頁一二〇。

註一二　外務省偏《日本外交年表竝主要文書(上)》，原書房，一九六五年，頁四九三。

註一三　輔弼是協助天皇的行為，並負責的意思。國務上輔弼是國務大臣的職責，因其副署天皇在國務上的行為乃有效。宮內大臣（宮內省之首長）輔弼宮務；內大臣擔任「常侍輔弼」。在另一方面，參謀總長和軍令部總長以大元帥的最高幕僚長輔佐（輔翼）天皇，上奏（報告）天皇，將允裁（許可）的命令（奉勅命令）「奉勅傳宣」給受命者，不是輔弼機關，因此天皇就其統帥權的行使，應該負責任。

註一四　家永三郎《戰爭責任》，岩波書店，一九八五年，頁四四、二六五。

註一五　開始十五年戰爭以前的唯一例外是，一九二九年六月，昭和天皇就處分炸死張作霖事件，申斥田中義一外相，令其提出內閣總辭職。

註一六　關於國家神道，請參閱第五章。

註一七　由明治天皇予以「元勳」的待遇，到第一次世界大戰時期，位於國政之最高位的伊藤博文等薩摩、長州出身的軍人、政治家被稱為元老。西園寺由大正天皇以詔書封為元老，一九二四年，松方正義去世以後，西園寺是唯一的元老。

註一八　作為政治集團的陸海軍，相對於行政部門（政府），被稱為軍部。

註一九　大、中將，如果未就軍制上的職位，將由現役被編入預備役，到退休年齡（大將六十五歲，中將六十二歲）則將被編入後備役（六年）。

註二〇　帷幄是垂幕，是軍的大本營的意思。

註二一　原田熊雄述《西園寺公と政局(2)》，岩波書店，一九五〇年，頁三七七。

註二二　以昭和天皇為中心，由元老、內大臣、宮內大臣、侍從長及其親信所構成的政治集團。

註二三　德富蘇峯「大正の青年と帝國の前途》，事時通信社，一九六五年，頁二八一。

註二四　亞洲門羅主義是仿效一八二三年美國門羅總統所宣言，拒絕歐洲列強干涉南北美國大陸事務之方針的所謂門羅主義的用語，因欲在亞洲尋求排他性霸權，故亦可稱為「亞洲霸權主義」。

註二五　副島昭一《中國東北侵略と十五年戰爭の開始》，藤原彰、今井清一編《十五年戰爭史(一)滿洲事變》，青木書店，一九八八年，頁六一。

譯註①　關於凡爾賽體制，請參看拙譯《近代日本外交與中國》（水牛出版社）一書，〈凡爾賽．華盛頓體制與日本〉一文。

譯註②　關於昭和天皇，請參閱拙譯《昭和天皇回憶錄》，臺灣新生報社出版。

譯註③　美濃部達吉（一八七三～一九四八），兵庫縣人，東京帝國大學畢業，留學德國，曾任東大教授、貴族院議員，為日本立憲主義公法學（憲法學、行政法學）的確立者。其長子美濃部亮吉，戰後曾當選過東京都知事。

譯註④　濱口雄幸（一八七〇～一九三一），高知縣人，東京大學畢業。曾任大藏大臣、立憲民政黨總裁及首相。

譯註⑤ 德富蘇峯（一八六三～一九五七），熊本縣人，原名豬一郎。政論家。曾任貴族院議員，為右派論壇的泰斗，支持戰爭，出版過三百多本書，可能是世界最高紀錄。

譯註⑥ 近衛文麿（一八九一～一九四五），出生於東京，京都帝國大學畢業，公爵，在血統上，與昭和天皇最近的一位，曾任首相，二次大戰後被盟軍總部指定為A級戰犯，被傳詢當天凌晨服毒自殺。最近出任過首相的細川護熙是他的外孫。譯者曾撰「近衛之麿與中日戰爭」一文，刊於民國八十四年十月號「日本研究」。

第二章　十五年戰爭的導火線

滿蒙特殊權益

十五年戰爭的第一階段——九一八事變的爆發前提是，一九二〇年代所發生的滿蒙特殊權益和環繞著支配南滿洲的新情況。

在第一章我們提到，日本以滿鐵、關東州和關東軍爲主軸把持著其滿蒙特殊權益，而在南滿設定強大的勢力範圍，這對日本帝國來說，實具有重大的意義和比重。

南滿洲鐵路（註一。簡稱滿鐵）是日本在海外所擁有的最大企業和資產。滿鐵獨占運輸滿洲的特產品大豆（爲糧食、肥料的世界性商品），係爲兼營港灣（大連）、礦業（撫順、煙臺）、煉鐵（鞍山）的壟斷性聯合企業，資金（起初爲二億日圓，一九二〇年爲四億四千萬日圓）的一半由日本政府出資，總裁、副總裁由日本政府任命，同時爲擁有鐵路附屬地（註二）之行政權的「在滿洲的國家政策代行機關」（註三）。

如果滿鐵是日本統治南滿的大動脈，不凍港大連和旅順便是關東州（註四）的心臟。以滿鐵和關東州爲首，日本對滿投資於一九三〇年達十六億一千七百萬日圓，占列國對滿投資的百分之七十，這是日本國外投資的百分之五十八集中於滿洲的結果。一九三〇年年底，在滿洲的日人有二十二萬八千七百人，在滿日人是國外最大的日人集團，同時也是在中國最大的外國人集團，故滿洲無異是日本過剩人口的推銷「市場」。

關東軍的直接任務雖是防備關東州和保護南滿鐵路，但其使命乃在於與日本最大假想敵國蘇聯（當時爲帝俄）（註五）——戰爭時要完成第一線部隊的任務。在對俄戰爭，日本陸軍以占領貝加爾湖以東重要區域爲目的，以可能發生於哈爾濱西方的第一會戰中作獲得有利態勢的作戰準備爲主體，這是以確保南滿和關東軍的存在爲前提的作戰計畫。陸軍更認爲，滿洲的資源尤其是煤和鐵，更爲日本國家總體戰所不可或缺。

自一九一九年的三一獨立運動以後，吉林省的間島成爲朝鮮獨立運動的根據地，因此爲統治朝鮮的需要，日本更要加強對南滿的控制（註六）。

滿蒙問題

在經濟上、軍事上和政治上雖然很重要，但日本的滿蒙特殊權益和對南滿的支配有重大的弱點及根本的矛盾。這是由於這些權益和支配乃由侵略所得，係建立在侵害中國主權和中華民族利益基礎上面所造成。因此日本唯有使中國承認和甘受此種侵略，始能維持這些權益和支配。

可是自一九一九年五四運動以後，反帝國主義的民族主義高漲，故中華民族自然不能接受此種主權和民族利益的被侵犯。對於中國要求恢復主權和民族解放，與滿蒙特殊權益和支配南滿將如何處理的問題，亦即滿蒙問題自一九二〇年代以還，即爲日本所面臨最嚴重的一個矛盾。

在此種情況之下，日本所以能夠維持其權益和支配，其最大的條件之一是張作霖對日本的合作。日本扶植張作霖爲奉天軍閥的領袖，並利用張作霖做現地的支柱。與此同時，張作霖則利用日本的援助和庇護擴張其權勢，並於一九二〇年代中期成爲中國最大的實力者，因此漸有脫離日本統制的傾向，而在反帝民族主義的浪潮中，他一方面與其對決，一方面加強對日本的反彈。

關東軍對於不能操縱自如的張作霖，日漸感覺不信任和不滿，故計畫以更願意與日本合作者取代張作霖。加上眼看一九二六年以後北伐迅速進展，國民革命勢將波及華北和東北，關東軍便意圖要把東三省從中國分離並使其獨立。

一九二八年六月四日，關東軍高級參謀河本大作大佐等，將被北伐軍追趕而從北京乘京奉線（北京—奉天，亦稱爲北寧線）準備回東北的張作霖，在奉天滿鐵線的交叉地點炸斃（譯註①），就是欲實現此種策畫和構想之急性而粗暴的嘗試。

河本等人的嘗試，因爲準備不周而失敗；而且這意味著日本自己把現地的支柱砍掉。繼承張作霖的張學良（譯註②），於一九二八年底與蔣介石的國民政府合作，公開表明反日的姿態。中國的情勢，不是往東三省的分離和獨立，相反地，往全中國的統一而邁進。因此，中國對恢復國權的要求，也就更加積極和強烈。

中國不但拒絕日本在東北建設新的鐵路，而且加緊建設自己的鐵路（註七），降低運費，以爭取更多的貨客。一九二八年成立東北交通委員會，起草以連山灣的葫蘆島爲起點的三大幹線和支線網以包圍滿鐵的計畫，並於一九三〇年七月，由荷蘭的建港公司著手葫蘆島的建港工程。加上一九二九年十月的世界經濟大恐慌波及東北，滿鐵的經營受到極大打擊，而陷入創建以來的經營谷底。

以鐵路問題爲首，在中國要求恢復國權的背景下，中日糾紛層出不窮，日本各報自一九三〇年年底左右，開始大事報導滿蒙問題的嚴重性。

滿蒙占有論

滿蒙問題的嚴重化，使主導一九二〇年代對外政策的對美英協調路線陷入僵局，從而使一直是旁流的亞洲門羅主義路線有了擡頭的機會。

一九二九年七月以後，曾任濱口雄幸、第二次若槻禮次郎的兩民政黨內閣外相的幣原喜重郎（譯註③）是協調外交的能手，他曾經意圖提倡中日兩國的「共存共榮」（註八），以轉變中國恢復國權之要求的方向。幣原於一九三〇年十二月，指示現地機關以下的方針：對不予滿鐵致命影響的鐵路建設，協助中國，作爲其「代價」，要「採取一切手段」（註九）阻止對滿鐵有致命影響之競爭線的建設。但中國的民族主義，已經成長到不被爲維持日本既得權益的「共存共榮」論所懷柔的程度，因此自一九三一年一月與張學良政權的鐵路交涉，一開始就毫無進展。

一九三一年一月，在第五十九屆國會中，前滿鐵總裁松岡洋右（譯註④）以爲「滿蒙是日本的生命線」，可是幣原外相卻一直採取「絕對無爲的旁觀主義」，而抨擊幣原的「軟弱外交」（註一〇）。

但是，不管滿蒙特殊權益和支配南滿對日本如何重要，那是日本侵略和壓迫中國的產物。中國要求恢復國權是中國歷史發展的必然，正如從前日本要求修改不平等條約一樣，是中國之當然而正當的行爲。就尊重主權、民族平等的原理而言，日本應該放棄滿蒙特殊權益，取消南滿的支配，正如《東洋經濟新報》的石橋湛山（譯註⑤）等人所主張。可是日本並沒有接受中國的要求，這自然是日本帝國主義的國家利己主義，而松岡的滿蒙生命論是這個國家利己主義最恰當的表達方法，他對幣原外交的批判，就是亞洲門羅主義路線向對美英協調路線的挑戰。

而具體構想貫徹日本國家利己主義方針的是，一九二八年十月出任關東軍作戰主任參謀的石原莞爾（譯註⑥）。石原結合了歐洲戰史的研究和日蓮宗（譯註⑦）的信仰，認爲在不久的將來，將爆發「決定（世界）的中心爲日本還是美國」之「人類最後大鬥爭的世界大戰」的世界最後戰爭論，爲因應此種局面，石原主張「對外的第一個目標在於解決滿蒙問題」，「唯有使其成爲日本的領土才能解決滿蒙問題」（註一一）。而就其具體方法，石原說：「即使這是個很難完成的目標，只要軍部能夠團結，樹立戰爭計畫的大綱，以謀略製造機會，由軍部主動強拉國家（政府）並不困難」（註一二）。石原與於一九二九年五月到任的關東軍高級參謀板垣征四郎大佐（譯註⑧）合作，對關東軍幕僚灌輸滿蒙占有論的思想，並於一九三〇年年底大致完成了占領滿洲的計畫。

雖然沒有像石原那麼徹底和獨斷地欲以武力解決滿蒙問題的想法，這個時期的陸軍中央（註一三）首腦和幕僚等，幾乎都有占領的想法。一九二九年五月，以重排陸軍人事和解決滿蒙問題爲目的，由佐官級的精英軍官成立了一夕會，依次控制了陸軍省和參謀本部（以下簡稱省部）的重要位子。一九三一年三月決定的參謀本部第二部的「情勢判斷」，以建立親日政權、建設獨立國家和占有滿蒙三個階段爲解決滿蒙問題的方針，第二部部長建川美次（譯註⑨）於四月一日的師團長聯席會議說：「（日本）帝國對滿蒙的積極行動，愈早實行，對日本愈有利」（註一四）。

柳條湖事件

一九三一年七月，爆發萬寶山事件（註一五），八月，發生中村大尉事件（註一六），中日關係由之日益緊張。幣原外相很想以外交解決這些糾紛。但陸軍中央於六月，以參謀本部第二部部長建川美次爲首，成立省部五課長的祕密委員會，預想在滿洲採取軍事行動的必要，而爲獲得國內外理解的需要，決定要求關東軍「隱忍自重」（註一七）一年的方針。對此，關東軍的板垣、石原等，計畫於九月下旬開始軍事行動。

九月十五日，幣原獲得奉天總領事林久治郎（譯註⑩）說關東軍可能採取軍事行動的機密電報，因而對陸相南次郎（譯註⑪）提出嚴重抗議。爲抑制關東軍的「出軌」，陸軍中央遣派轉任參謀本部第一部部長的建川美次少將前往滿洲。接獲此項消息的板垣、石原等，遂提前預定於九月十八日晚上十時二十分左右，在從遼寧省奉天（瀋陽）東北大約七．五公里的柳條湖滿鐵線上爆炸火藥（註一八），以此爲信號，實行攻擊附近東北邊防軍之北大營的謀略。

於奉天待命的高級參謀板垣，遂以關東軍司令官本庄繁中將（譯註⑫）的名義，命令守備步兵第二大隊攻擊北大營，並命令駐箚（仙臺）師團的第二師團（師團長多門二郎中將，譯註⑬）步兵第二十九聯隊攻擊奉天城。已經抵達奉天的第一部部長建川，並無意阻止關東軍的行動。

奉天的日本總領事館於晚間十時四十分左右，獲得關東軍特務機關（負責情報、謀略的機關）說，因中國軍炸毀滿鐵線，關東軍正在出動中的聯絡。領事森島守人（譯註⑭）立刻趕往特務機關，主張以外交交涉和平解決，但板垣卻以「已經發動統帥權，總領事館想插嘴、干涉嗎？」的理由回絕；特務機關員花谷正少佐（譯註⑮）更拔出軍刀威脅森島（註一九）。

旅順的關東軍司令部於十一時四十六分，收到花谷「在北大營西方，暴戾的中國軍隊破壞了滿鐵線，襲擊守備軍」的電報（註二〇），作戰主任參謀石原對關東軍各部隊，即時起草了攻擊中國軍的命令案。司令官本庄起初有些躊躇，隨即接受石原的建議，於十九日凌晨一時二十分下達攻擊命令，並請求朝鮮軍支援，然後率領幕僚趕赴奉天。

被日軍奇襲的中國軍，不能作有效的抗戰，不是敗退就是被解除武裝，日軍於十九日夜半前控制了滿鐵沿線的主要地點。於是，十五年戰爭之第一階段的九一八事變，就在關東軍的謀略和擅自對中國軍的奇襲揭開序幕。這是意圖解決滿蒙問題，占有滿蒙的日本帝國主義的侵略戰爭。

註釋

註一　南滿鐵路從前為帝俄所擁有和經營的東清鐵路（日後的中東鐵路），日本因為日俄戰爭的結果，依一九〇五年波茨茅斯條約和日清滿洲善後條約，獲得了其南滿支線之長春、大連間七百零五公里半的鐵路，加上安奉線（安東、奉天，二百六十・三公里）及其他支線，共計一千一百一十一・四公里的鐵路，於一九〇六年成立南滿洲鐵道株式會社來經營。帝俄令清廷所接受東清鐵路的經營期限為自一九〇三年起三十六年，日本以一九一五年二十一條要求，而把它延長為九十九年（至二〇〇二年）。

註二　由鐵路兩側帶狀部分、主要車站四周市街地以及礦區所構成，一共為二百九十八平方公里。

註三　松本豐三編《南滿洲鐵道株式會社三十年略史》，南滿洲鐵道株式會社，一九三七年，頁二。

註四　日本在日俄戰爭之上述二條約，獲得了遼東半島尖端部分三千四百六十二平方公里的租借權，在此地設關東州，作為管轄機關，起初設關東都督府，一九一九年以後改設關東廳。帝俄使清廷同意的本來的租借期限為自一八九八年起二十五年，日本以二十一條要求將其延長為九十九年（至一九九七年）。

註五　一九〇七年和一九一八年的日本《帝國國防方針》，係以帝俄為第一假想敵國，迨至一九二三年，才修改美國為日本的第一假想敵國，帝俄居次。

註六　迨至一九二七年年底，在滿朝鮮人大約有八十萬人，其大部分居住於間島。

註七　中國的打通線（打虎山——通遼）於一九二七年、吉海線（吉林——海龍）於一九二九年，先後通車。日本以此違反禁止敷設與滿鐵並行鐵路的約定，向中國提出抗議。

註八　社會問題資料研究會編《帝國議會誌(9)》，東洋文化社，一九七六年，頁二二一。

註九　前引《主要之書》，頁一七一。

註一〇　《帝國議會誌(9)》，頁二五三。

註一一　石原莞爾〈歐州戰史講座の結論〉，一九三一年四月，稻葉正夫等編《太平洋戰爭への道（別卷）資料編》，朝日新聞社，一九六三年，九六（以下《別卷資料編》と略記）。

註一二　石原莞爾〈滿蒙問題私見〉，一九三一年五月，同註一一，頁一〇一。

註一三　指負責軍事行政的陸軍省和用兵的參謀本部而言，也稱為軍中央或省部。

註一四　〈師團長會同席上に於ける第二部長口演要旨〉，上原勇作關係文書研究會編《上原勇作關係文書》，東京大學出版會，一九七六年，頁六五六。

註一五　這是居住長春附近萬寶山的朝鮮人與中國人，因水田用水路爭執，雙方發生武力衝突，在朝反對中國的暴動事件。

註一六　這是日本參謀本部部員中村震太郎大尉，在禁止日本人出入的興安嶺方面調查兵要地誌（為作戰、軍事上所必須有關地形、氣象、產業等情報）時，於六月二十七日，被中國軍所槍殺的事件（正式公布為八月十七日）。

註一七　〈滿洲問題解決方策の大綱〉，小林龍夫等編《現代史資料（7）滿洲事變》，みすず書房，一九六四年，頁一六四。

註一八　爆炸的目的並不在破壞鐵路，而是在於響徹的爆炸聲音。爆炸之後列車仍然通

註一九　過。關於爆炸地點，在日本說是柳條溝，但柳條溝與本事件無關。

註二〇　森島守人《陰謀、暗殺、軍刀》，岩波書店，一九五〇年，頁五二～五三。

參謀本部〈滿洲事變に於ける軍の統帥（案）〉，稻葉正夫等編《現代史資料（11）續・滿洲事變》，みすず書房，一九六五年，頁三〇六。

譯註①　關於炸死張作霖事件，請參看拙譯《張作霖與日本》一書（水牛出版社）。

譯註②　關於張學良，請參閱拙譯《張學良與日本》一書（聯經出版社）。

譯註③　幣原喜重郎（一八七二～一九五一），大阪人，東京帝國大學畢業，日本歷史上唯一出任首相和眾議院議長的人。著有《外交五十年》。關於幣原外交，請參看拙譯〈幣原外交覺書〉一文，收於拙譯《近代日本外交與中國》一書。

譯註④　松岡洋右（一八八〇～一九四六），山口縣人，美國奧勒崗大學畢業。曾任滿鐵總裁、外相。戰後被收押，判決前死亡。

譯註⑤　石橋湛山（一八八四～一九七三），東京人，早稻田大學畢業，經濟問題專家，對日本軍部介入政治予以嚴厲批評，曾任首相，兩個月後因病辭職。

譯註⑥　石原莞爾（一八八九～一九四九），山形縣人，陸軍士官學校、陸軍大學畢業，陸軍中將。九一八事變的主謀者之一。

譯註⑦　日蓮宗係以日蓮為開山祖的日本佛教之一宗派，亦稱為法華宗或佛立宗。以《法華經》為根本經典，目前在日本，日蓮宗有十九個宗派，包括靈友會、立正佼成會、創價學會等大約二十個教團。日本的政黨公明黨與創價學會是一體之兩面。

譯註⑧　板垣征四郎（一八八五～一九四八），岩手縣人，陸軍士官學校、陸軍大學畢業，陸軍大將，九一八事變主謀者之一，曾任陸相，戰後以A級戰犯，判處死刑。

譯註⑨　建川美次（一八八〇～一九四五），新潟人，陸士、陸大畢業，陸軍中將，曾任師團長、駐蘇大使。

譯註⑩　林久治郎（一八八二～一九六四），栃木縣人，早稻田大學畢業，曾任福州總領事、奉天總領事、巴西大使。譯者譯過他的〈張作霖被炸死事件〉一文，收於拙譯《張作霖與日本》一書，《張學良與日本》一書亦可參考。

譯註⑪　南次郎（一八七四～一九五五），大分縣人，陸士、陸大畢業，陸軍大將。曾任關東軍司令官、朝鮮總督、陸相。戰後以A級戰犯判無期徒刑。

譯註⑫　本庄繁（一八七六～一九四五），兵庫縣人，陸士、陸大畢業，陸軍大將。九一八事變當時的關東軍司令，戰後不久自殺。

譯註⑬ 多門二郎（一八七八～一九三四），靜岡縣人，陸大畢業，陸軍中將。曾任陸大校長、第二師團長。

譯註⑭ 森島守人（一八九六～一九七五），福井縣人，東京帝國大學畢業。曾任奉天總領事館領事、葡萄牙公使，戰後當選過眾議院議員。著有回憶錄《陰謀、暗殺、軍刀》等書，譯者曾將其譯成中文，以《日本侵華內幕》（黎明書局）書名出版，因已絕版，經黎明同意，改由日本研究雜誌社，以原書名出版。

譯註⑮ 花谷正（一八九四～一九五七），岡山人，陸大畢業，陸軍中將。曾任關東軍參謀、「滿洲國」軍顧問、第五五師團長、一八方面軍參謀長。

第三章　戰線的擴大

日本政府的不擴大方針

柳條湖事件的最早消息於九月十九日凌晨兩點傳到東京。軍中央的反應極其敏捷。上午七時，陸軍省次官杉山元（譯註①）、軍務局長小磯國昭、參謀本部次長二宮治重、作戰課長今村均（亦代理第一部部長）、第二部部長橋本虎之助聚於參謀本部，共商對策。小磯首先開口說：「關東軍此次行動，甚為恰當。」大家表示同意，並就增加兵力一事商討，意見一致而散會（註一）。

可是八時三十分，朝鮮軍司令官林銑十郎（譯註②）中將報告說，該軍除以航空隊二中隊支援關東軍外，正準備令平壤的混成第三九旅團出援奉天。這是朝鮮軍參謀神田正雄（譯註③）中佐與板垣、石原聯繫，得到關東軍的支援請求，策動林軍司令官的結果。

但與視保護滿鐵爲其任務，爲達成任務不惜使用兵力的關東軍不同，朝鮮軍的任務是防衛朝鮮，要越過國境出兵中國領土，必須經過內閣會議支出經費之承認與奉勅命令之手續。參謀本部深怕朝鮮軍的獨斷行動擾亂統帥權，「受到越權之批評」（註二），故電報林軍司令官，希望他取消朝鮮軍的出動，並欲獲得內閣會議的同意。

若槻內閣於上午十時舉行緊急內閣會議。首先由陸相南次郎說明情況，幣原外相宣讀了事件係導因於關東軍有計畫而發出的外務省電文。由此，南次郎失去提議由朝鮮軍增援之必要的勇氣。因此內閣會議決定不擴大這個事件。

南次郎於下午二時的陸軍三長官會議（註三）表示，同意政府的不擴大方針。參謀總長金谷範三（譯註④）也以爲應該早日處理事件和恢復原狀，因此電報本庄軍司令官，並於下午三時三十分，上奏昭和天皇：「對朝鮮軍司令官之獨斷處置，誠爲惶恐，將審議其情形」（註四）。

柳條湖之謀略乃亞洲門羅主義路線對美英協調路線的政變式奇襲，而政府之不擴大方針便是對亞洲門羅主義路線的應戰。

朝鮮軍的獨斷越境

軍中央雖然同意政府的不擴大方針，但卻想要利用這個機會一舉解決滿蒙問題。九月二十日，陸軍三官衙首腦會議，確認了「此時軍部要一併解決滿蒙問題。萬一政府不同意此項軍部案，導致政府崩潰亦在所不惜」的強硬方針（註五）。

九月二十一日，從上午十時至下午四時召開了內閣會議。在會議席上，對於要一併解決滿蒙問題，所有閣員的意見皆一致，但對於關東軍的態勢，維持現狀論和恢復原狀論大約各占一半，對於朝鮮軍的增援，認爲需要的只有首相和陸相，包括海相安保清種（譯註⑤）的其他全部閣員都認爲沒有這個必要。但這個內閣會議決定將在滿洲的事件當作「事變」來處理。從此以後，日本遂進入不宣而戰的實質戰爭狀態。

日本政府因其不擴大方針不許朝鮮軍出動增援部隊，對關東軍是很大的障礙。欲占領滿洲，以關東軍之兵力，尚嫌不足，增援兵力，實不可或缺。因此關東軍幕僚擬訂新的謀略，由吉林特務機關的大迫通貞（譯註⑥）中佐，於九月二十日在吉林製造險惡情勢，二十一日凌晨三時，以保護日僑（註六）為理由，令第二師團的主力進攻吉林，故意使滿鐵沿線在軍事上成為空白。

眼看此種狀況的林朝鮮軍司令官，遂擅自令伺機於新義州的混成第三九旅團於該日下午一時越過國界，開往奉天。接獲此項消息的金谷參謀總長則上奏：「就其是非，將深思熟慮」（註七）。對朝鮮軍的擅自越境，金谷等頗為無奈，打算於次（二十二）日的內閣會議中提出，若朝鮮軍的出動無法獲得同意，陸相和參謀總長準備提出辭職。但作戰課長今村和編制動員課長東條英機（譯註⑦）則主張與政府周旋到底，以團結內部。因此軍首腦為二十二日內閣會議前的溝通工作奔走，小磯軍務局長終於從若槻首相取得「既然出動了還有什麼辦法」（註八）的言質。

在該日上午的內閣會議，對於朝鮮軍的擅自出動，全體閣員皆未表示贊成或不贊成，而承認已經出動的事實，並同意支出其經費。繼而若槻首相上奏本案，下午金谷就朝鮮軍之擅自出動請求「天皇追加允許」。對此，昭和天皇以「此次不得已，將來當應特別注意」而予以允許（註九）。於是，對軍司令官擅自出動的軍隊，下達出動的奉勅命令。

如果真的要貫徹不擴大方針，阻止朝鮮軍的擅自越境應該是最好的柱石（註一〇）。但日本政府卻爲既成事實和軍部的強硬態度所壓制，昭和天皇也默認他所統率的軍隊違反軍紀，因而導致不擴大方針的瓦解。至此，石原莞爾的「以謀略製造機會，軍部主動引導政府」的方針完全成功了。

九月二十四日，日本政府就此事變首次發表聲明，它說關東軍的行動是爲了自衛，政府決定採取不擴大事態的方針，但卻強辯增派朝鮮軍「不能說是擴大事態」（註一一）。不過關東軍跟在吉林一樣，以謀略製造險惡情勢俾強行出兵哈爾濱的企圖，由於懼怕與蘇聯衝突（註一二），而被政府及軍中央阻止了。

轟炸錦州與十月事件

柳條湖事件當時，中國國民政府分裂爲蔣介石的南京政府和汪精衛等的廣東（廣州）政府，加以中國共產黨革命的進展，中國在政治上完全陷於分裂的狀態。蔣介石對日本採取不抵抗的方針，爲援助蔣氏率領東北邊防軍主力出動於關內的張學良，也指示其部下不要抵抗。

蔣介石國民政府欲依賴國際聯盟解決事件，故於九月二十一日向國聯提出控訴。但國聯卻對日本有好感，三十日在理事會通過不擴大事件的決議，因爲相信日本政府的不擴大方針，對於日軍的撤退沒有定期限。此時世界正處於經濟大恐慌，對列國來說，九月二十一日英國之放棄金本位制，比遠東小規模的一個軍事衝突重要。

雖然放棄了進攻哈爾濱，關東軍已經逐漸累積了不少既成事實。對於關東軍意圖占有滿洲案，第一部部長建川強硬反對，且與自衛這個虛構說法不能兩立，故關東軍暫以建立親日政權案與之妥協，同時對中國要人進行與張學良政權的離間工作，並成立了維持遼寧地方治安委員會和吉林省臨時政府。十月二日，關東軍完成「以滿蒙爲獨立國，將其置於我保護之下，以求在滿蒙各民族之平等發展」的所謂「滿蒙問題解決案」。雖然說是「獨立國」，其「政治由中（包括蒙古）日同數之委員行之」、「國防委任日本」、「鐵路（通信）委由日本管理」，實質上近於占有，而且「萬一（日本）政府不接受我方針時，在滿軍人將暫時脫離日本國籍，以突進達成目的」，準備向日本政府挑戰（註一三）。

在此種方針之下，關東軍於十月八日（石原參謀亦親自參加）轟炸了張學良辦公所在地——錦州。由於這個轟炸與日本政府的不擴大方針背道而馳，而且錦州遠離滿鐵沿線，屬於英國權益的北寧線（京奉線）沿線，更是第一次世界大戰以後首次的都市轟炸，所以予世界很大的衝擊。國際聯盟的態度，因關東軍轟炸錦州而爲之一變，十月二十四日的理事會，要求日本立刻撤兵，並應於十一月六日以前撤畢的決議案，只有日本一國反對，以十三比一通過。由於盟約規定，必須全體一致，因此決議案在法律上不成效，但日本在國際政治上卻完全陷於孤立。

轟炸錦州給予若槻内閣極大的打擊，然而參謀本部俄羅斯班長橋本欣五郎（譯註⑧）中佐等「櫻會」爲首的陸軍激進派的政變計畫（十月事件）卻帶來更大的創傷。橋本利用日本在政黨政治下内政外交皆不順利甚至走下坡的強烈危機下，認爲有打倒導致此種危機的政黨政治，以實行「國家改造」的必要。他於一九三〇年十月，與其他同志成立櫻會（譯註⑨），並於一九三一年三月，計畫過要擁護陸相宇垣一成（譯註⑩）的政變（三月事件）。

橋本等與關東軍的板坦、石原等取得密切聯繫，與關東軍呼應，計畫著新的政變。該項計畫係以橋本等幕僚軍官爲中心，將動員隊附青年軍官、陸海軍兵力和民間右翼勢力，殺死或逮捕並監禁政財界和軍部要人，擬以教育總監部部長荒木貞夫（譯註⑪）中將出面組織軍事内閣，且預定於十月二十四日實行。橋本等人的大膽活動，引發政府的注意，故意讓橋本等自由行動，迨至十月十七日才拘禁十二名軍官。

政變計畫雖然失敗了，但政府和皇宮方面因爲屢次的政變陰謀而受到威脅。而十月二十六日，日本政府所發表的第二次聲明，表明「（日本）帝國國民生存的權益，絕不許變更的決心」，「全部軍隊之回歸滿鐵附屬地內將使事態更加惡化」，承認了既成事實，贊成強硬論（註一四）。

嫩江、齊齊哈爾戰役與遼西戰役

轟炸錦州之後，關東軍於十月十五日，煽動洮南的軍閥張海鵬進軍黑龍江省省會齊齊哈爾。由於省主席萬福麟受張學良命令出動關內，故任命黑河警備司令馬占山爲總指揮，以對抗張海鵬軍。馬軍燒毀洮昂線（洮南—昂昂溪）的嫩江橋，以阻止張軍的北上。關東軍以洮南線接連四洮線（四平街—洮南），以及爲滿鐵的借款線作爲出動的口實。關東軍乃於十月三十日，編成嫩江支隊北進，十一月十五日與馬部衝突，大受損害。由此馬占山一舉成爲中國的英雄。

在國際責難的聲浪日益高漲中，關東軍強行膨脹的政策，使日本政府和軍中央感覺非常困惑。金谷參謀總長懼怕關東軍的北進將更加刺激國際聯盟和引起與帝俄的衝突（註一五），故於十一月五日，上奏將關東軍司令官置於參謀總長之指揮下的委任命令權，並對關東軍下達北進只能到嫩江的命令。

關東軍服從這個命令，同時欲以政治工作來屈服馬占山，但馬占山不予理會，且集中兵力，準備與之抗戰。關東軍於是請求軍中央准許其攻擊，軍中央以迅速自齊齊哈爾撤退為條件，於十七日同意其攻擊。關東軍便動員第二師團的主力進行攻擊，十九日占領了齊齊哈爾。

在這期間的十一月八日，因為奉天特務機關長土肥原賢二（譯註⑫）大佐的謀略，在天津策動暴亂（第一次天津事件）。其目的在於乘其混亂，要把清朝廢帝溥儀帶出來，俾令其出任將來的滿蒙獨立國的元首。夢想復辟的溥儀於十一月十日逃出天津，前往營口。

除攻擊齊齊哈爾外，關東軍的另外一個目標是，遏阻錦州政府對遼西的攻擊。日本對北滿的軍事行動，列強以其尚有牽制列強之共同敵人帝俄的作用，故還能容許，但攻擊遼西，不但侵犯北寧線的英國權益，而且很可能導致中日兩國的全面衝突，所以不被列強承認。

報紙一報導占領了齊齊哈爾的日軍，正計畫要攻擊錦州的消息之後，十一月二十三日，美國國務卿史汀生便通知日本駐美大使出淵勝次（譯註⑬），「切望迅速轉達日本帝國政府勿攻擊錦州」（註一六）。幣原外相遂照會南陸相和金谷參謀總長，二十四日以「確認沒有攻擊錦州的計畫」回覆史汀生。在另一方面，國民政府提議法國、英國和美國如果能保證將錦州地方的行政權交給中國，中國政府願意令張學良軍撤回關內，因此在國際聯盟，英法兩國遂與日本進行要將錦州定爲中立地帶的交涉。

但關東軍又有謀略，十一月二十六日，土肥原大佐與天津的駐屯軍竟製造了與中國軍的交戰事件（第二次天津事件）。駐屯軍一請求增兵，關東軍便於十一月二十七日，以「拯救天津之危急」（註一七）爲由，調全部兵力進攻山海關。軍中央遂發布委任命令權，金谷參謀總長曾經前後四次，命令禁止關東軍攻擊遼西，關東軍才不得不停止作戰。

遼西作戰雖被抑制，但十一月二十七日，美國國務卿史汀生卻發表聲明責難日本撕破了三天前的誓約，加以美日雙方外交當局的誤解和大意，次日史汀生的談話暴露了陸相和參謀總長也參與此約定，由此幣原和金谷等被指責對外國洩漏軍事機密和屈服於外國的干涉，其權威爲之掃地（註一八）。

總之，在中止攻擊遼西的狀況下，國際聯盟祕書長特羅孟德（英）建議，由日本提案派遣調查委員會前往現地，於十二月十日全體一致通過此案。此時日本聲明保留調查時的討伐「匪賊與不逞分子」（土匪與不法分子）之權利，獲得在滿洲的軍事行動的保證。

十二月十一日，第二次若槻內閣提出總辭職。這是由於不擴大方針「破產」，金解禁——財政緊縮政策未能獲得財界的支持，以及內相安達謙藏推進協力內閣運動，內閣內部不合作所導致。

註釋

註一　參謀本部第二課〈機密作戰日誌〉，前引《別卷資料編》，頁一一三。

註二　同前，頁一一四。

註三　陸軍大臣、參謀總長、教育總監。陸軍省、參謀本部、教育總監部稱為陸軍三官衙。

註四　同註一，頁一一五。

註五　同前，頁一一七。
註六　吉林有日僑一千人，朝鮮人一萬七千人。
註七　同註一，頁一一九。
註八　同註七，頁一二三。
註九　《奈良武次侍從武官長日記（抄）》，《中央公論》，一九九〇年九月號，頁三四〇～三四一。
註一〇　陸軍刑法（一九〇八年）第三五條規定：「司令官無故對中國開始戰鬥時處死刑」；第三七條規定：「司令官於權外之事，非有不得已之理由，擅自進退軍隊時處死刑、無期徒刑或七年以上之監禁。」
註一一　前引《主要文書》，頁一八五～一八六。
註一二　蘇聯在外國唯一的權益為，與中國共同經營自滿洲里經哈爾濱到綏芬河之間，以及由哈爾濱到長春之間的中東鐵路，所以哈爾濱是蘇聯在滿洲的最大據點。
註一三　片倉衷《滿洲事變機密政略日誌》，前揭《現代史資料(7)滿洲事變》，頁一九八～一九九。
註一四　《主要文書》，頁一八五～一八六。

註一五　洮昂線以昂昂線與中東鐵路連接，進攻齊齊哈爾需要橫斷該鐵路。

註一六　外務省編刊《日本外交文書　滿洲事變(一)》第三冊，一九七八年，頁一〇八。

註一七　《滿洲事變機密政略日誌》，頁二七八。

註一八　坂野潤治《近代日本の外交と政治》，研文出版，一九八五年，頁一八五～二一一。

譯註①　杉山元（一八八〇～一九四五），北九州市人，陸士、陸大畢業，陸軍大將，歷任陸相、參謀總長、教育總監，戰後自殺。

譯註②　林銑十郎（一八七六～一九四三），石川縣人，陸士、陸大畢業，陸軍大將。曾任陸相和首相。九一八事變當時，擔任朝鮮軍司令官的他，擅自令朝鮮軍越境進入滿洲支援關東軍，而以「越境將軍」馳名。

譯註③　神田正雄（一八九〇～？）陸士、陸大畢業，陸軍中將。曾任第六師團長、第一七軍司令官。

譯註④　金谷範三（一八七三～一九三三），大分縣人，陸士、陸大畢業，陸軍大將。曾任支那駐屯軍司令官、參謀次長兼陸軍大學校長、朝鮮軍司令官、參謀總長、軍事參議官。

譯註⑤　安保清種（一八七〇～一九四八），佐賀縣人，海軍兵學校畢業，海軍大將。曾任軍令部次長、海軍次官、海相、軍事參議官。

譯註⑥　大迫通貞（一八九〇～一九七四），鹿兒島縣人，陸大畢業，陸軍中將。曾任滿洲國軍顧問、第四七師團長、鹿兒島聯隊區司令官。

譯註⑦　東條英機（一八八四～一九四八），出生東京，陸士、陸大畢業，陸軍大將。曾任陸相和首相，戰後以A級戰犯判處死刑。

譯註⑧　橋本欣五郎（一八九〇～一九五七），岡山縣人，陸軍砲兵大佐，櫻會的發起人。戰後以A級戰犯判處監禁終身。

譯註⑨　櫻會是於一九三〇年，陸軍法西斯主義者所組織的祕密結社。以橋本欣五郎、長勇等為中心，與右翼頭目北一輝、大川周明等攜手，曾計畫三月事件和十月事件，也積極參與九一八事變的策畫。

譯註⑩　宇垣一成（一八六八～一九五六），岡山縣人，陸士、陸大畢業，陸軍大將。曾任陸相、朝鮮總督、外相，戰後當選過參議院議員。

譯註⑪　荒木貞夫（一八七七～一九六六），出生東京，陸士、陸大畢業，陸軍大將。曾任陸相、文相，陸軍皇道派的領袖。戰後以A級戰犯被判無期徒刑，後來獲得假釋，譯者見過他幾次。

譯註⑫ 土肥原賢二（一八八三～一九四八），岡山縣人，陸士、陸大畢業，陸軍大將。九一八事變當時是奉天特務機關長，侵略中國的最主要分子之一，中國人稱其土匪原，戰後以A級戰犯被判死刑。

譯註⑬ 出淵勝次（一八七八～一九四七），岩手縣人，東京高等商業畢業。曾任外務次官、駐美大使、貴族院議員，戰後當選過參議院議員。

第四章　一二八事變與滿洲國

犬養內閣的誕生

一九三一年十二月十三日，成立以犬養毅（譯註①）爲首相的政友會單獨內閣。新陸相由革新派亦即意圖打破以議會政治和華盛頓體制爲基礎之現狀的健將荒木貞夫中將出任。荒木於十二月二十三日，以閑院宮載仁親王取代金谷參謀總長，並任命其盟友真崎甚三郎（譯註②）中將爲參謀次長，以掌握參謀本部之實權。同日，省部完成「時局處理要綱案」，以「在（日本）帝國軍威力下引導滿蒙在本質上成爲（日本）帝國之保護國狀態，……顯現（日本）帝國永遠存在之重要性爲處理時局之根本方針」（註一），而與關東軍同其步調。

在日本軍中央積極的因應之下，對滿洲增派了兵力，十二月二十八日，關東軍再度對遼西展開作戰。在中國，發生了蔣介石將政權讓給廣東派的政變，張學良放棄抗戰，由錦州撤退。因而日軍於一九三二年一月三日，不費一彈便占據了錦州。

一月八日，昭和天皇極力稱讚關東軍「果斷神速」的行動，發布了「朕深嘉其忠烈」的詔書。至此，關東軍建立在累積謀略與獨斷之基礎上的軍事行動，獲得了不可侵犯的承認。此份詔書，象徵著對美英協調路線與亞洲門羅主義路線的抗爭中，後者的勝利。於是，柳條湖事件成爲日本自對美英協調路線轉變到亞洲門羅主義路線的轉捩點。

但同樣於一月八日，美國國務卿史汀生對中日兩國政府通告：美國不承認違反九國公約和非戰公約而在滿洲所成立的一切狀態。亞洲門羅主義路線之勝利的代價是「美日冷戰」（註二）的開始。由此，戰火遂由東北擴大到華中。

一二八事變

蔣介石和張學良雖然採取不抵抗方針，但中國民眾卻以學生爲先鋒，開始了抗日運動。尤其在上海展開了激烈的杯葛日貨運動，上海成爲抗日運動的中心。而日僑（有二萬五千六百五十人）則常常舉行大會，要求日本政府採取強硬態度，因此中日間的關係，日趨緊張。

一九三二年一月十八日，日本山妙法寺的僧侶等五人，因修行而到達位於共同租界近郊的三友實業公司毛巾工廠前時，被數十名中國人襲擊受了輕重傷，其中一個人於二十四日死亡。因此三十名武裝的日僑於一月二十日襲擊了三友實業公司，與中國官兵發生衝突，雙方皆有死傷。這兩個事件是，前一年十月，受關東軍參謀板垣之託，爲不使列國對滿洲的獨立引起注意，由駐上海公使館陸軍武官補佐官（副武官）田中隆吉少佐（譯註③）所導演的謀略。

由於這個事件，上海的情勢立刻惡化。一月二十一日，日本駐上海總領事村井倉松（譯註④）對上海市長吳鐵城就僧侶事件提出：道歉、處罰加害者、提供贍養費、取締排日和即時解散抗日團體的要求，日本政府更增派了軍艦和海軍陸戰隊。二十七日，村井總領事發出以次日下午六時爲期限的最後通牒。二十八日下午三時，吳市長回答全部接受日本的要求。但日本第一遣外艦隊司令官鹽澤幸一少將（譯註⑤），以該日下午四時在租界實施戒嚴令爲理由，出動陸戰隊，二十八日深夜，與中國軍展開了激烈的巷戰。

配備於上海的中國軍是廣東派系、抗日意識極強的第十九路軍（軍長爲蔡廷鍇），日本陸戰隊遭到意外的強力抵抗，而陷於苦戰。日本海軍投入第三艦隊（司令長官野村吉三郎中將，譯註⑥）的五十艘船艦，還是不能挽回劣勢，因此請求陸軍派兵，日本陸軍中央遂於二月五日，派遣第九師團（金澤）、混成第二四旅團（久留米），前往上海。完成重整陣容的日軍，於二月二十日開始總攻擊，但仍然無法擊潰中國軍，大隊長空閑昇少佐行蹤不明（被俘虜），日軍折損很大。第十九路軍得到中國民眾的熱烈支持，日軍所面臨的是，與滿洲不同性質的民族的抵抗。

吃驚於意外戰況的日本陸軍中央，於二月二十四日，另行以第一一師團（善通寺）、第一四師團（宇都宮）和砲兵部隊編成上海派遣軍（軍司令官白川義則大將，譯註⑦），三月十一日，第一一師團由中國軍的背面登陸，始迫中國軍撤退，三日，聲明中止戰鬥。

上海是中國最大的貿易港口，爲列強支配中國的據點，列強的權益集中於此。列強對日本在上海發動戰爭，遠比在滿洲的戰爭，激烈反對。二月二日，英國、美國、法國的駐日大使共同對日本提議停止戰鬥，國際聯盟理事會則「對我方的態度極端惡化實屬空前」（佐藤尚武理事的報告，譯註⑧）（註三）。

列強的壓力與國際孤立，就依賴美英這個日本的現實而言，是無法忽視的。財相高橋是清（譯註⑨）於二月中旬，曾經對西園寺的祕書原田熊雄（譯註⑩）說：「因出兵真正發生戰爭時，英美如果阻止（日本的）信用貸款，（日本）將束手無策，不特此，如果被列國孤立，連好不容易建立的滿蒙利益也可能全部失去，真是令人不勝憂慮。日本的財政，到明年三月，以後就不能維持」（註四）。

因爲國際聯盟的勸告，從三月下旬，中日兩國與英、美、法、義四國開始舉行停戰會議，在此期間雖然發生了昭和天皇生日的炸彈事件（註五），卻於五月五日成立了停戰協定。日軍付出死傷三千零九十一人的代價，由上海撤退。

滿洲國的成立

犬養首相雖然與軍部同步調，但也希望早日解決九一八事變，故於一九三一年年底，祕密派遣暫時替代蔣介石掌握政權之廣東派要人的老朋友萱野長知（譯註⑪），前往中國交涉。惟受到親軍派的內閣書記官長森恪（譯註⑫）和軍部的妨礙，交涉終歸失敗。一九三二年年初，根據上述省部的「時局處理要綱案」，完成了以「滿蒙將暫時使其由支那本部政權分離，成爲一獨立政權的統治支配地區，並逐漸誘導其具有國家的形態」爲內容的陸海外三省間協定的〈支那問題處理方針要綱〉（註六）。

占領錦州以後，關東軍的最大軍事目標是哈爾濱。從嫩江、齊齊哈爾戰役以來的狀況，認爲蘇俄不會行使武力的參謀本部，於一月二十八日（亦即爆發上海一二八事變的那一天），同意關東軍的出動，日軍遂於二月五日占領了哈爾濱。從柳條湖事件以來，在大約四個半月之內，東三省的主要都市和鐵路沿線，更落在日軍的武力掌控之下。

占領了滿洲主要都市和鐵路沿線的關東軍，遂著手推動建立新國家的工作，對在嫩江、齊齊哈爾之戰傷透日軍腦筋的馬占山，則予以黑龍江省長地位令其歸順，並於二月十六日，召集奉天省長藏式毅、吉林省長熙洽、東省特別區（中東鐵路附屬地）行政長官張景惠和馬占山「四巨頭」於奉天，舉行新國家建設會議（板垣參謀也參加），十七日，以張景惠爲委員長成立了東北行政委員會。（不久，馬占山脫離日軍魔掌，繼續抗日——譯者）

在前一年年底，國際聯盟理事會決定派遣前往現地的調查委員會，由委員長李頓（英）和美、法、德、義的委員組成，於二月三日由歐洲出發，二十九日抵達東京。關東軍希望能在李頓調查團到達前造成既成事實，遂於三月一日令東北行政委員會發表「滿洲國」的建國宣言。

該項宣言說，滿蒙三千萬民眾在張學良政權「殘暴無法」之下只有待死，「借手鄰師，茲驅醜類」，「建設新國家之目的完全以順天安民為主」，領土內的漢、滿、蒙、日本、朝鮮五族，一律平等（註七）。滿洲國的元首稱為執政，年號定為大同，領域包括奉天（一九三一年十一月二十日改稱遼寧省）、吉林、黑龍江、熱河各省、東北特別區和蒙古各盟旗。三月九日，新設以奉天、黑龍江、熱河三省的蒙古地區作為省域的興安省。

乘第一次天津事件逃出天津的溥儀，從營口到旅順即被軟禁起來。溥儀得知要給他的地位不是大清帝國皇帝非常氣憤，但為板垣參謀恫嚇而屈服。三月六日，溥儀在板垣拿來的文件上簽了字。這是大同元年三月十日執政溥儀給關東軍司令官本庄的信函，其內容為：

一、敝國今後之國防及維持治安將委託貴國，其一切經費統由滿洲國負擔。

二、只要是為國防上需要，敝國同意既設鐵路、港灣、水路、航路等之管理以及新路之敷設，一切委託貴國或貴國指定之機關辦理。

三、敝國對於貴國軍隊認爲需要之各種設施，將極力援助。

四、敝國願意聘請具有達識名望之貴國人爲敝國參議，以及任命貴國人於中央及地方各官署，其選任根據貴軍司令官之推薦，其解職以獲得該司令官之同意爲要件。

五、上述各項意思及規定，應爲將來兩國間正式簽訂條約之基礎。（註八）

這個信函是柳條湖事件以來，關東軍軍事行動成果的集大成。

三月九日，溥儀於長春就任執政，發表將實現「王道樂土」的執政宣言。同日，將長春改稱「新京」，定爲首都。如此這般，稱爲滿洲國的這個傀儡國家（僞國），於焉問世。

李頓調查團於三月十一日，由神戶往剛剛結束戰鬥的上海出發。次（十二）日，犬養內閣決定〈滿蒙問題處理要綱〉，但這只是將上述省部協定、陸海外三省協定，在文字的表達上稍微緩和，而爲政府的方針，使滿蒙「成爲顯現（日本）帝國存在之重要性」，並定爲「誘導其逐漸具有國家的實質」（註九）。這意味著關東軍的構想與策畫，終於變成日本的正式方針。

五一五事件

亞洲門羅主義路線不僅向對美英協調路線挑戰，同時也要打倒支持後者之議會政治、政黨勢力或皇宮集團和財閥，並將天皇制立憲主義改造爲由軍部主導的體制。

十月事件之後，櫻會消滅，陸軍的隊附青年軍官等期待革新派的健將荒木中將就任陸相，而暫時離開直接行動，但民間右翼的井上日召（譯註⑬）一黨與海軍激進派青年軍官等，則堅持要爲改造國家而採取行動。此時剛好發生一二八事變，由於海軍成員前往前線，故井上一黨決定採取行動，一九三二年一月底，決定暗殺西園寺公望、犬養毅、若槻禮次郎等政財界要人十三人的計畫。二月九日，小沼正暗殺前財相、民政黨選舉委員長井上準之助（譯註⑭），三月五日，菱沼五郎槍殺了三井合名理事長團琢磨（譯註⑮）。三月十一日，井上自首，一人殺一人的血盟團給人們很大的衝擊。

繼而部分海軍激進派青年軍官，與由農本主義者橘孝三郎（譯註⑯）領導愛鄉塾生七名所組織的農民敢死隊，與陸軍士官（軍官）候補生十一名、血盟團團員四名，於五月十五日，分成四組，採取行動。三上卓中尉第一組襲擊首相官邸，槍殺犬養首相之後，衝破警視廳（首都警察局）之玻璃門，向日本銀行玄關投擲手榴彈。古賀清志中尉等第二組，對內大臣牧野伸顯（譯註⑰）官邸和警視廳投手榴彈，並散發檄文。中村義雄中尉等第三組，投擲手榴彈於政友會和警視廳，同時散發檄文。以上三組，先後集結於東京憲兵隊，但這並非一般人所説之自首，而是「電燈熄滅之後，取回武器，準備再出動」（註一〇）。但計畫要使東京變成黑天暗地的襲擊變電所行動終歸失敗，他們只成功地暗殺犬養首相。

可是此事件的影響卻非常大。犬養內閣對於九一八事變，雖然比前內閣更與軍部合作，但犬養首相對於隨著九一八事變而迅速擡頭的以軍部激進派爲首的，否認議會政治的趨向非常反對，因而力倡要維護議會政治。在此種意義上，五一五事件實埋葬了支持議會政治的中樞。

眼看部分海軍採取行動，陸軍激進派便迫使陸軍首腦部實行國家的革新，陸軍首腦部由之開始有否認政黨內閣的動向。但也有很多人反彈和非難軍人的恐怖主義。在恐怖主義否認政黨內閣，但又不許成立軍部內閣這種力學關係的情況下，元老西園寺公望推薦退役海軍大將、前朝鮮總督齋藤實（譯註⑱）繼任首相，五月二十六日，成立齋藤

「舉國一致」的內閣。由此自一九二四年以來的日本政黨內閣，只經過八年歲月就壽終正寢。與從對美英協調路線轉變到亞洲門羅主義路線的同時，天皇制立憲主義的政治體制，亦被痛擊其立憲主義的層面而開始變質。

註釋

註一　前揭《滿洲事變機密政略日誌》，頁三二〇。

註二　入江昭《日米戰爭》，中央公論社，一九七八年，頁二四。

註三　外務省編刊《日本外交文書　滿洲事變（2）第二冊》，一九八〇年，頁一一四。

註四　前揭《西園寺公と政局（2）》，頁二一六。

註五　四月二十九日，對於在上海舉行的昭和天皇生日（日人稱為天長節）祝賀典禮會場，朝鮮人尹奉吉投了炸彈，白川（義則）軍司令官、野村（吉三郎）司令長官、植田謙吉第九師團長、重光葵駐華公使等受傷，後來白川大將死亡。

註六　前揭《機密作戰日誌》，頁一七一～一七二。

註七　〈滿洲國建國宣言〉，前揭《現代史資料（11）續・滿洲事變》，頁五二四～五二五。

註八　前揭《主要文書》，頁二一七。

註九　同前，頁二〇四～二〇五。

註一〇　遠山茂樹〈五・一五事件の經緯とその意義〉，《五・一五事件(4)今村訴訟紀錄》，一九八三年。

譯註①　犬養毅（一八五五～一九三二），岡山縣人，慶應大學肄業，起初擔任新聞記者，從日本眾議院第一屆大選當選以後，一直連選連任，在首相任內被激進軍官槍殺於首相官邸（一九三二年五月十五日）。為國父的好朋友，對中國革命幫助甚多。

譯註②　真崎甚三郎（一八七六～一九五六），佐賀縣人，陸士、陸大畢業，陸軍大將。曾任陸軍士官學校校長、臺灣軍司令官、教育總監，為陸軍皇道派的領袖之一，被疑與二・二六事件有關係。

譯註③　田中隆吉（一八九三～一九七二），島根縣人，陸士、陸大畢業，陸軍少將。一二八事變的謀略者，與東條對立而被編入預備役。戰後在遠東國際軍事法庭作證，暴露日本陸軍的內幕，出版過《日本軍閥暗鬥史》等書。

譯註④　村井倉松（一八八八～一九五三），青森縣人，東京高商畢業。除上海總領事外，曾任駐暹羅公使。

譯註⑤ 鹽澤幸一（一八八三～一九四三），長野縣人，海軍大學畢業，海軍大將。曾任航空本部長、軍事參議官、橫須賀鎮守府司令長官。

譯註⑥ 野村吉三郎（一八七七～一九六四），和歌山縣人，海軍兵學校（軍官學校）畢業，海軍大將。曾任海軍軍令部次長、太平洋戰爭前夕的駐美大使，戰後當選過參議院議員。

譯註⑦ 白川義則（一八六八～一九三二），愛媛縣人，陸大畢業，陸軍大將。曾任中支那派遣軍司令官，陸軍士官學校校長、陸軍次官、關東軍司令官、軍事參議官。

譯註⑧ 佐藤尚武（一八八二～一九七一），出生於大阪，東京高商肄業。曾任外相、駐蘇大使。戰後當選過參議院議員，著有《回顧八十年》一書。他擔任外相時主張以平等立場與中國調整邦交，反對與中國作戰。

譯註⑨ 高橋是清（一八五四～一九三六），曾任日本銀行副總裁、藏相（財相）和首相。一九三六年二月二十六日，被叛軍槍殺於自宅（二二六事件）。

譯註⑩ 原田熊雄，男爵，日本最後的元老西園寺公望的親信，近衛文麿、木戶幸一的親友，其口述的《西園寺公與政局》（九卷）是近代日本政治史最重要史料之一。譯者曾譯過他有關炸死張作霖事件之口述，收於拙譯《張作霖與日本》一書。

譯註⑪ 萱野長知（一八七三～一九四七），高知縣人，曾任新聞記者，協助中國革命，與國父、黃興等有深交，著有《中華民國革命祕笈》一書。譯者曾譯其文章，收於拙譯《孫中山先生與日本友人》（水牛出版社）一書。請參看拙著《中國國民黨在日本》，頁一九一（近代中國出版社）

譯註⑫ 森恪（一八八三～一九三二），大阪人，中學畢業以後就到中國大陸，曾任三井物產公司天津支店長。在實業界頗有實力，當選眾議院議員，出任田中義一內閣的外務政次官，和犬養毅內閣的內閣書記官長。他支持軍部侵略中國。

譯註⑬ 井上日召（一八八六～？），羣馬縣人，原名四郎，拓殖大學肄業。右翼團體的領導者，護國團團長。中國浪人。因暗殺事件，被判無期徒刑。

譯註⑭ 井上準之助（一八六九～一九三二），大分縣人，東大畢業。曾任日本銀行總裁、藏相。

譯註⑮ 團琢磨（一八五八～一九三二），福岡縣人，留學美國，三井財閥的最高領導人。

譯註⑯　橘孝三郎（一八九三～一九七四），茨城縣人，國家主義運動家，著有《農本維新論》等書。

譯註⑰　牧野伸顯（一八六一～一九四九），明治元勳大久保利通的次子。留學美國，曾任文相、農商務相、外相、內大臣，是和平主義者，故成為軍部的眼中釘。吉田茂是他的女婿。

譯註⑱　齋藤實（一八五八～一九三六），岩手縣人，海軍兵學校畢業，海軍大將。曾任海相、朝鮮總督、首相、內大臣。二・二六事件時被暗殺。

第五章　排外主義與軍國主義

支持戰爭的趨勢

一九三一年九月十八日一發生柳條湖事件，前往各神社去祈禱「武運長久」者大增，九月二十二、二十三日左右，慰問金、鼓勵文章陸續寄到陸軍省、師團、聯隊的司令部、鄉鎮公所、警察機關和報社。但爆發九一八事變以後，民眾並沒有積極支持戰爭，有一部分人甚至質疑這個事變和抨擊軍部。

民眾的反應，因在十月二十四日國際聯盟理事會日本完全敗退而大變。「國難到來」的強烈危機感打動民眾，對中國和國際聯盟的敵意和憎恨，以及感謝和勉勵日軍官兵的感情同時表達出來，排外主義、軍國主義的風潮由之風起雲湧。

以國際聯盟理事會決議要日本撤兵的十一月十六日爲目標，在日本全國各地，舉行了許多規模大小不同的集會，通過「擁護滿蒙權益」、「排除聯盟干涉」、「討伐支那」、「感謝在滿官兵」等決議，以爲造勢。譬如在名古屋市，全市九十六連區（小學區）中，在七十七連區舉行了八十次連區民大會（註一）。報社等也一連串地主辦了不少紐司電影會、講演會、展示（覽）會，而爲人們所歡迎。神社、佛堂亦依地區、工作單位舉行許多有組織的和集團的參拜和祈禱。他們更舉辦戰歿者的慰靈祭和公祭（註二）。

而最普遍的是慰問活動，是慰問金、慰問袋的提供，再加上嚴冬歲末的同情心，而非常流行。同時也全面展開國防費獻金和兵器捐款。根據一九三二年八月二十日當時陸軍省的調查，恤兵金達三百六十八萬日圓、慰問袋一百四十三萬六千個、護身符、日用品等三千三百五十六萬八千個。國防捐獻飛機四十六架、鐵帽二萬四千二百七十八個，其他爲五百五十九萬日圓、學術技藝獎勵捐款爲三十六萬五千日圓。日俄戰爭時的恤兵金爲大約一百二十七萬日圓，慰問袋六十萬個左右。慰問活動，除上述之外，更派遣慰問使到第一線，慰問在滿官兵家族、送迎出動凱旋部隊和遺骨。

民眾危機感的高漲，使他們願意獻身日軍，許多人捐出血書或染血的日本國旗，志願從軍，尤其志願當護士者日多，甚至有興奮之餘而自殺的。

在排外熱、軍國熱高唱入雲之際，他們創造了無數的軍國美談，而最大的故事就是一二八事變時的「肉彈三勇士」。以三個士兵爲友軍開闢突破口犧牲自己生命的故事，引起了狂熱的回響，造成未曾有的同情和風潮。而負傷被中國軍俘虜、停戰後被送回來的空閑少佐的自殺，更掀起了高潮。

動員民眾的管道

扮演動員民眾支持戰爭的最主要角色是日本軍部。爲因應一九三二年的日內瓦裁軍會議，從一九三一年八月就動員帝國在鄉軍人會組織，推動國防思想普及運動，而九一八事變一開始，便以完成九一八事變爲主要目標，展開了全國性的運動。迨至一九三一年十月二十三日，全國舉行了一千八百六十六次國防思想普及演講會，動員了一百六十五萬多人的聽眾。軍部、在鄉軍人會派遣軍官到一般演講會和集會擔任講師，宣傳軍部的主張。譬如上述名古屋市的連區民大會，八十次集會中，有七十七次曾經有一至數名陸海軍軍官講演。包括慰問活動，各地師團、聯隊區的各司令部，同時也是動員民眾的司令部。

在動員民眾方面，大眾傳播媒體——報紙、廣播扮演了決定性的角色。以發行一百萬到一百五十萬份的《大阪每日新聞》、《東京日日新聞》、《大阪朝日新聞》和《東京朝日新聞》四大報爲首，大眾傳播媒體對於柳條湖事件，完全相信並報導軍部的虛僞發表，而使事態擴大，九一八事變被正當化，它們稱讚日軍的戰鬥和勝利，其報導充滿了敵視和憎恨中國、國際聯盟的消息及言論。此時，都市的絕大部分家庭都訂閱報紙，農村各戶也逐漸訂報。且收音機也迅速普遍，一九三二年二月付款收聽數達一百萬個。因爲這些大眾傳播媒體，視日本爲正義、正當，以中國和國際聯盟爲無理、不當的片面的大量報導，對國民的認識和意識予以極大的影響。由於這種虛僞的報導，幾乎讓日本全國國民相信九一八事變是因爲中國軍炸毀滿鐵和攻擊日軍所引起的。迨至十五年戰爭日本戰敗之後，日本國民才知道事實真相。關東軍幕僚的謀略，完全成功於不僅創造了開戰的藉口，而且透過大眾傳播媒體，製造了日本國民的錯誤認識。

大眾傳播媒體不但報導，並且透過慰問金的募集、慰問使的派遣等事業和企畫協助了戰爭。東京和大阪的《朝日新聞》爲九一八事變和一二八事變所募集的慰問金大約達七十五萬日圓。對於《東京日日新聞》和《大阪每日新聞》所主辦「炸彈三勇士之歌」的徵稿，應徵八萬多篇，最後與謝野鐵幹（譯註①）的作品入選，而大為流行。

軍部的意志直接或間接透過媒體，滲透到日本全國各地，各地的在鄉軍人會、青年團等半官制的各種團體作為動員民眾的行動部隊活動，地方行政機關也為動員積極賣力。在地區最下層，地緣共同體的規範（註三）支持了民眾的動員。

以小學為首的學校，也都成為動員兒童和學生支持、協助戰爭的重要場所。放映紀司電影、撰寫慰問文、慰問作品、募集慰問金、捐出國防獻金、參拜神社、送迎部隊等，乃為其主要形態，尤其兒童的募集慰問金和捐獻，成為一種風尚。

在排外熱潮、軍國熱潮的氣氛下，全國各地民眾的新軍國主義組織日趨增加，而最大的組織便是一九三二年三月，由大阪的主婦所成立的大阪國防婦人會，這個組織受陸軍的全面支援，十月，它發展成為大日本國防婦人會（簡稱國婦），並成長為與以上流婦女為中心的愛國婦人會（簡稱愛婦，創立於一九〇一年）抗衡的庶民婦女動員組織。

民眾的國家意識

民眾支持戰爭，最主要係基於對官兵同胞連帶同情的感情。尤其九一八事變在嚴寒中過歲末，更大大地刺激了他們的感情。「肉彈三勇士」都是普通的士兵，出身貧苦家庭，故民眾的感動和同情更加高漲。

日本民眾之支持戰爭，與自中日甲午戰爭以來所形成侮蔑中國的感情連結，以為中國得到國聯的支持對日本挑戰，因此蔑視中國的感情更變成憎恨中國。兒童的慰問文中，充滿了「狡猾的支那兵」、「支那的壞兵」、「壞蛋的支那兵」、「可惡而膽小的支那兵」、「不懂事的支那人」等字眼。

日本民眾之所以支持戰爭，對滿洲的特別感情也是很重要的因素。發生九一八事變時，距離日俄戰爭不過二十六年，故其經驗記憶猶新。滿蒙權益係日本人在日俄、中日甲午戰爭中付出莫大代價所獲得的觀念在日人心中根深柢固，從而形成了滿洲是日本的「聖地」和「生命線」的觀念。由於擁有此種觀念，所以他們不認爲也不可能認爲日本侵略了中國，相反地，借用一篇慰問文的記述：「支那的壞兵想把日本人從滿洲趕出去，要讓日本人受苦受難，真是亂來。充滿大和強魂有力的日本兵，請你們好好守著寶貴的滿洲。」（中津市，小學五年級男生。註四）由此可見他們的認識和願望如何地離譜。

對於日軍官兵的同胞感情、藐視中國和對滿洲的執著，這三者互相關聯和助長，而促使民眾支持戰爭，基本上，也是認爲日本這個國家是善、正義和神聖的，以日本國爲至高的存在，寓至上價值於獻身國家、爲國家賣力的強烈國家意識。將日本絕對化，基於以「爲國家賣力」作爲最高價值標準的國家意識，與爲日本打拚之官兵的聯帶，憎恨抵抗日本的中國，對日本爲不可或缺之滿洲的執著，成爲一般國民的絕對信念。

絕對化日本，以國家爲至高的國家意識，係直接由國家神道所形成。國家神道，更透過學校教育，對日本國民強力而廣泛地灌輸了國體觀念（以日本係由神所肇造，從神由萬世一系的活神天皇統治，以天皇爲中心，形成一大家族的國家，應發揚皇威於中外的神國觀念），因而養成無條件地順從天皇亦即國家的習性。

不特此，日本國家的絕對化、至高化，係根源於日本人特有的同質國家觀。對日本人而言，「國」是指國土（land），作爲歷史共同體的鄉土、國（country, nation），加上作爲統治權力機構的國家（state），這些異質的東西，因爲識別困難而被視爲同質。因此，對於作爲日本人之生活場所的日本國（Japan, country, nation）的歸屬感，原封不動地成爲對日本國家（state）的歸屬感，對於前者自然的感情相當於愛國心，很容易誘導和轉化爲對於後者的忠誠和獻身（註五）。

有一篇慰問文說：「請爲我們的祖國，爲父祖，不，爲我們萬乘之君主，與不道的敵人搏鬥」（神戶市，小學高等一年級女生。註六），爲民眾支持戰爭之基礎的是，由同質的國家觀與國家神道的國體觀念結合所形成的強烈國家意識。

與此同時，民眾之支持戰爭，也是欲從一九三〇年到三一年間不景氣的生活困難逃出。對於柳條湖事件的發生，神戶市的一家日本料理店女老闆說：「由此，景氣能好起來就太好了」（註七），這種期待，迨至「滿洲國」的誕生更加高漲，而掀起「有如颱風的滿蒙熱潮」（註八）。

從犬養內閣留任齋藤內閣的財相高橋是清，以發行公債和低利息政策恢復景氣，加上因通貨膨脹政策和再度禁止輸出黃金導致外匯市價下降、促進輸出的結果，日本經濟較早脫離世界經濟大恐慌的危機。戰爭帶來好景氣，同時戰爭的負擔仍然有限。而這也是民眾支持戰爭的很大原因之一。

民眾排外主義性的支持戰爭，是使日本政府的不擴大方針遭到挫折，從對美英協調路線轉變到亞洲門羅主義路線的決定性條件。幣原外相於一九三一年十一月十八日致電國際聯盟日本事務局長澤田節藏（譯註②）說：「此次事件一發生，我國輿論，各階級對支那強硬意見一致，……如果隨便予以壓制，國民對支那激情將在國內立刻爆發，加上一部分極端分子的策動，其勢之所趨，實具有引起嚴重情況的危險性」（註九）。沢藏即日本民眾亦深爲國家利己主義所囚，在協助和參加對中國的侵略上，雖然與戰爭領導者與爲政者意義不同，但亦有其戰爭責任。

反戰鬥爭與放棄滿蒙論

對於九一八事變，合法的無產政黨右派的社會民眾黨，一開始就協助軍部。該黨於一九三一年十月，遣派中央委員片山哲等三人爲調查委員前往滿洲，聽取他們的報告後，於十一月二十二日，「爲確保日本國民大眾的生存權，我們認爲日本在滿蒙條約上的權益不容侵害」，並發表要把滿蒙「移諸社會主義國家管理」的聲明（註一〇）。九一八事變假「日本國民大眾」、「社會主義」之名爲他們所肯定。

由無產政黨中間派和左派於一九三一年七月所創建的全國勞農大眾黨，預知九一八事變而於九月十八日發表反對戰爭的聲明，創設反對對支那出兵鬥爭委員會，於十月二十五日假東京本所公會堂舉行反對對支出兵戰爭的演說，並在若干地方舉辦演講會和散發文宣傳單。惟由於該黨顧問國會議員松谷與二郎主張支持滿蒙的權益，因此反對出兵的運作步調混亂，未能有很好的成果。

非法的日本共產黨，於一九三一年七月左右，在其機關報《赤旗》刊出預測九一八事變的文章，呼籲反對新帝國主義戰爭。一爆發柳條湖事件，共產黨便於九月十九日發出反對出兵的檄文，動員其所屬日本勞動組合全國協議會（簡稱全協）和日本反帝國同盟等組織，開始散發和張貼反戰的傳單等活動。共產黨系的反軍運動，迨至一九三一年十月底，達二百六十二件，陸軍省於一九三二年二月評說：「共產黨系對九一八事變的反對運動，……爲國民狂熱的支持國軍所壓制，是在沒有任何能力左右輿論的可憐狀態」（註一一）。但於一九三二年二至三月間，共產青年同盟高知地區委員會的槙村浩等，於一二八事變的步兵第四四聯隊（高知）營房內散發反戰傳單，卻予軍當局很大的衝擊（註一二）。共產黨反戰技術上的問題是，把它視同革命運動，極其狹窄，故欠缺吸引廣泛民眾的魅力。

在大眾傳播媒體支持九一八事變的氾濫報導言論中，例外地以尖銳筆鋒抨擊九一八事變的是，石橋湛山所領導的《東洋經濟新報》。九一八事變一爆發，石橋便大膽地展開其一向主張的放棄滿蒙論，他說，欲以武力來屈服中國國民意識的覺醒和建設統一國家的要求是不可能的，也不許這樣作，日本應該誠實面對中國的這種動向，勇敢地接受中國的要求，放棄滿蒙對日本反而好。石橋的放棄滿蒙論，係以激進的自由主義即非帝國主義的立場洞察歷史的大勢，徹底批判日本的國家利己主義的愚蠢和錯誤。但對於狂熱的滿洲風潮，《東洋經濟新報》卻無法忽視，及至一九三二年三月，不得不承認在滿洲的情形（註一三）。

註釋

註一　江口圭一〈滿洲事變と民眾動員——名古屋市を中心として〉，古屋哲夫編《日中戰爭史研究》，吉川弘文館，一九八四年，頁一三二。

註二　一九三二年八月二十二日當時，戰死者一千三百八十七人，戰病死者七十五人，共計一千四百六十二人。

註三　在愛知縣多郡有松町，一九三二年三月舉行戰捷祈願祭，町民七人，決定每天徒步前往路程八公里的熱田神宮，每戶要派一人，就是典型的例子。

註四　《大阪朝日新聞》，一九三二年一月二十四日。

註五　江口圭一〈十五年戰爭と民眾の國家意識〉，《歷史地理教育》，一九八四年二月號；江口圭一〈昭和天皇の戰爭責任と日本人の國家意識〉，日本史研究會、京都民科歷史部會編《天皇制を問う》，人文書院，一九九〇年，頁一八八～一九五。

註六　《大阪朝日新聞》，一九三二年一月二十四日。

註七　《神戶新聞》，一九三一年九月二十日。

註八　《大阪朝日新聞》，一九三二年三月二日。

註九　前揭《日本外交文書　滿洲事變(一)第三冊》，頁五八九—五九〇。

註一〇　大原社會問題研究所編《日本勞働年鑑　昭和七年版》，法政大學出版局，一九六八年，頁四七五～四七六。

註一一　陸軍省〈滿洲事變と社會運動〉，藤原彰、功刀俊洋編《資料日本現代史(8)滿洲事變と國民動員》，大月書店，一九八三年，頁一七六。

註一二　井上清〈槙村浩と高知縣の反帝、革命運動〉，前揭《日中戰爭史研究》所收。

註一三　江口圭一《日本帝國主義史論——滿洲事變前後》，青木書店，一九七五年，第七章。

譯註①　與謝野鐵幹（一八七三～一九三五），京都人，本名寬。詩人、歌人。歌人與謝野晶子是他的夫人。著有詩歌集《東西南北》等。

譯註②　澤田節藏（一八八四～一九七六），鳥取縣人，東大畢業。曾任外務次官之澤田廉三的哥哥。曾任紐約總領事、國際聯盟日本國事務局長。

第六章　脫離國際聯盟與進攻熱河、河北省

承認滿洲國

因爲五一五事件，日本進入「非常時」。血盟團事件和五一五事件的爆發，係以對外的危機感和對內的危機感（農村的貧困）爲其主要動機。救濟農村成爲重大問題，齋藤（實）內閣以「匡救時局」爲當前的重要課題。

齋藤內閣的另外一個重要課題是對滿洲國的因應。齋藤首相兼外相於一九三二年六月三日在第六二議會眾議院院會表示，希望儘快承認滿洲國。六月十四日，眾議院全體一致作成「政府應該迅速承認滿洲國」的決議（註一）。七月十二日，齋藤內閣會議正式決定承認滿洲國。

七月六日，滿鐵總裁內田康哉（譯註①）就任齋藤內閣的外相，內田於八月二十五

日，在第六三議會眾議院院會就承認滿洲國且表明：日本國民具有「即使國家成爲焦土，在貫徹這個主張上，絕不讓步的決心」（註二）。事實上，從此以後日本一直執著於滿洲國，更欲分離華北而導致中日戰爭的全面化，進而發展爲太平洋戰爭，以致日本全國焦土化。內田的焦土外交演說，當然不是預見十五年戰爭的未來，而只是一種大言壯語而已，但不料，他竟說穿了日本之侵略滿洲，建立滿洲國是造成十五年戰爭之悲慘和毀滅的真正根源。

齋藤內閣會議於八月二十七日，決定「從國際關係所看之時局處理方針案」，認爲國際聯盟「如出現要推翻（日本）帝國經略滿蒙之根本，威脅我國運之將來，而以現實的情勢壓迫時，（日本）帝國自不會留在聯盟」（註三）。

於此期間，日本進行了在滿機關的統一。以往，日本統治滿洲的機關有關東軍、關東廳、領事館和滿鐵，被稱「四頭政治」，各自爲政。關東軍要求在軍的主導下統一，故於八月八日，武藤信義（譯註②）大將被任命爲關東軍司令官、關東長官和特命全權大使，而確立了關東軍對滿洲國三位一體的統治權。此時，在實質上滿鐵總裁也被置於關東軍指揮之下。

九月十五日在新京（日人將長春改稱爲新京——譯者），武藤全權大使與滿洲國國務總理鄭孝胥，簽訂了滿洲國確認和尊重日本擁有的一切權益，和爲共同防衛日滿兩國，日軍要駐屯滿洲國內爲內容的日滿議定書，日本正式承認滿洲國。同時簽訂了以兩國軍隊要在日軍統一指揮下行動，及日軍在滿洲國領土内享有軍事行動上之自由、保障與方便爲内容的日滿守勢軍事協定。

此外，三月十日溥儀給本庄關東軍司令官的書信，鄭與本庄八月七日所簽訂關於滿洲國政府鐵路、港灣、水路、航路之管理及路線之敷設管理的協約，關於設立航空公司之協定，鄭與武藤於九月九日所簽訂關於國防礦業權設定之協定，都確認繼續有效，並交換往復文書。

日滿議定書及其附屬協定和文書，係以國際條約的形式確認了日本對滿洲國的殖民地統治。因此，其所發表的只是日滿議定書，而其他書信、協議、文書則付諸祕密。

脫離國際聯盟

李頓調查團調查了中國各地後，於一九三二年七月四日再度訪問日本，會見齋藤首相和內田外相等，但此時日本已經決定要承認滿洲國的方針，故其會見不歡而散。李頓調查團遂於七月十七日離開日本，前往中國大陸，在北平撰寫報告書。在其發表報告書之前，日本於九月十五日承認滿洲國，以製造既成事實，這是無視國際聯盟的行徑，各國對日感情因而隨之惡化。

李頓調查團報告書發表於十月二日。該報告書說，它不認爲日軍在柳條湖的軍事行動「是合法的自衛行動」；對於滿洲國，它說「一九三一年九月以前在滿洲未曾聽過獨立運動，顯然唯有日軍的存在才有可能」，且它斷定「現在的政權並非因爲真正自發的獨立運動所造成」，並結論說：「未經宣戰，中國廣大的領土無疑被日軍以武力所占領，而因爲這種行動的結果，將其與中國分離，宣布獨立著」（註四）。

李頓報告書全面否定了自柳條湖事件以來日本的主張，但在另一方面，它卻又說「惡毒的排外宣傳」「實行於（中國）社會生活的每一層面」，日本因中國的「無法律狀態，而受到比其他任何國家更多的痛苦」乃是引起紛爭的原因，故認爲中國也有一半的責任（註五）。

因此，李頓報告書認爲，這個紛爭「非單純的恢復原狀所能解決」，滿洲國的存在與承認，與「現今國際義務的根本諸原則」不能兩立，「不但違反中國的利益，而且忽視滿洲人民的願望，故其是否為日本長遠之利益，實不無疑問」，對於其解決，它建議給予東三省廣泛的自治，成立東三省自治政府，在東三省內，由外國教官協助組織唯一的武裝特別憲兵隊，其他中國、日本的武裝部隊應從東三省撤退，且自治政府以外國人為顧問，「其中日本人應占相當的比率」（註六）。

對於李頓報告書，日本政府於十一月二十一日發表其見解。日本政府主張：自柳條湖事件以來日軍所採取的措施並沒有超出自衛的範圍，滿洲國的創立「係基於滿洲住民的自發行為」，對於滿洲國，「各國應該立刻予以承認，協助其健全的發展，……使滿洲安定、遠東和平，是唯一的解決方法」，因此李頓報告書的建議將導致「滿洲之偽裝的國際管理」，所以不能接受（註七）。日本選擇了貫徹其既定方針，要與國際聯盟對決的道路。

國際聯盟於十一月二十一日舉行理事會，審議李頓報告書。日本代表松岡洋右採取高姿勢出席理事會，大事抨擊李頓報告書，而與表明願意以報告書之建議為解決問題之基礎的中國代表展開激烈的辯論。十二月六日，在日內瓦召開了國際聯盟的臨時大會。愛爾蘭、捷克、瑞典等小國主張通過李頓報告書，否定滿洲國，但英、法等大國深怕日本脫離國際聯盟，故替日本辯護。結果將問題託付於中日兩國以外由十二理事國和由大會選出的六國，和大會議長所組成的十九人委員會，大會於十二月九日結束。

十九人委員會於十二月十五日，作成接受李頓報告書，但不承認滿洲國爲內容的決議案，對此日本提出要推翻其內容的修正案。英國仍然努力於謀求妥協，但一九三三年一月，如後面所述，日本因在中國的熱河省展開新的進攻，而使國際聯盟的態度硬化。十九人委員會決定貫徹十二月十五日的方案，並勸告日本接受該方案。

第六四議會的眾議院於一月二十五日，對日本駐國際聯盟代表，以全體一致通過「希望貫徹（日本）帝國之既定方針」的感謝決議案（註八）。帝國在鄉軍人會等團體，在日本全國各地，舉行了主張與國際聯盟拒絕來往的集會。

二月十四日，十九人委員會通過根據李頓報告書的報告和建議案。對此，二月二十日齋藤内閣會議決定：國際聯盟大會如果通過十九人委員會的報告和建議案，日本要脫離國際聯盟。

二月二十四日，國際聯盟大會將十九人委員會的報告和建議案付諸票決。結果，贊成四十二，反對一（日本），棄權一（暹羅，即今日的泰國）。松岡代表演講說：「日本政府認爲就中日紛爭欲與國際聯盟合作的努力，已達到其限度」（註九），而率領其隨員退出會場。日本政府於三月二十七日，通知國際聯盟要退出該組織，同時發布脫離國際聯盟的詔書。

日本在國際聯盟完全失敗，說明了日本對九一八事變和滿洲國的主張在國際上只是一種自以爲是和詭辯。但日本還是徹底固執於滿洲國，脫離國際聯盟。所以九一八事變和滿洲國促使日本在國際上陷於孤立，同時也使日本遠離華盛頓體制，往毀壞華盛頓體制的方向邁進。

此時在歐洲，凡爾賽體制也開始產生裂縫。在德國，納粹迅速擴大其勢力，一九三三年一月希特勒就任首相。在七月以前，納粹政權確立了一黨獨裁體制，於一月十四日發表聲明退出日內瓦裁軍會議和國際聯盟，並重新從事軍備。不分東、西方，開始打破以往的國際秩序和意圖建立新的秩序。

進攻熱河、河北省與塘沽停戰協定

在滿洲國內部有各種各樣的反滿抗日的活動，但日本卻把他們當作「匪賊」（土匪），關東軍爲「討匪」（剿匪）而東奔西走。一九三二年五月，曾因採取與日本合作的態度而就任黑龍江省長的馬占山，卻反叛日本，戲弄關東軍直到七月底。九月，蘇炳文在滿洲里起來叛亂，自命東北民眾救國軍（荷龍白爾事件）。關東軍於十二月初以武力予以討伐。此外，在滿洲國的東方和南方的國界地帶也有過討伐戰爭，迨至一九三三年二月左右，滿洲國內的主要反滿抗日勢力可以說已被掃除殆盡。

暫時壓制東三省地區的關東軍，繼而意圖將熱河省編入滿洲國。熱河地區在地理上和歷史上，與察哈爾、綏遠構成內蒙古，在奉天軍閥張作霖支配下，其政治與東三省相連，迨至一九二八年開始實行省制，東三省加上熱河省便稱爲東四省。從其位於奉天省與河北省的中間而言，熱河省的向背和歸屬在政治上具有很大的意義，而其特產品鴉片，作爲財源具有絕大的魅力。

一九三三年一月一日，因爲中國駐屯軍山海關守備隊長落合甚九郎少佐的謀略，在山海關製造中日兩國軍隊的衝突，三日，日軍占領了山海關（山海關事件）。關東軍以此事件爲進攻熱河的良好機會。於是關東軍司令官武藤於一月二十八日下達準備作戰命令，二月十七日，進軍熱河。三月四日，日軍占領了省都承德，十月前後，更占領了萬里長城的五個重要關門。

對此，國民政府集中中央軍主力，予以反擊，故日軍陷於苦戰。武藤司令官又於三月二十七日，命令攻擊河北省東北部，日軍於四月十日突破長城線，攻進河北省。對於因脫離國際聯盟和熱河省作戰，國際關係趨於惡化而感覺不安的昭和天皇，督促參謀次長真崎甚三郎撤兵，因此武藤司令官遂於四月十九日，命令日軍由長城線歸還。惟因中國軍繼續反擊，所以於五月八日，關東軍又開始關內作戰。日軍從北方和東方進攻河北省，五月二十二、二十三日，日軍逼近北平三十至五十公里。

故中方於五月二十五日，遣派軍使向日軍要求停戰。三十、三十一兩日，雙方代表關東軍參謀副長（副參謀長）岡村寧次少將與國民政府軍事委員會北平分會總參議熊斌中將在塘沽進行停戰交涉，三十一日，成立了日軍所提案的停戰協定，其主要內容如下：㈠中國軍要從河北省東部（從延慶到蘆臺之線以東及以北萬里長城內側之地區）撤退，並禁止「一切挑釁擾亂行爲」；㈡日軍得以飛機及其他方法視察該地區；㈢日軍自主地將「大約長城之線」歸還中國；㈣非武裝地帶由中國警察機關維持治安（註一〇）。

由於成立塘沽停戰協定，自柳條湖事件以來一直無止境地升高的日軍軍事擴張行動，暫時告了一個段落。因在河北省東部設立了非武裝地帶，故中國不能再碰長城線，這意味著中國事實上承認了以長城線爲界，熱河省和河北省關外部分的領域屬於滿洲國。更因設立非武裝地帶，日方在河北省確保了策動的空間，以中方的「挑釁攪亂行爲」爲理由，關東軍和中國駐屯軍可能採取新的軍事行動。而且，這樣重大的兩國間協定，並非以外交交涉，而是由第一線的軍方所訂，因此日本對中國的政策，第一線軍方便具有很大的發言權和主導權。

塘沽停戰協定的成立雖然意味著九一八事變告了一個段落，但並不意味著日本停止了對中國的侵略戰爭。以九一八事變、滿洲國占領和支配中國的東北，就其主謀者而言，這並非目的，而是他們爲達成「統一世界之大業」（註一一）的「第一步」（註一二），尚未完成的侵略，他們自始就預定繼續和擴大。塘沽停戰協定爲第一線日軍的繼續和擴大侵略——分離華北工作提供了據點，因此第一線日軍遂著手開始準備（註一三、註一四），並於一九三五年五月付諸實施。而且關內雖然停戰，但在關外——滿洲國內，反滿抗日的武裝鬥爭及其武力討伐——游擊戰爭不斷地在繼續。不特此，日本政府和陸軍把塘沽停戰協定叫做「北支停戰協定」（註一五）和「北支作戰停戰協定」（註一六），不把它當作九一八事變的結束，反而將一九三三年六月以後的死傷者，也當作九一八事變的戰死傷者處理。不管正式或非正式，完全沒有九一八事變已經結束的認識。狹義來說，九一八事變已於一九三三年五月三十一日結束，廣義而言，延續到一九三七年七月七日的盧溝橋事變，接於中日戰爭。

在熱河作戰的過程中，關東軍命令由東北軍靠攏的蒙古族李守信軍，進攻察哈爾省，在多倫縣設立察東特別自治區（察哈爾省），作爲日後所謂內蒙古工作的根據地。

列國的因應對策

由於九一八事變↓建立滿洲國↓脫離國際聯盟↓進攻熱河、河北省，以華盛頓體制爲基礎的東亞國際秩序，大爲被攪亂，對此列國不得不面對因應。在中國，國民政府以統一國內，尤其站在優先剿共的安內攘外論的立場，對日本採取妥協的政策。積極欲抗日與恢復失土的張學良，當時是國民政府北平分會代理委員長，但在日本進攻熱河的一九三三年三月九日下野，而親日派的汪精衛於三月三十日出任行政院長，對日本從事妥協。五月三日，成立以親日派的黃郛爲委員長的行政院駐平政務整理委員會，與日軍交涉，以至屈辱的塘沽停戰協定。但在國民黨內部卻有對抗親日派的美英派，其中心人物爲財政部長宋子文，於一九三三年六月，與美國總統羅斯福談攏了總金額五千萬美元的中美棉麥貸款。這意味著以經濟援助爲媒介的中美合作。

美國於一九三三年一月十五日，通知列國不承認滿洲國。三月就任的羅斯福總統與哈爾國務卿表示：美國政府將不變更前國務卿史汀生所採取的不承認主義。

英國於一九三二年七至八月，在渥太華舉行了大英帝國的經濟會議，準備設立英國聯邦內的特惠關稅制度，以形成區畫經濟，其最大目的在於抑制在禁止輸出黃金以後，因低匯兌、低工資而輸出大爲增加的日本。由於渥太華協定，在通商方面，英日的抗爭趨於激烈化（註一七）。

蘇聯對於九一八事變採取中立和不干涉的態度，而專心於實現自一九二八年以後的五年計畫，並於一九三二年十一月提議簽訂蘇日、蘇滿互不侵犯條約，但日本沒有答應。同時蘇聯同意將中東鐵路由蘇滿合資經營，並於一九三二年六月，將其名稱改爲北滿鐵路，惟其運作不斷發生糾紛，自一九三三年六月開始的北滿鐵路讓渡交涉也不順利。在此期間的一九三二年十二月，蘇聯與自一九二九年七月因中蘇糾紛而斷絕邦交的中國恢復了邦交，而與國民政府合作。

註釋

註一　社會問題資料研究會編《帝國議會誌(13)》，東洋文化社，一九七六年，頁一二三～一二六。

註二　同前，頁四八六。

註三　前揭《主要文書》，頁一〇六～二〇七。

註四　外務省編刊《日本外交文書　滿洲事變（別卷）》，一九八一年，頁一三七、一一八四、二四三。

註五　同前，頁三六、四四。

註六　同前，頁二四五、二五八～二五九。

註七　同前，頁三五六、三五八～三五九。

註八　社會問題資料研究會編《帝國議會誌(15)》，東洋文化社，一九七六年，頁三一二。

註九　《主要文書》，頁二六八。

註一〇　同前，頁二七四。

註一一　石原莞爾〈軍事上より觀たる日米戰爭〉，一九三〇年五月，前揭《別卷資料編》，頁九一。

註一二　同前《滿蒙に關する私見》，一九三二年八月，同前，頁一八五。

註一三　參謀本部第二部早於一九三三年九月，擬妥有關統治華北的〈支那占領地統治綱領案〉。

註一四　永井和〈日本陸軍の華北占領地統治計畫について〉，《人文學報》六四號，一九八九年。

註一五　廣田弘毅外相の第六五議會外交演說，社會問題資料研究會編《帝國議會誌(18)》，東洋文化社，一九七七年，頁四一二。

註一六　陸軍省〈滿洲勃發滿三年〉，一九三四年九月，前揭《資料日本現代史(8)滿洲事變と國民動員》，頁三〇七。

註一七　譬如在印度，日英間設定從價五〇%與二五%的關稅差額，一九三三年六月，日本產品提高從價七五%。但日本的棉布輸出於一九三二年超過英國，為世界第一位。

譯註①　內田康哉（一八六五～一九三六），熊本縣人，東京大學畢業。曾任駐清臨時代理公使、駐美、駐俄大使、外相、樞密顧問官、滿鐵總裁。

譯註② 武藤信義（一八六八～一九三三），佐賀縣人，陸大畢業，陸軍大將、元帥。曾任參謀本部第一部長、第三師團長、參謀次長、關東軍司令官、軍事參議官，男爵。

第二篇　分離華北

一九三三年	十月三日	齋藤內閣，舉行五相會議
一九三四年	三月一日	滿洲國實行帝制，溥儀作了皇帝
	四月十七日	天羽聲明
	七月八日	成立岡田啟介內閣
	十月十日	陸軍省發表〈國防之本義及加強其提倡〉
	十二月廿九日	日本通知廢除華盛頓條約
一九三五年	五月十七日	中日兩國，將公使館升爲大使館
	六月十日	梅津、何應欽協定
	六月廿七日	土肥原、秦德純協定
	八月一日	中共抗日救國宣言（八一宣言）
	八月三日	日本政府、國體明徵聲明（十月第二次聲明）
	八月十二日	相澤三郎中佐，斬殺永田鐵山軍務局長
	十一月廿五日	成立冀東防共自治委員會
	十二月十八日	成立冀察政務委員會
一九三六年	二月廿六日	二二六事件

三月九日　成立廣田弘毅內閣

八月七日　決定「國策之基準」與「帝國外交方針」

十一月十四日　內蒙軍開始進攻綏遠省（綏遠事件）

十一月廿五日　德日簽訂防共協定

十二月十二日　西安事變

一九三七年　二月二日　成立林銑十郎內閣

六月四日　成立第一次近衛文麿內閣

第七章　非常時期

「一九三五、三六年之危機」與五相會議

以建立滿洲國↓脫離國際聯盟向國際秩序挑戰的日本，必須面對他國的反彈和反擊。脫離國際聯盟之後，以軍部爲首的人們，開始大喊「一九三五、三六年的危機」。經過通知兩年之後的一九三五年三月，日本退出國際聯盟生效，與國際聯盟正式絕緣，華盛頓、倫敦兩個裁軍條約將於一九三六年年底屆滿，在這以前的一九三五年必須參加裁軍會議，而條約範圍內的建艦狀況，到一九三六年時日本海軍力量對美英最不利，蘇聯的第二次五年計畫也將於此時完成，其軍事力量將獲得進一步加強等，都是一九三五、六年爲日本面臨最大國際難關的理由。

因認爲需要樹立因應「空前的困難」（註一）之國策及荒木陸相的要求，故於一九

三三年十月，齋藤內閣舉行了首、外、陸、海、藏（財）五相會議。陸軍以爲「目前蘇聯之增強遠東兵備，係大都由於懼怕皇國（日本）所造成，（我們）必須了解此種懼怕將是發生戰爭的重要導因」（註二），「爲除去遠東方面因蘇聯增強兵備對皇國（日本）之威脅，並爲消除第三國際思想之攪亂，將盡一切努力（其結果與蘇聯邦交惡化，不得不與其開戰時，應立即覆滅蘇聯之遠東兵備，以確立國防之安全）」（註三），而主張對蘇聯預防戰爭論。

在另一方面，日本海軍提出「針對國際情勢的國防上意見」，主張「在下次裁軍會議，爲斷然脫離既存條約中不利的國防拘束，今後要樹立基於慎重研究的方針」（註四），同時以美國爲目標，以實現第二次補充計畫（增加艦船八十七艘，十五萬九千公噸，航空隊八隊）爲最緊急之任務。

在五相會議，九月取代內田康哉的外相廣田弘毅（譯註①）和財相高橋是清聯手，抑制了陸相荒木貞夫。五相會議決定的外交方針是，要「完成滿洲國的發達」和「在（日本）帝國指導之下實現日滿支三國的合作」，使中國「放棄反日政策」，與美國就海軍裁軍和滿洲問題「達到充分的互相理解」，與英國「調整經濟關係，確立兩國的親善關係」，對蘇聯必須「加以十分的警戒」，而「當前的緊急課題是，尋求滿洲國健全的發展，……此時避免與蘇聯的衝突至爲重要」（註五）。此項外交方針於十月二十一日，獲得內閣會議通過，但卻只公布說：㈠要以外交手段貫徹我國方針；㈡調和國防與國力而已。

齋藤內閣推動承認滿洲國、脫離國際聯盟的亞洲門羅主義路線，但日本帝國主義依賴美英這個兩面性的現實既然沒有變化，在另一方面則不得不努力於與美國和英國協調，同時以培養滿洲國爲第一要義，以壓制陸軍的突出。在這種意義上，齋藤內閣實具有中間的、維持現狀的性格。

廣田外交

廣田外相雖然抑制了荒木陸相的激進方針，但在尋求確立亞洲門羅主義的霸權這一點，實與軍部有共同立場。廣田外相於一九三四年一月，在第六五議會的外交演說表示：「作爲維持東亞和平的唯一基礎，帝國將負起其全部的責任」（註六）。

爲對抗日本建立滿洲國，列強皆各依其方法力求立足中國。如前面所述，美國於一九三三年六月，與中國成立中美棉麥貸款，在這前後，美國將許多軍用飛機給國民政府，並派遣飛行軍官，訓練中國的空軍。英國除了於一九三三年六月，成立貫通粵漢鐵路的契約外，也在華中和華南投資鐵路和工業。一九三三年十一月，國際聯盟遣派前副祕書長莫聶前往中國，開始以國際協力援助中國經濟的工作。

對於此種動向，廣田外相於一九三四年四月十三日，指示駐華公使有吉明（譯註②）「對支國際協力我方態度等文件」。它說：㈠「維持東亞之和平秩序，當然要單獨負起責任去完成，對此帝國具有成就此使命的決心」；㈡「中國之排斥日本運動自不在話下，對於以夷制夷的利用他國方策，要努力徹底打破」；㈢「如果列強對中國採取共同行動，不管是財政的、技術的或其他任何名目，……帝國在主義（原則）上不得不表示反對」；㈣對於「各國從經濟貿易觀點個別與中國交涉的行動」，「凡是有紊亂東亞和平或秩序之性質者（譬如供給軍用飛機或設置機場，提供軍事顧問、政治借款等），帝國不得不反對」；㈤「外國對於當前中國的策動，共同行動自不必說，即使是個別的，……原則上也要予以破壞」（註七），顯而易見，廣田外交意圖在東亞建立其排他性的霸權（註八）。

此時在中國，由於國際上銀價暴漲銀大量外流和不斷的內戰等，經濟危機和社會不安相當嚴重。因一九三三年十月以後的第五次勦共戰爭，和一九三四年十月中共軍的開始流竄，國共的對立達於高峯。與此同時，要把有密切交流的關內和關外一直置於斷絕狀態，事實上也不可能。蔣中正、汪精衛的國民政府，標榜「安内攘外」、「一面抵抗、一面交涉」，傾向於與日本妥協。

在此種情況之下，一九三四年五月，中國、滿洲國間的通車問題，在駐平整理委員會和關東軍之間獲得解決。七月，北平、奉天間的直達列車開始通車。繼而對於通郵，於十二月成立協定，從一九三五年一月起開始實施。

一九三四年七月，齋藤内閣因帝人事件（帝國人絹——人造絲——公司的貪汚事件）而辭職，預備役海軍大將岡田啟介（譯註③）出而組閣，外相廣田弘毅留任。廣田於一九三五年一月，在第六七議會的外交演講說：「帝國政府不但由衷希望中國早日恢復其安定，而且盼望其覺醒東亞之大局，能合乎帝國真摯之期待，我國以其善鄰，且鑑於作爲東亞安定力量之地位，具有爲實現此目的，要更加努力的方針」（註九），而強調要與反共親日的國民政府「善鄰」。

對此國民政府於二月二十日，採取禁止刊登排日和抵制日貨之言論的措施，二月二十七日，中央政治會議通過停止排日、抵制日貨案。五月十七日，中日兩國將其公使館提升爲大使館，中日親善的氣氛，達於最高峯。但幾乎與它同時，第一線日軍開始著手分離華北的工作，因此中日關係又迅速惡化（請參閱第九章）。

在此期間，日本與蘇聯之間一直遲遲不進的北滿鐵路讓渡交涉，於三月間獲得解決，滿洲的鐵路從此全部落於日本人手中。另一方面，因爲海軍的要求，日本於一九三四年十二月九日，通知廢除華盛頓海軍裁軍條約。至於一九三五年的裁軍會議，因爲沒有妥協的希望，故勢必進入無限制的建艦競爭的時代。

皇道派與統制派

關於因應一九三五、三六年的危機，陸軍內部的派系抗爭日益嚴重。從一九三二年到三三年，形成陸軍之主流的是，以荒木陸相和真崎參謀次長爲首的皇道派。尤其荒木極端主張精神主義的天皇中心主義，濫用皇道、皇軍、皇國等「皇」字，因而被稱爲皇道派。荒木和真崎對人事獨斷獨行，起用其盟友和親信於省部要職。在北一輝（譯註④）、西田稅的影響之下，欲以政變改造國家的青年軍官則以荒木和真崎爲盟主，與其發生密切的關係。皇道派在具有強烈的國體觀念之同時，也擁有很強的反蘇反共的觀念，主張對蘇主敵論，反對日蘇互不侵犯條約和北滿鐵路的讓渡交涉，而如前面所述，在五相會議，提出對蘇預防戰爭論。

但荒木的主張在五相會議卻被抑制，在救濟農村的內政會議也沒有什麼成果，在編列一九三四年度的預算又不得不對海軍讓步，因此其聲望大降，乃於一九三四年一月，乘生病辭去陸相，故皇道派開始沒落，統制派隨之而擡頭。

對於皇道派的對蘇預防戰爭論，參謀本部第二部長永田鐵山（譯註⑤）少將主張，為了要與蘇聯戰爭，必須先完成滿洲國，使中國屈服，而與皇道派的第三部長小畑敏四郎（譯註⑥）少將針鋒相對。對於皇道派的派系行動特別是青年軍官的脫離常軌，陸軍內部漸有反感，因此遂以永田為龍頭成立了所謂統制派（註一〇）的派系。永田等所追求的是，以軍部為核心，與官吏、政財界合作，為建立國家總力戰體制的國家革新。故統制派的幕僚軍官遂於一九三三年十一月，對皇道派青年軍官提議，要進行整個軍的國家革新，但為青年軍官所拒絕，所以兩者便決裂。

如此一來，在大局上雖然沿著九一八事變以後的亞洲門羅主義路線，但相對地對於維持現狀的齋藤、岡田兩中間內閣，卻出現更激進的軍部與其對抗，加以軟硬、陰陽的壓力。在軍內部，爲著國家革新、改造和對外方案，形成統制派與皇道派互相對抗的三極抗爭局面。

荒木和真崎以爲，繼任荒木陸相的林銑十郎大將是他們的同夥，可是林卻站到統制派一邊，於一九三四年三月任命永田少將爲陸軍省軍務局長，軍中央的要職皆以反皇道派來出任。而以爲皇道派青年軍官必定發動政變的片倉衷（譯註⑦）少佐等幕僚軍官，於一九三四年一月草擬「因應爆發政治上非常事變的對策綱要」，計畫以鎮壓青年軍官之政變的反政變來實行國家革新。

關於其國家革新的內容，統制派幕僚得到大藏公望、矢次一夫等國策研究會的協助，完成其構想，並於十月以陸軍省新聞班的小冊子《國防之本義與其加強之提倡》（註一一）發表。它以國防爲至高的價值，爲要使一切爲其服務，主張「斷然要從根本作起」，力倡「芟除」「無視國家的國際主義、個人主義、自由主義」，而予政界和社會很大的衝擊（陸軍小冊子事件）。

十一月，統制派舉發皇道派的政變計畫，因而村中孝次大尉、磯部淺一一等主計被逮捕（十一月事件，亦稱爲士官（軍官）學校事件）。軍事審判結果，村中和磯部因證據不足而不予以起訴處分和停職，但他倆以此事件爲捏造，並於一九三五年七月發表

「關於肅軍之意見書」，以抨擊統制派。因此村中和磯部被免職，於是皇道派和統制派的對立，愈來愈激烈。

該年七月，林陸相與閑院宮（載仁）參謀總長聯手，罷免了真崎教育總監。皇道派的憤怒由之達於極點。相澤三郎（譯註⑧）中佐遂於八月十二日，在陸軍省內斬殺了軍務局長永田鐵山中將（永田事件，亦稱爲相澤事件）。由此，皇道派與統制派的鬥爭進入攤牌的階段。

國體明徵

在被稱爲「非常時期」，高倡「危機」和「國難」已經來到的情況下，對於反體制運動的壓制和思想的統制，日益加強。特別高等警察（簡稱特高）派其間諜混進日本共產黨的領導階層，唆使共產黨員於一九三二年十月幹了銀行強盜，而被大大渲染爲「赤色夥匪事件」。被檢舉的黨員，在警察局受到殘酷的刑訊，岩田義道（一九三二年十一月）、小林多喜二（一九三三年二月，譯註⑨）、野呂榮太郎（一九三四年二月）等人，就是因爲刑訊和苛酷的審問而致死的。

從一九三二年至三三年，司法官、教員等的「赤化事件」——對於共產黨及其同路人陸續被逮捕，三三年三月第四議會的貴族院和眾議院，皆作了有關思想對策的決議。四月，齋藤內閣設立思想對策協議委員會，以審議和決定取締思想的具體方策。

以「赤化」爲理由的鎮壓思想，也波及大學。四月，內務省以京都帝國大學教授瀧川幸辰（譯註⑩）之自由主義的刑法學說違反公俗良序，而將其著作予以禁止發售處分。繼而文部省要京都帝大迫瀧川辭職，在京大掀起了全校的抗議運動，迨至七月，瀧川以及贊成瀧川之立場的教授乃提出辭職，以京都帝大敗北落幕（瀧川事件）。

在這樣苛酷的鎮壓之下，於一九三三年六月，日本共產黨的最高幹部佐野學和鍋山貞親（譯註⑪）發表脫黨聲明，給予黨員及其支持者極大的衝擊，導致許多黨員脫黨，共產主義運動從內部開始崩潰。社會大眾黨（成立於一九三二年七月）的書記長麻生久等人，則支持陸軍小冊子，加強了親軍的傾向。

一九三五年二月，在第六七議會的貴族院，右翼議員攻擊貴族院議員美濃部達吉的憲法學說——天皇機關說爲「造反」和「叛逆」，三月，貴眾兩院各作反對天皇機關說的決議；而在院外，右翼和在鄉軍人會亦展開反對天皇機關說的運動。四月，內務省將美濃部的著作付諸禁止發行處分，但反對運動仍然日趨激烈，甚至於發展爲倒閣運動。岡田內閣受其影響，於八月和十月，兩度聲明國體明徵，表示要「芟除」天皇機關說。於是美濃部辭去議員，天皇機關說的授課，一概從大學和高等學校消聲匿跡。天皇機關說事件說明：不僅是共產主義思想，連自由主義學說也被認爲是反國體，而成爲被排除的對象，更否定了天皇制立憲主義的政治體制，所形成的立憲主義的理論根據。

排除反正統國體的異端，也波及宗教的世界。一九三五年十二月，主張「重建社會」，以天皇親政爲目標推動復古主義、農本主義國家改造運動的大本教被鎮壓，出口王仁三郎（譯註⑫）等幹部被逮捕，教團的設施遭到徹底的破壞，教團由之潰滅。一九三六年九月，以教育勅語爲教典，因「轉換」神事而迅速成長的「人道」教團也被鎮壓，教祖御木德一等人以不敬罪被起訴，教團受到禁止結社的處分。

以國家神道的國體觀念爲唯一的正統，凡被認爲與其相反者皆予以禁止和鎮壓，消滅不順從天皇——國家的人民自發的結合，一九三七年五月，文部省出版「絕對隨順」的「國體之本義」，國家神道得以確立。是即國家神道的國體觀念，乃是十五年戰爭國民精神總動員的精神基礎。

註釋

註一　荒木陸相談，〈大阪朝日新聞〉，一九三三年九月十日。

註二　〈國策理由書（皇國內外情勢判斷）〉，一九三三年十月十八日，齋藤實文書，國立國會圖書館憲政資料室藏。

註三　〈帝國國策〉，一九三三年十月二日，島田俊彥ほか編〈現代史資料(8)日中戰爭I〉，みすず書房，一九六四年，頁一一。

註四　海軍省〈國際情勢に對する國防上の所見〉，一九三三年十月三日，齋藤文書。

註五　前揭〈主要文書〉，頁一七五～二七七。

註六　前揭〈帝國議會誌(18)〉，頁四一三。

註七　〈現代史資料(8)日中戰爭I〉，頁三二～三三。

註八　這個指示是機密的，因外務省情報局長天羽英二於四月十七日，以非正式談話獨斷發表(五)以外的旨趣，而被稱為天羽聲明，以其為日本宣布亞洲門羅主義而引起列國的反彈，外務省為緩和其旨趣，作了一番辯解。

註九　社會問題資料研究會編〈帝國議會誌(22)〉，東洋文化社，一九七七年，頁二〇二。

註一〇　統制派這個名詞的由來，有人說它欲統制經濟，也有人說欲統制軍而來。

註一一　高橋正衛編《現代史資料(5)國家主義運動2》，みすず書房，一九六四年，頁二六六以後。

譯註①　廣田弘毅（一八七八～一九四八），福岡人，東京帝大畢業。曾任歐美局長、駐荷蘭公使、駐蘇大使、外相和首相。戰後以A級戰犯被處死刑。他是唯一非軍人被判死刑的人。

譯註②　有吉明（一八七六～一九三七），京都人，東京高商畢業。曾任上海總領事、駐瑞士公使、駐巴西大使、駐華大使。

譯註③　岡田啟介（一八六八～一九五二），福井人，海大畢業，海軍大將。曾任海軍次官、海相和首相。在他首相任內發生二二六事件。曾參加打倒東條英機內閣運動，協助鈴木貫太郎內閣的成立和結束戰爭。譯者曾譯他有關炸死張作霖事件文章，收於《張作霖與日本》一書。

譯註④　北一輝（一八八三～一九三七），新潟縣佐渡人，原名輝次郎。右翼理論家，著《國家改造案原理大綱》，後來改為《日本改造案大綱》，因被視為二二六事件幕後人，而被處死刑。與宋教仁頗有來往。

譯註⑤ 永田鐵山（一八八四～一九三五），長野縣人，陸大畢業，陸軍中將。曾任步兵第一旅團長、陸軍省軍務局長，被皇道派相澤三郎中佐刺死。

譯註⑥ 小畑敏四郎（一八八五～一九四七），高知縣人，陸大畢業，陸軍中將。曾任參謀本部第三部長、東久邇稔彥內閣的國務大臣。

譯註⑦ 片倉衷（一八九八～），福島縣人，陸大畢業，陸軍少將。九一八事變當時他是大尉參謀，其所寫《滿洲事變機密政略日誌》是很重要的史料。曾任下志津飛行師團長、第二〇二師團長。譯者在東京時曾訪問過兩次。

譯註⑧ 相澤三郎（一八八九～一九三六），宮城縣人，陸軍士官學校畢業，陸軍中佐。曾任高商軍事教官，因刺殺永田軍務局長，被判處死刑。

譯註⑨ 小林多喜二（一九〇三～一九三三），秋田縣人，又名鄉里基（高爾基）、堀英之助。小樽高商畢業，小說家，專門寫普羅小說。參加共產主義運動，在東京被特高（政治警察）逮捕並打死。

譯註⑩ 瀧川幸辰（一八九一～？），岡山人，京都帝國大學畢業，法學博士。曾任京大教授、立命館大學教授。戰後出任京都大學校長，日本學士院會員（相當於我國中央研究院院士）。

譯註⑪ 佐野學（一八九二～一九五三），大分縣人，東京帝大畢業。曾任早稻田大學講師，參加日本共產黨創建，爾後出任日共中央委員長，被捕判無期徒刑。在監獄裡自新，由最高法院改判有期徒刑十五年，戰後出任早大教授。

鍋山貞親（一九〇一～？），福岡縣人，小學畢業後就去作工。以後參加共產主義活動，被捕入獄，與佐野共同發表自新聲明。出獄後徹底反共，著有《我捨棄了共產黨》等書。

譯註⑫ 出口王仁三郎（一八七一～一九四八），京都人，原名上田喜三郎。小學肄業。創立大日本修齋會，以大本教馳名，後來改稱皇道大本。一九三五年，日本政府以其為異端予以鎮壓，大本教被禁止。戰後以愛善苑名稱復建其教團。有許多著作，將近十萬首和歌，著有《出口王仁三郎著作集》。

第八章　滿洲帝國

「王道樂土」、「五族協和」的真面目

成立滿洲國時，提倡「五族協和」，說是要實現「王道樂土」，但其真面目卻與它的口號差得甚遠。

依一九三二年三月九日公布的政府組織法和各官制，滿洲國沒有參議府、國務院、法院等，國務院的行政各部（民政、外交、軍政、財政、實業、交通、司法）總長，皆任命了與日本合作的舊軍閥等中國人。但實權皆掌握在日本人次長（開始時是總務司長）以下日本人官吏手裡（註一），總務長官（起初是總務廳長駒井德三，譯註①）監督日本人官吏，而關東軍司令官則由「內面指導」。齋藤內閣會議所決定的「滿洲國指導方針要綱」（一九三三年八月八日）說：「對於滿洲國的指導，在現制關東軍司令官

族院議員）在一九三三年十一月的「視察滿洲報告書」稱：「一般來說，日本人對滿洲國人的態度很是傲慢，很多日本人租房子不付房租，故有不少滿洲國人不喜歡把房子租給日本人。……日系官吏很霸道，……滿洲國（人）的高等官，沒有傳票不能坐政府的汽車，但日本人的下級官吏卻可以隨便使用；新京（長春）主要政府官廳的餐廳，皆由日系官吏許可給日本人經營，其餐廳都是日本飯菜，說的全是日本話，簡直令人不敢相信這是滿洲國的政府官廳。」（註五）

一九三二年十月，第十師團（姬路）長廣瀨壽助中將就日本人的行徑說：「最壞的是，不管紳士或苦力，不分青紅皂白地要侮辱中國人。所以自四月以來，反日的氣氛日趨高漲。……在街上調戲中國的良家婦女。不買車票就進車站。幹嗎，你看我是誰，我是日本人！他大聲怒道。且進頭等車廂。……他們占有餐車，喝酒、猜拳、唱歌。……對著哈爾濱的一個郵差，一個日本人說，裡頭可能有我的信，讓我看看，郵差說不行，結果郵差被他痛打一頓，大爲受傷。」（註六）

從一九三四年一月至四月，奉命前往滿洲考察的日本陸軍軍官所看到的也是同樣的情形，「因爲戰勝者之大和民族的優越感」（久米本三大尉）所造成的「目中無人的舉止」（西原修三少佐）是家常便飯（註七）。

族院議員）在一九三三年十一月的「視察滿洲報告書」稱：「一般來說，日本人對滿洲國人的態度很是傲慢，很多日本人租房子不付房租，故有不少滿洲國人不喜歡把房子租給日本人。……日系官吏很霸道，……滿洲國（人）的高等官，沒有傳票不能坐政府的汽車，但日本人的下級官吏卻可以隨便使用；新京（長春）主要政府官廳的餐廳，皆由日系官吏許可給日本人經營，其餐廳都是日本飯菜，說的全是日本話，簡直令人不敢相信這是滿洲國的政府官廳。」（註五）

一九三二年十月，第十師團（姬路）長廣瀨壽助中將就日本人的行徑說：「最壞的是，不管紳士或苦力，不分青紅皂白地要侮辱中國人。所以自四月以來，反日的氣氛日趨高漲。……在街上調戲中國的良家婦女。不買車票就進車站。幹嗎，你看我是誰，我是日本人！他大聲怒道。且進頭等車廂。……他們占有餐車，喝酒、猜拳、唱歌。……對著哈爾濱的一個郵差，一個日本人說，裡頭可能有我的信，讓我看看，郵差說不行，結果郵差被他痛打一頓，大爲受傷。」（註六）

從一九三四年一月至四月，奉命前往滿洲考察的日本陸軍軍官所看到的也是同樣的情形，「因爲戰勝者之大和民族的優越感」（久米本三大尉）所造成的「目中無人的舉止」（西原修三少佐）是家常便飯（註七）。

但最殘酷而不留情地欺侮和鎮壓中國人的還是日本軍。爲抵抗日本的占領和壓制，在東三省展開了反滿抗日運動，日本把它全部稱爲「匪賊」，而致力於「討匪」。關於其討伐的情況，關東軍參謀河邊虎四郎（譯註③）大佐說：「由於匪賊與地方居民具有很密切的關係，所以他們對於討伐隊的動靜瞭如指掌，反此，討伐隊則有如盲人摸象，無法捕捉殲滅（匪賊）。……在有些地方匪民很難識別」（註八），證明了日軍與東三省的全體居民敵對，因此在這種情況下的討伐，往往是對一般人民的屠殺。而一九三二年九月十五日，遼寧民眾自衛軍襲擊了撫順煤礦，十六日撫順日本守備隊屠殺平頂山的全體居民（大約八百至三千人）便是最大的報復（註九）。

統制體制的加強

要使滿洲國的統治安定，只以武力壓制反滿抗日運動是不夠的，他們必須以某種方式將滿洲國正當化，以收攬民心。

而一九二八年以滿鐵社員爲首所成立的滿洲青年聯盟，爲確保滿蒙權益，意圖建立

「民族協和」和「滿蒙獨立國」，該聯盟的核心分子山口重次、小澤開策等人（譯註④），於滿洲國降世的前後，曾經計畫成立一國一黨組織的滿洲協和黨，而關東軍參謀石原莞爾等也積極予以支持。但總務廳長官駒井德三等日系官吏對組織政黨有不同的看法，尤其溥儀對「黨」的名稱很不以爲然，因而於一九三二年七月二十五日，成立滿洲國協和會。滿洲國協和會以執政溥儀爲名譽總裁，關東軍司令官本庄繁爲顧問，國務總理鄭孝胥就任會長，標榜反資本主義、反共產主義和反三民主義，「以王道爲主義，以民族的協和爲理念，俾鞏固我國家的基礎，宣化王道政治爲目標。」（註一〇）

至於其治安對策，於一九三二年九月制訂了包括死刑的暫行懲治叛徒法和暫行懲治盜匪法，實施戶口調查和回收槍械；一九三三年四月，以鐵路兩側地區禁止栽種高粱令，爲因應防止襲擊火車，在鐵路線路兩側五百公尺以內，禁止栽種高粱和玉米。一九三三年十二月，公布暫行保甲法，做爲警察的補助機關，組織牌（每十戶）、甲（每一村）、保（每一警察分局管轄內），將其置於警察分局長的指揮之下，使人民互相監視，以牌的連帶責任，加以處罰。一九三四年十二月，公布集團部落建設令，爲截斷與反滿抗日勢力的接觸，著手建設強制居民遷移的集團部落。

關東軍以「在帝國非常時期之最高潮的一九三六年，對於情勢的一切變化，要把滿洲的情況置於統一安全之境地」（註一一）的觀點，推動滿洲國君主制的實施，對此齋藤內閣也贊成。一九三四年三月一日，執政溥儀即位皇帝，滿洲國成爲「滿洲帝國」。年號從大同改爲康德，制定蘭花的「御紋章」，下賜「御容」（後來改稱「御真影」，即照片——譯者），創造了模仿日本天皇的帝制。另外制定新的組織法以取代原來的政府組織法，行政各部的總長改爲大臣。十二月，將原來的東四省和興安省畫分爲十省，實行新省制，加強中央集權。

但實行帝制並未能爲滿洲國帶來自立。根據關東軍司令部〈滿洲國的根本理念與協和會的本質〉（一九三六年九月十八日）：「滿洲國皇帝係基於天意，亦即天皇的聖心而就帝位，以侍奉皇道聯邦之中心的天皇，以天皇之聖心爲心作爲在位的條件。……關東軍司令官爲天皇的代理人，應爲皇帝的師傅和監護人」（註一二）。在關東軍武力統治之下，皇帝是侍奉天皇者，滿洲帝國是大日本帝國的侍奉者。

關東軍在承認滿洲國時，關東軍司令官雖然獲得了兼任駐滿大使和關東長官之三位一體的統治權，但爲確立對全滿洲之一元的統治，意圖將一向爲統治滿洲之中樞機關的滿鐵置於其完全控制之下，故於一九三三年十月，發表以滿鐵的股份有限公司化，由關東軍司令官監督滿鐵爲要點的改組滿鐵案。但滿鐵社員和拓務省非常反彈，其改組遂暫緩。

一九三四年七月，岡田啟介組閣時，林陸相以實現在滿機構的統一爲留任條件，而完成以永田軍務局長爲中心的機構改革案。八月，陸軍省提出：㈠以往受外相監督的駐滿大使（關東軍司令官）改隸於首相監督之下；㈡在駐滿大使之下新設關東局、關東州知事，廢止關東廳、關東長官；㈢有關滿洲、關東州行政事務的管轄，由拓務省移給內閣直屬的對滿事務局的方案。被剝奪權限的外務省和拓務省起而反對，關東廳全體職員和全滿洲的警察提出辭職，以爲抵抗，但陸軍強硬將其原案通過。十二月二十六日，成立對滿事務局，林陸相兼任總裁。於是，陸軍尤其是關東軍確立了對滿洲的統治權。

滿洲的經濟開發與農業移民

與完成滿洲統治體制的同時，在「日滿經濟圈」的口號下，關東軍以軍事上的第一優先來推動滿洲的經濟開發。它以對蘇作戰的觀點來建設新的鐵路，而如前面所說，因北滿鐵路交涉的成功（一九三五年三月），滿洲的全部鐵路便歸於日本支配之下。挖煤、煉鋼、石油頁岩等軍需產業的開發也有所長進。

對於滿洲的經濟開發，起初關東軍主張反資本主義的國家統制，惟因需要開發資金，自一九三四年以後，採取歡迎日本國內民間資本的方針。一九三二年七月，創立滿洲中央銀行，以銀外匯管理貨幣制度的滿洲中央銀行券（國幣）統一幣制，一九三五年九月，實施國幣與日圓同一匯率的交換。在這期間，爲整備財政、金融制度，遣派星野直樹（譯註⑤）等大藏（財政）官吏前往滿洲國，一九三三年，商工省的椎名悅三郎（譯註⑥）等插足滿洲國，協助關東軍從事經濟的開發。

一方面爲緩和日本國內農村的貧困，另方面爲鞏固日本在滿洲的基礎，以及協助加強關東軍的戰力，日本政府推動了滿洲的農業移民。在滿洲國軍政部顧問東宮鐵男（譯註⑦）大尉的策畫和指導下，編成武裝移民團，一九三二年十月，第一批四百九十三名（三江省樺川縣）；一九三三年七月，第二批四百九十四名（三江省依蘭縣）的移民團前往當地，迨至一九三六年三月第四批，一共有一千七百八十五名實驗移民遷居東滿靠近蘇聯國界的地帶。

日本移民所用的農地，係在關東軍指揮下，由東亞勸業會社（滿鐵的旁系公司）和滿洲國官憲向中國人所收買，但卻是以極便宜的價格（註一三）強制得來的，而且包括許多熟地（已耕地）。根據在哈爾濱內務事務官近藤壤太郎的報告（一九三四年四月十九日），收買土地時，有的人甚至這樣作：

「東亞勸業會社公布『本項收買係根據軍部命令，代替軍部而行，舉凡不提供地券者將嚴加懲處』，而實際收買時，則令攜帶武器的自警私兵大約二十人以上駐於收買地區內，對不服從指示的三個農民，以刺刀予以刺傷，殺死農民所養的牛、狗和雞等等。」（註一四）

爲著第四次移民，在城子河區，則令原來的農民四十四戶移往他地，建設集體房屋予以收容；在哈達河地區，令朝鮮人佃農七十二戶遷居，「破壞其房屋以後，令其只搬運木材等主要材料到遷移地，在那裡建築新屋子」（註一五），如此這般掠奪或破壞原住農民的房屋，強制其遷往他處，然後再令日本移民搬進該地。

一九三六年八月，根據關東軍的計畫，擬妥「滿洲農業移民二十年送出百萬戶計畫」，正式開始往滿洲大量送出移民。

展開反滿抗日運動

一九三五年二月，在有關移民滿洲的一次座談會席上，第二次移民團團長宗光彥曾經表示：「我們必須考慮到（中日間）民族鬥爭的層面。……先住民感到威脅是無法爭論的事實」（註一六），掠奪土地、房屋，回收槍械增長了反滿抗日的趨勢。一九三四年三月，發生了依蘭的數百名農民以地主和保長的謝文東爲領導人，組織東北民眾自衛軍，展開武裝鬥爭，襲擊並占領土龍山的日本警察署，同時殲滅由飯塚朝吉步兵第三六聯隊（鯖江）長所率領前來救援的日滿軍四十多人，和襲擊第一次、第二次移民團的土龍山事件（依蘭事件）（註一七、一八）。

在此期間，滿洲中國軍（東北軍）的殘餘兵力、地方軍閥及其他反滿抗日武裝勢力，自一九三二年以後，遭到日軍屢次的討伐，逐漸衰弱下去。中國共產黨滿洲省委員會的游擊隊的鬥爭，也因爲即時要建立蘇維埃、「打倒國民黨軍閥」的極左本位方針，而不能造成抗日的趨勢。但於一九三三年，以中共中央給滿洲省委的「一月書信」爲契機，形成抗日統一戰線，於九月十八日的紀念日，在吉林省盤石，組織了以楊靖宇爲總司令的東北人民革命第一軍（兵力七百二十名），人民革命軍組織，於是陸續降世。

一九三六年一月，在三江省湯原，東北抗日聯軍成立，謝文東的部隊被編爲第六軍。東北人民革命軍，迨至一九三六年年底，編到第十一軍，以東滿、南滿爲其主要舞臺，展開著反滿抗日的武裝鬥爭，在間島則與朝鮮人的抗日獨立鬥爭合作。

在滿洲國，「匪賊」的出現次數，一九三三年爲一萬三千零七十二次，一九三四年一萬三千三百九十五次，一九三五年三萬九千一百五十次，一九三六年爲三萬六千五百一十七次（註一九），陸軍省於一九三六年九月說：「匪賊逐年加深共產思想的影響，其行動日益頑強而惡性，……日滿兩軍現今仍在作不屈不撓的努力，尤其要覆滅他們的巢窟，破壞政治匪特別是思想匪之組織，以根絕匪禍，絕非容易。」（註二〇）

自爆發九一八事變以來，及至一九三六年七月底，日軍戰死、戰病死者三千九百二十八人，其中一千三百六十二人（百分之三十四點七）是一九三三年九月以後的數字（註二一）。在另一方面，因日軍的討伐，中方的戰死者，自一九三三至三六年，達四萬一千六百八十八人（註二二）。塘沽停戰協定以後，中日間的戰爭，在東三省仍然以游擊戰的形態，不斷地繼續著（註二三）。

註釋

註一　一九三五年一月當時，不包括軍隊和特殊警察隊有關人員，日籍官吏有八百八十五人。

註二　前揭《現代史資料（7）滿洲事變》，頁五八九。

註三　齋藤恒〈滿洲新國家の認識〉，齋藤實文庫。

註四　愛新覺羅溥儀（新島淳良、丸山昇譯）《わが半生（下）》，大安，一九六五年，頁九～一〇。

註五　大藏公望〈第二回滿洲視察報告書〉，齋藤實文書。

註六　篠原義政《滿洲縱橫記》，國政研究會，一九三二年禁止發行，頁八八～八九。

註七　陸軍省《昭和十年滿受大日記（密）其五》，國立公文書館藏。

註八　河邊虎四郎〈滿洲曠野密林に匪影を追う〉，《大阪朝日新聞》，一九三五年十二月二十九日。

註九　小林實〈『平頂山事件』考〉，《中國研究月報》，一九八五年九月號。

註一〇　前揭《現代史資料（11）續・滿洲事變》，頁八四四。

註一一　《滿洲國皇帝推戴籌備に關する件》，一九三三年十月十八日，國立公文書館。
註一二　《現代史資料(11)續・滿洲事變》，頁九〇九。
註一三　在三江省地方，荒地時價五至二十五日圓者，以二至四日圓收用，熟地時價五十至一百日圓者，以十五日圓收用。
註一四　松本學警保局長宛，松本學文書，國立國會圖書館憲政資料室藏。
註一五　滿洲國民政部《第四次移民入植地原住民輔導要綱》，著者藏。
註一六　東亞經濟調查局主催「滿洲移民團に關する座談會」，一九三五年二月二十四日，齋藤實文書。
註一七　第一、二次移民團，迄一九三七年，戰死二十九人，退團者達三百二十五人。
註一八　拓務省拓務局《滿洲移民の現況》，一九三八年。
註一九　滿洲國史編纂刊行會編《滿洲國史　各論》，滿洲同胞援護會，一九七一年，三一二。
註二〇　陸軍省《滿洲事變勃發滿五年》，一九三五年九月，前揭《資料日本現代史(8)滿洲事變と國民動員》，頁三三二。
註二一　同前，頁二九〇、三三三。

註二二　同註一六。

註二三　以塘沽停戰協定為九一八事變的結束，與中日戰爭之間有斷層的這種臼井勝美、藤村道生等人的見解，在唯有主張正規軍之間的戰鬥才是戰爭，游擊戰不是戰爭下才能成立。但這種主張，無視以反滿抗日戰爭為先驅，中日全面戰爭時在華北展開了正式的游擊戰，二次大戰後一般化的游擊戰才是現代戰爭的一個典型。

譯註①　在日本，總務是首席，他主管人事和經費。日本人在「滿洲國」政府的情形，森島守人的《陰謀、暗殺、軍刀》有詳細的敘述。

譯註②　駒井德三（一八八五～一九六一），滋賀縣人，東北（日本）大學畢業。齋藤恒（一八七七～一九五三），石川縣人，陸士、陸大畢業。中將。曾任關東軍參謀長、東京要塞司令官。

譯註③　河邊虎四郎（一八九〇～一九六〇），富山縣人，中將。大將河邊正三的胞弟。陸士、陸大畢業。曾任第二飛行師團長、第二航空軍司令官、參謀次長。著有《從市谷臺到市谷臺》一書。

譯註④　山口重次曾任滿洲國青年聯盟常任理事、滿洲國協和會中央事務局次和滿洲國牡丹江省次長；小澤開策是牙科醫生，世界著名的樂團指揮小澤征爾的父親。小澤開策醉心九一八事變的主導人板垣征四郎和石原莞爾，故取板垣的「征」字與石原的「爾」字，而號其兒子名為「征爾」。

譯註⑤ 星野直樹，橫濱人，東京大學畢業。曾任東條內閣書記官長，戰後被指定為A級戰犯，判無期徒刑。

譯註⑥ 椎名悅三郎（一八九八～一九七九），岩手縣人，東京大學畢業。後藤新平是他的伯父。曾任內閣官房長官、外相、自民黨副總裁。

譯註⑦ 東宮鐵男（一八九二～一九三七），羣馬人，陸士畢業，大佐。推動日人武裝移民滿洲。炸死張作霖是他按遙控電鈕的。

第九章　分離華北工作

兩個協定

一九三五年，在廣田外交與國民政府的對日妥協政策下，中日親善的氣氛雖然大有進展，但在此同時卻也有可將它根本推翻的一股暗流。

一九三五年一月四日，關東軍以新上任的參謀副長板垣征四郎爲首，在大連舉行了幕僚、特務機關長、駐中國武官等的會議。此時，其所提示的「昭和十年（一九三五年）一月在大連會議的關東軍說明事項」說：

「軍在華北與支那駐屯軍及北平武官等合作，請求能使南京政權的政令逐漸失靈的各種方策，除非具有忠實實現我軍部要求之誠意的政權，否則要使其不能存立。因此，我正當權利的主張，亦即一切未解決的問題，對於非法行爲等要求或追究，將要執拗反覆，即使因而導致現今華北政權垮臺亦在所不惜。另外，對於獲得使華北成爲日滿經濟發展之據點的利權，將作更大努力。……軍……對於中方出於不公正的態度時，將依此對中國予以全面的壓迫和指導。」（註一）

由此可見關東軍支配華北的強烈意圖。

五月二日晚上，在天津的日本租界，發生了兩報社社長連續被暗殺的反蔣親日事件（譯註①）。關東軍中自稱東北義勇軍的孫永勤軍，常利用塘沽停戰協定的非武裝地帶攪亂熱河省，故於五月二十日超越長城線展開討伐作戰，二十四日消滅了孫軍。

五月二十九日，支那駐屯軍（軍司令官爲海津美治郎少將）的參謀長酒井隆（譯註②）大佐，往訪國民政府軍事委員會北平分會何應欽，面告這些事件是對日本的挑戰，乃爲破壞停戰協定的行爲，而爲根絕這種行動，要求軍事委員會分會、國民黨部、排日團體等由平津撤退，免職負責人和革職河北省主席于學忠，駐紮平津的第五十一軍（于學忠軍）和中央軍移駐保定以南，以及禁絕反滿抗日的策動。

五月三十一日，從駐日公使升任大使不久的蔣作賓，對廣田外相提出緩和日本的要求，廣田回答此事應與支那駐屯軍直接交涉，不願意進行外交交涉。所以交換大使，實毫無意義。

六月九日，為催迫何應欽實行其要求，酒井作第二次通知，支那駐屯軍和關東軍採取出動態勢。十日，何應欽依照蔣中正的指示，全面接受日方的要求。因為這個所謂梅津、何應欽協定，直屬於中國國民政府的政治、軍事勢力和機關，統統被趕出河北省。同一天，國民政府公布了取締反日運動的敦睦友邦令。

在察哈爾省，於六月五日，發生了關東軍特務機關員被宋哲元軍（第二十九軍）監禁一時的事件（張北事件），十一日，在熱河省東柵子，更發生滿洲國官吏遭受宋軍狙擊的事件（東柵子事件，亦稱為熱西事件）。關東軍以這些事件為藉口，於六月二十三日，奉天特務機關長土肥原賢二少將，對察哈爾省代理主席秦德純，提出宋軍由察哈爾省東部接壤熱河省的地區撤退，和國民黨部從察哈爾省撤出的要求。二十七日，秦德純全面接受了日方的要求。並同意日軍在察哈爾省建設機場和設立無線電臺。由於這個所謂土肥原、秦德純協定，關東軍在察哈爾省擴張其勢力，鞏固了支配內蒙古（內蒙工作）的根據地。宋哲元軍具有與國民黨勢力對立的一面，日方利用這個層面的結果，宋軍遂移駐平津一帶。

支配華北的目的

因爲關東軍、支那駐屯軍這個現地軍的行動，而成立了侵犯中國主權的兩個協定，但這個策動卻爲軍中央所追認。八月六日，陸軍次官對關東軍、支那駐屯軍以「關於對華北政策文件」指示：「爾後希望根據本方策」，「消除華北一切反滿抗日策動，實現日滿兩國間經濟上文化上的融通合作，以使日滿兩國在國防上沒有不安的地區爲當前的方針」，㈠在河北省，「要徹底排除反滿抗日勢力，……在對日滿關係尤其要使其特別成爲親善合作的地帶」；㈡在察哈爾省方面，「對赤化的威脅，爲共同對付它，……基於日滿兩國國防上的見地，接受各方面的要求，並與其合作」；㈢令山東、山西、綏遠「各地方政權，更積極與（日本）帝國增進實質的親善關係」；㈣促進與上述華北五省之「經濟關係，尤其努力增進通商，以及開發各種產業和交通等」；㈤要使華北五省「不爲南京政權的政令所左右，並使其成爲自治色彩濃厚的親日滿地帶」；㈥「實行這些施政，要避免急躁露骨的工作，依軍方嚴正態度的暗默威力和適切公明的指導，以誘

導中方自動自發。」（註二）

日本軍中央分離及支配華北的強烈意向，大大地鼓勵了在中國的日軍。於八月一日被任命爲支那駐屯軍司令官的多田駿（譯註③）少將，於九月二十四日發表了如下的聲明：「以威力由華北排除阻礙日滿支共存之基礎的華北所謂明朗化的國民黨部和蔣介石政權或許是不得已的，根據此種根本主張，我軍對華北的態度是：㈠從華北徹底掃除反滿抗日分子；㈡華北經濟圈的獨立……；㈢以華北五省的軍事協定防止赤化的三點，爲此，必須改正和確立華北政治機構，故應先指導成立華北五省聯合自治體」（註三），而給予中方很大的衝擊。

前面說過，九一八事變可以說是未完成的侵略，而分離華北是當初的預定行動，至於到一九三五年它才具體化，實有其理由。

日本支配滿洲，是以武力侵略和壓迫他國的當然結果，引起不斷的反滿抗日鬥爭，日滿方除了爲滿洲國內由共產主義者主導的游擊戰傷腦筋外，也面臨由滿洲國西邊滲透而來的鬥爭。更不能忽視出擊關內時被占領東北，而念念想回故鄉之張學良麾下東北軍的存在。一九三五年，陸軍省軍事課長的橋本羣（譯註④）大佐日後回憶說，如非從中國「將華北分開，再治療滿洲，其還是會從隔壁蜂擁而來，毫無辦法，故必須作一個安全地帶」，以說明分離華北的意圖（註四）。

而日本陸軍對蘇聯在遠東增強兵備（註五）也增加了危機感，爲對蘇備戰，意圖將華北置於其支配之下，以確保滿洲國之側面的安全，並推動內蒙工作，以截斷蘇聯、外蒙古和中共的聯繫與合作。

並強調「一九三五、六年的危機」，以加強國防爲至上，欲推動國家總戰力準備時，自必須確保莫大的戰略物資，同時發現所期待的滿洲資源並不夠充足，而且從美英順利輸入日本的輸出，亦爲地區經濟所阻礙。此種情況，使日軍更加覺得無論如何希望確保華北的豐富資源和市場。關東軍司令部之「關於華北問題」（一九三五年十二月），以「依開發華北的鐵、煤、石油、棉花、鹽等資源，以加強日滿華北的自給自足」爲分離華北的重要目的（註六）。

冀東政權與走私貿易

爲防共與獲得資源和市場而要分離、支配華北，乃是日本新的膨脹目標。陸軍中央的「關於對華北政策文件」附帶說「外務方面也非正式表示對其旨趣沒有異議」。九月七日，駐日大使蔣作賓對外相廣田提出：㈠互相尊重完全的獨立；㈡維持中日兩國的真正友誼；㈢兩國間的事件要以和平的外交手段解決的三個原則。對此，獲得陸相川島義之、海相大角岑生（譯註⑤）的諒解之後，廣田外相於十月四日，以「中日合作的絕對必要條件」，完成㈠徹底取締排日，放棄依賴歐美政策，採取對日親善政策；㈡默認滿洲國，華北、滿洲國間經濟、文化的合作；㈢在外蒙古接壤方面，掃除赤化威脅，所謂「廣田三原則」（註七），於十月七日向蔣大使提出，並表示：中國的三原則，「唯有中日間談妥上述三條件後才可以商量」（註八）。「廣田三原則」，如於一九三四年四月，對有吉公使的指示（天羽英二聲明）所表現，係以亞洲門羅主義的霸權主義爲基礎，與陸軍的分離華北政策和內蒙工作的走向同出一轍，與中方的主張相差太遠，因此交涉不歡而散。加以十一月一日，行政院長汪精衛遭到狙擊受重傷，國民政府親日派沒落，中日的親善遂陷入僵局。

十一月三日，國民政府發表取消銀本位制，決定採用管理貨幣制的幣制改革，並從十一月四日起開始實施。此項改革，得到英國政府派來的李斯羅斯（Leith-Ross, Frederick William）的許多協助。

幣制改革，就英國向中國踏出新的一步，以及促進中國統一，使分離華北困難這一點而言，給日方極大的衝擊。於是日方一方面妨礙改革，同時趕緊著手分離華北的工作。土肥原奉天特務機關長，緊迫宋哲元建立華北五省的自治政府，但遭到國民政府的反擊，故於十二月四日，先令親日分子殷汝耕在通州發表自治宣言，二十五日，以塘沽停戰協定之非武裝地帶為區域，建立了冀東防共自治委員會（十二月二十五日，將其改稱為冀東防共自治政府）。

對此，國民政府一方面對日本讓步，另方面為對抗冀東政權，於十二月十八日，在北平設立管轄河北、察哈爾兩省的冀察政務委員會，以宋哲元出任委員長（譯註⑥）。

冀東政權一出現，日本的資本和商品，便有如潮水般蜂擁而至華北。一九三五年十二月，作為華北、華中的經濟開發機構，滿鐵出全部資金（一千萬日圓）創立了興中公司（社長為十河信二，譯註⑦）。一九三六年初，除東洋紡、鐘紡等紡織公司在華北新設工廠外，日本企業也陸續進軍華北。這與對國民政府貸款為主的美英投資方法不同，是直接與中國的企業競爭，所以迫使中國的民族資本家走上抗日的道路。

自一九三五年年底，透過冀東的走私貿易日盛，一九三六年二月，冀東政權在關東軍的指導之下，將其正式定位為冀東特殊貿易，設定國民政府所定關稅率的七分之一至四分之一的低率查驗費（亦即輸入稅）。因而日本商品爭先恐後地往冀東衝，「有如衝破冀東關稅堰的狂瀾，迸於中國各地，甚至遠至上海方面，而爲中國市場帶來一大衝擊」（註九）。由此，國民政府的關稅收入受到很大的打擊，而被奪取了市場的中國商工業者，便愈來愈抗日。美英兩國不僅被日本搶走了中國的市場，而且作爲貸款擔保的海關收入也大爲減少，因此對日本更加反彈。

與此同時，冀東更成爲日本人私自製造走私和偷賣海洛英等麻醉藥的大本營。日軍當局對此予以暗默的保護。日本人在天津日本租界的中國人學校旁邊，甚至販賣摻有麻醉藥的冰棒（註一〇）。

展開抗日救國運動

日本推動分離華北的工作，自然而然地引起了中國民族的危機感。中共軍（原文爲紅軍——譯者）在流竄西安途中的一九三五年八月一日，共產國際第七次大會的中共代表團，曾以中國蘇維埃政府、中共中央的名義，發表了〈爲抗日救國告全國同胞書〉（即所謂八一宣言）（註一一）。它說：

「日本帝國主義對我國的進攻加快，南京的賣國政府一步一步投降，我北方各省繼東四省之後，事實上滅亡了！……我國家、我民族已經立於千鈞一髮的生死關頭。抗日則生，不抗日則死。抗日救國成為同胞每個人的神聖天職！……即使各黨派間過去與現在，其政見與利害如何不同；即使各軍隊間過去與現在，有過任何敵對行動，所有的人都要有『兄弟鬩於牆，亦要禦侮於外』的真正覺悟。為此，所有人要停止內戰，集中一切國力（人力、物力、財力、武力等），為抗日救國的神聖事業奮鬥。」（譯註⑧）

八一宣言雖然以蔣介石為「蔣賊」，採取反蔣抗日的方針，但還是對「國民黨與藍衣社中，具有民族意識的一切熱血青年諸君」，呼籲其「共同站起來」，從以往以打倒國民黨為第一要義的蘇維埃革命路線，作了形成抗日民族統一戰線的劃時代轉變。

一九三五年十二月九日，北平的學生抗議設立冀察政務委員會，舉行了要求停止內戰的遊行。學生運動波及於全國，一二九運動成為抗日救國運動的起點。一九三五年十月，到達陝西省北部的共軍，於一九三六年突然出擊於山西省，使國民政府和日本大為驚愕。共軍遭到國軍反擊，不得不撤退，爾後，中共內部的方針，由反蔣抗日轉變到逼蔣抗日，更改變為連蔣抗日。六月，在上海成立全國各界救國聯合會（全救聯），抗日救國的團結更進了一步。

自九一八事變以來，日本對中國的侵略比較容易推動的最大一個條件是，中國陷於國共內戰的政治分裂局面。而抗日救國運動的興起，表示此種條件發生根本的變化。但日方對此種變化的認識卻顯然不夠，而將因日本的行動所造成的抗日趨勢當作是一種「赤化的威脅」。一九三六年三月，新任關東軍司令官的植田謙吉大將發表聲明說：「滿洲國的四周受到兵力和思想的威脅時，日本將不惜以一切援助，盡其全力，以確立東洋的和平」（註一二）。一九三六年三月，就以一方被攻擊時要予以軍事援助爲內容的蘇聯、蒙古人民共和國間的議定書的簽訂，認爲因蘇聯、外蒙古、中共的合作，「日本的大陸進出線，在俄羅斯的指導之下，爲馬蹄型所包圍」（註一三），這是顛倒本末的一種解釋。

註釋

註一　陸軍省《昭和十年滿受大日記（密）其一》，國立公文書館藏。

註二　前引陸軍省《昭和十年滿受大日記（密）其五》。

註三　《東京朝日新聞》，一九三五年九月二十五日。

註四　〈橋本羣中將回想應答錄〉、臼井勝美ほか編《現代史資料(9)日中戰爭2》，みすず書房，一九六四年，頁三二一。

註五　在滿洲、朝鮮日軍與遠東蘇軍的兵力，一九三二年的師團數為六比八；飛機數一百架比兩百架；戰車數為五十部比一百五十部。一九三五年，各為五比十四；兩百架比九百五十架；一百五十部比八百五十部。

註六　前揭《主要文書》，頁三二一。

註七　同前，頁三〇三～三〇四。

註八　同前，頁三〇五。

註九　參謀本部〈支那の密輸問題に就て〉，一九三六年五月，前揭《現代史資料(8)日中戰爭Ⅰ》，頁一五四。

註一〇　林語堂(佐藤亮一譯)《北京好日(下)》，芙蓉書房，一九七二年，頁二七二。

註一一　日本國際問題研究所中國所會編《中國共產黨史資料集(7)》，勁草書房，一九七三年，頁五二一～五二六。

註一二　《東京朝日新聞》，一九三六年三月二十三日。

註一三　《東京日日新聞》，一九三六年四月十二日。

譯註①　關於塘沽停戰協定，請參看《中國現代史辭典》，史事部分（二），頁二一三。

譯註②　酒井隆（一八八七～一九四六）廣島人，陸士、陸大畢業，中將。曾任張家口特務機關長、第二十三軍司令官，在南京以戰犯被處死刑。

譯註③　多田駿（一八八二～一九四八），宮城縣人，陸士、陸大畢業，大將。曾任第十一師團長、參謀次長、北支那方面軍司令官。

譯註④　橋本羣（一八八六～一九六三），廣島人，陸士、陸大畢業，中將。曾任支那駐屯軍參謀長、第一軍參謀長。

譯註⑤　川島義之（一八七八～一九四五），愛媛縣人，大將。曾任第三師團長、朝鮮軍司令、軍事參議官。

大角岑生（一八七六～一九四一），愛知縣人，海兵、海大出身，大將，男爵。曾任海軍次官、第二艦隊司令長官。

譯註⑥　關於宋哲元，請參看李雲漢著《宋哲先與七七抗戰》一書，由傳記文學社出版。

譯註⑦　十河信二（一八八四～），愛媛縣人，東京大學畢業。日本第四任國鐵總裁，在他任內開始著手建設新幹線。

譯註⑧ 「八一宣言」在本質上是莫斯科的宣傳和號召。請參看《中國現代史辭典》，史事部分(一)，頁一九。(近代中國出版社出版)

第十章　準戰時體制

二二六事件

陸軍當局於一九三五年十二月二日，命皇道派的第一師團（東京）長柳川平助（譯註①）中將轉任臺灣軍司令，並決定將皇道派軍官最大的根據地第一師團遣派滿洲。可是意圖阻止皇道派之輕舉妄動的此項措施，反而使青年軍官等斷然實行所謂「昭和維新」。

一九三六年二月二十六日拂曉，皇道派青年軍官以步兵第一聯隊、第三聯隊、近衛步兵第三聯隊等大約一千五百名兵力，發動政變，襲擊首相官邸、內大臣私邸、藏相私邸、侍從長官邸等，殺死內大臣齋藤實、藏相高橋是清和陸軍教育總監渡邊錠太郎，並使侍從長鈴木貫太郎（譯註②）受重傷（註一）。殺傷要人的政變部隊占領了首相官邸、陸相官邸、陸軍省和警視廳，並控制了永田町（爲日本政府集中地點——譯者）一帶。

政府首腦、皇宮要人皆同時被打倒，政治、軍事的中樞被武力壓制，而陷於痲痺狀態。在其威壓之下，青年軍官等強求與陸相川島義之見面，宣讀「誅戮破壞國體的不義之臣，芟除遮攔稜威，阻止維新的奸賊」的〈蹶起趣意書〉，提出要「邁進維新」，逮捕統制派與反皇道派的將軍和幕僚，及其他各項希望，並要求「立刻晉謁日皇，上奏實際情形，呈請裁斷」（註二）。青年軍官們期待透過〈蹶起趣意書〉的上奏，實現頒布「昭和維新大詔」，即命真崎甚三郎大將組織臨時內閣，而真崎等人也以此爲前提採取行動。

但昭和天皇對於其所信賴的重臣被殺傷，極爲憤怒，根據內大臣秘書官長木戶幸一（譯註③）和內大臣湯淺倉平的建議，不許內閣總辭職和組織臨時內閣，而一再地召見侍從武官長本庄繁，以督促其鎮壓。昭和天皇甚至說：「朕要親自率領近衛師團，予以鎮壓下去。」（註三）

二月二十七日上午三時，實施以東京市爲區域的戒嚴令，政變部隊被編入「麴町地區警備隊」而獲得補給，事態似對政變方面有利，但在昭和天皇強硬的態度前，陸軍的大勢傾向於要鎮壓叛亂，而被殺傷岡田、齋藤、鈴木的三位老前輩的海軍，也採取了斷然要予以鎮壓的方針。在另一方面，青年軍官們，除了依賴軍方首腦的收拾工作外，欠缺貫徹政變的「王牌」。他們奉昭和天皇為絕對的存在，故沒有壓制皇宮和昭和天皇的行動，也不知占領和利用廣播電臺，大多數的士兵不知道他們在幹什麼，輕易接受歸順說服工作，未能獲得民眾的支持等，是他們政變失敗的主要原因。二月二十九日，政變終於未流一滴血就被鎮壓。

廣田內閣與軍部

統制派在政變當初，有措手不及的感覺，但恢復態勢之後，將這事態利用為反政變的絕好機會。岡田內閣提出總辭職，三月五日，前外相廣田弘毅奉命組閣，陸軍決定以寺內壽一大將為後任陸相，同時以推薦陸相為條件，向新內閣提示徹底國體明徵、安定國民生活、充實加強國防、刷新外交四個項目，並以一部分閣員候選人為「自由主義分子」，而要求剔除。廣田全面接受軍部的要求，於三月九日組成新內閣。

軍部主流一方面威壓內閣，同時假藉「肅軍」，以掃除皇道派的勢力。對於發動政變的青年軍官，則付諸一審制、不公開、無辯護人的軍法會議（軍法審判），將北一輝、西田稅擬爲主謀者，並將北、西田、村中孝次、磯部淺一以及十五名青年軍官處以槍斃（註四）。皇道派的將軍被編入預備役，軍官大調動，寺內陸相、杉山元教育總監、梅津美治郎陸軍次官等掌握了陸軍中樞，在參謀本部，石原莞爾作戰課長得勢。

在軍部確立壓倒性的發言力之下，國家總力戰準備也推動到每一個角落。廣田內閣於四月十七日，將支那駐屯軍的兵力，從一千七百七十一人增加到五千七百七十四人，一舉增加了三．二六倍。此舉大大地提高了中日間的緊張。五月十八日，應陸軍的要求，修正了陸海軍兩省的官制，恢復軍部大臣現役或官制（註五），由此，軍部獲得了能夠左右內閣命運的武器。

在此期間，隨抗日的高漲和「赤化的威脅」，日本與美英的對立隨之大爲升高。一九三五年十二月五日，美國國務卿哈爾提到九國公約，警告日本的分離華北工作。雖然日本反對，但中國的新幣制卻很順利地上軌道，一九三六年五月，簽訂了中美銀協定，陸續成立美英兩國的鐵路、築港、電氣事業等大規模貸款和援助，美英與中國的關係，愈來愈親密。一九三五年十二月，舉行了新裁軍條約的倫敦海軍裁軍會議，但日本於一九三六年一月十日宣告脫離此項會議。華盛頓、倫敦這兩個條約，於一九三六年年底失效，於是列強遂進入無限制建艦競爭的時代，華盛頓體制至此「壽終正寢」。

在中、蘇、美、英對立日趨嚴重的過程中，陸軍以石原作戰課長爲首，視對蘇作戰爲第一目標，海軍則主張應該以對美作戰爲第一目標，而針鋒對立，但後來雙方妥協，六月，改訂了「帝國國防方針」和「用兵綱領」。將美蘇並列爲主要假想敵國，把中英擺在其次，國防所需兵力陸軍爲五十個師團、航空一百四十二中隊，海軍爲戰艦十二、航空母艦十二、巡洋艦二十八、驅逐艦九十六、潛水艇七十、航空兵力六十五隊（當時，日本的空軍分別隸屬於陸軍和海軍——譯者）。

八月七日，廣田首相、有田八郎（譯註④）外相、寺內陸相、永野修身（譯註⑤）海相和馬場鍈一藏相舉行五相會議，決定「國策的基準」，折衷陸海軍的戰爭構想，「北方除去蘇國之威脅，同時對英美作準備，實現日滿支三國緊密合作」，提出「對南方海洋特別是對外南洋方面，策畫我民族的經濟發展」之南北並進的方針，因而將擴充陸海軍備，以便「一新庶政」（註六）。

確立「國策的基準」之同時，日本政府決定了「帝國外交方針」、「對支實行策略」和「第二次北支處理綱領」，「要迅速使華北成爲防共親日滿的特殊地域，獲得國防資源，擴充交通設施，要使全中國反蘇依日來作爲對支實行策略的重點」，「處理北支（華北）的主要點」在於「分治政治的完成」（註七）。

日本一方面與中、蘇、美、英加深對立，另方面接近挑戰並使凡爾賽體制崩潰的納粹德國，十一月二十五日，簽訂了日德防共協定，約定在反共產國際和反蘇方面合作。

日本陸海軍依照「帝國國防方針」和「用兵綱領」，大事擴張軍備，廣田內閣幾乎全盤接受軍部的要求，編列了大型的擴軍預算。一九三七年度的預算案三十億三千九百萬日圓，比前一年度增加了七億二千七百萬日圓，歲出的四六・四％竟是軍事費用。馬場藏相採取增加發行公債和大增稅爲因應的方針，並表示：「目前的情勢，對於財政，必須採取準戰時經濟體制。」（註八）

如此一來，二二六事件解決了對美英協調勢力、皇道派、統制派這三股勢力的抗爭。二二六事件，對皇道派青年軍官來說雖然是慘敗，但軍部主流卻盡量利用其威壓效果，使對美英協調勢力亦即自由主義勢力屈服，天皇制立憲主義的政治體制增強了他們的發言權，從而完成了確立亞洲門羅主義之霸權的國家總力戰準備體制——準戰時體制。惟因這個體制的建構過於迅速強行，故引起經濟困難和反軍情緒，而導致廣田內閣提早鞠躬下臺。

綏遠事件與西安事變

推進大擴軍和戰爭經濟，使煤和鐵的消費量大爲增加，而爲確保非鐵金屬、石油、橡膠、羊毛等資源，日本更必須增加輸出，以換取上述原料輸入的增加。可是於一九三六年五月，美國將棉布關稅率提高百分之四十二，澳洲也實施棉布、人造絲布的高率課稅，列國對日本商品的防止日嚴，於是日本人大叫「貿易受難」和「貿易非常時」。

因此日本對華北的資源和市場的欲望愈來愈強，但在中國，抗日救國的民族運動卻日益高漲。一九三六年夏天，陸續發生了成都事件（註九）和北海事件（註一〇）的反日白色事件。對此，以華中、華南爲地盤的日本海軍，主張「對支膺懲」（註一一），但陸軍因以完成對蘇備戰爲第一優先，以支配華北爲前提，不贊成海軍的主張，故未行使武力，從九月十四日起，川越茂（譯註⑥）大使與張羣外交部長舉行了外交交涉（川越、張羣交涉）。就成都事件，日方除要求道歉、處罰負責人、賠償和根絕排日之外，根據上述之「對支實行策略」，提出共同防共、開發華北經濟、設立特殊行政機構、中日航空聯絡、中國調降輸入稅率、取締「不順從之朝鮮人」、聘用日本人顧問等要求。反此，中方要求取消塘沽停戰協定和上海停戰協定、取消冀東政權、停止華北的自由飛行（註一二）、停止走私貿易，和解散察東、綏遠北部的僞軍等等，雙方的主張有很大的差距。

中方要求項目中的所謂察東、綏遠北部的僞軍，是關東軍的傀儡部隊內蒙軍的意思。關東軍在熱河作戰時，以李守信軍設立了察東特別自治區，成立土肥原、秦德純協定之後，拉攏內蒙古王公，發現內蒙自治運動而與國民黨政府對立的德王（德穆楚古棟魯普，Demuchugudonglupu），令其與李守信攜手，於一九三五年十二月，侵入察哈爾省東部（察東事件，亦稱爲六郡事件）。一九三六年二月，在關東軍指導下，在察哈爾省西斯尼都建立了蒙古軍政府（亦稱爲內蒙軍政府，主席是德王），且與滿洲國簽訂互助協定，故與國民政府的對立日趨惡化。

關東軍參謀、內蒙古特務機關長田中隆吉中佐，以冀東特殊貿易的收益爲主要資金，編成謀略部隊，在關東軍援助和指導之下，於十一月十四日，內蒙軍進攻了綏遠省。惟因於十一月二十四日，內蒙自治運動的根據地，即內蒙軍的前進基地百靈廟，被綏遠省主席傅作義所率領的中國軍所猛攻，所以內蒙軍遂潰退。而且，內蒙軍的一部分起來叛亂，軍事顧問小濱氏善預備役大佐等二十九人被殺害，而向中國軍投降。由於綏遠事件，川越、張羣會談於十二月三日停止。

打破內蒙軍和關東軍的進攻綏遠省，使中國國民狂熱，抗日的空氣瀰漫全國。爲討伐陝北中共軍而出動的張學良東北軍和楊虎城西北軍，也充滿停止內戰，一致抗日的空氣，因此討伐共軍由之停頓。於是蔣介石遂前往西安督戰，但於十二月十二日，張學良和楊虎城發起兵變，拘禁了蔣介石。中共中央將周恩來派到西安，周與張等說服蔣，成立了停止內戰和一致抗日的原則上了解。西安事變是國共兩黨自一九二七年以來，停止內戰，走向第二次國共合作的歷史性轉捩點（譯註⑦）。

控制華北之要求的確立

中國的情勢意味著如果日本繼續侵略中國，必然遭遇到抗日民族統一戰線之全中國民族的抵抗，但日方不但沒有認識這個重大的意義，反而要強硬控制華北。陸軍先前在華中、華南暫時未行使武力時也表示：「萬一在華北發生有損帝國軍威信的事件時，文那駐屯軍將斷然予以討伐」（註一三）。陸相寺内壽一說，日本雖然「隱忍自重」，「愈造成抗日反日的機運，不能作充分的溝通。……雖非本願，或有不得不拔出日本刀的一天」（註一四），建川美次預備役中將稱：「從通商的觀點來看，爲市場的開發，中國即擁有許多未開發各種天然資源的滿蒙支的東亞大陸，從資源的觀點來說，是加強日本經濟之脆弱性的最好的天地」（註一五），貴族院議長近衛文麿更揚言：中國「沒有自己開發的能力，而將天賦的資源置之不顧，可以說是對天的冒瀆，日本欲開發中國大陸，是日本友誼的流露」（註一六）。這些言論，爲防共、資源和市場，希望將中國尤其是華北置於日本支配之下的要求，必要時將行使武力的這種決心和態度，在一九三六年至三七年初，是日本統治階級中相當普遍的。

不過，面對抗日空氣的高漲，日本也曾經努力於對中國政策的修正。在以對蘇備戰爲最重要課題的石原作戰課長（一九三七年三月一日，石原就任參謀本部第一部長）的主導之下，一九三七年一月二十五日，參謀本部說：「要變更對支政策。……將把主力用於經濟文化工作，……不實行華北分治工作」（註一七）。

在這期間，因政黨抨擊軍部，廣田内閣於一月二十三日提出總辭職，宇垣一成奉命組閣，惟因遭到陸軍的強硬反對，不得不放棄組閣的念頭，終於二月二日，成立以預備殺陸軍大將、前陸相林銑十郎爲首相的內閣，三月三日，前駐法大使佐藤尚武出任外相。佐藤於三月八日第七〇議會貴族院院會的演說表示：將採取與中國「立於平等立場」交涉的方針（註一八），而獲得很大的反應。

四月十六日，外、藏、陸、海四相會議決定「對支實行策略」和「北支指導方策」，規定「不圖華北的分治或不實行可能紊亂中國內政的政治工作」的方針（註一九）。三月，以兒玉謙二（橫濱正金銀行董事長、日華貿易會長）爲團長的經濟使節前往南京和上海，與中國財政界要人接觸。

但這種政策的轉變，並不改變「對北支施策的主要目的是要使該地區成爲實質上防共親日滿的地帶」這種日本一向的根本目的，避免露骨的「分治工作」和「政治工作」，要令國民政府「確認實質上華北的特殊地位，進而指導其協助日滿支提攜共助的各種施策」（註二〇），所以除非國共分裂，撤回抗日，否則完全沒有實現的可能性。但即使是此種程度的修正，還是招來華北分治論、強硬論者的反彈，不易具體地展開，故林銑十郎內閣遂於五月三十一日總辭職，六月四日，成立了第一次近衛文麿內閣（外相爲廣田弘毅）。

註釋

註一　起初人們以為岡田首相也被暗殺，但他的祕書松尾傳藏（岡田夫人的哥哥——譯者）大佐被誤認為岡田而被殺，岡田則躲在官邸裡，二十七日逃出。此外，後藤文夫內相和牧野伸顯也被襲擊，但沒事。

註二　司法省刑事局〈右翼思想犯罪事件の綜合的研究〉，今井清一ほか編《現代史資料（4）國家主義運動I》，みすず書房，一九六三年，頁一七四～一七五。

註三　《本庄日記》，原書房，一九六七年，頁二七六。

註四　此外被鎮壓時野中四郎大尉自殺、相澤三郎中佐槍斃、真崎大將被起訴，以證據不足獲判無罪。

註五　陸海軍大臣的任用資格，一九一三年以後擴大為預備役大中將，因此次修改，而限於現役大中將。

註六　前揭《主要文書》，頁三四四～三四五。

註七　同前，頁三四五～三四六。

註八　《大阪朝日新聞》，一九三六年十月三日。

註九　因日本欲強行重開成都總領事館（一九二七年關閉），八月二十四日，到成都的日本新聞記者等被羣眾包圍，兩人被殺。

註一〇　於九月三日，在廣東省北海，日本商店老闆被殺。

註一一　軍令部第二課〈北海（支那）事件經過概要〉，前揭《現代史資料(8)日中戰爭Ⅰ》，頁二一七。

註一二　根據塘沽停戰協定，日軍得以飛機等視察非武裝地帶。

註一三　參謀本部〈對支時局對策〉，一九三六年九月十五日，防衛廳防衛研修所戰史室《戰史叢書　支那事變陸軍作戰(一)》，朝雲新聞社，一九七五年，頁九一。

註一四　《東京日日新聞》，一九三六年十二月九日。

註一五　同前，一九三七年一月三日。

註一六　《東京朝日新聞》，一九三七年一月一日。

註一七　參謀本部〈陸軍省に對し對支政策に關する意志表示〉，《現代史資料(8)日中戰爭Ⅰ》，頁三八四。

註一八　社會問題資料研究會編《帝國議會誌(二七)》，東洋文化社，一九七七年，頁一九〇。

註一九　《主要文書》，頁三六〇～三六二。

註二〇　同前，頁三六一。

譯註①　柳川平助（一八七九～一九四五），佐賀縣人，陸士、陸大畢業，中將。曾任第一師團長、第十軍司令官、司法大臣、國務大臣。

譯註②　渡邊錠太郎（一八七四～一九三六），愛知縣人，陸士、陸大畢業，大將。曾任陸大校長、臺灣軍司令官、軍事參議官。

鈴木貫太郎（一八六七～一九四八），千葉縣人，海兵、海大畢業，大將，男爵。曾任海軍次官、聯合艦隊司令長官、軍令部長、樞密院議長、首相。

譯註③　木戶幸一（一八八九～一九七七），東京人。京都大學畢業。明治元勳木戶孝允的孫子。侯爵。曾任貴族院議員、文相、厚相、內大臣，從一九四〇年六月到日本投降，為日皇的最親信。

譯註④　有田八郎（一八八四～一九六五），新潟縣人，東京大學畢業。曾任外務次官、駐華大使、外相，戰後曾當選過眾議院議員。

譯註⑤　永野修身（一八八〇～一九四七），高知縣人，海兵、海大畢業，元帥。曾任海兵校長、軍令部次長、海相、聯合艦隊司令長官、軍令部總長。

譯註⑥ 川越茂（一八八一～一九六九），宮崎縣人，東京大學畢業。曾任青島總領事、駐華大使。

譯註⑦ 關於西安事變，請參閱李雲漢《西安事變始末之研究》（近代中國出版）、蔣永敬《抗戰史論》（東大圖書公司）和拙譯《張學良與日本》（聯經出版社）三書。

第三篇　中日戰爭

一九三七年　七月七日　盧溝橋事變
八月十三日　第二次上海事變開始
九月廿三日　第二次國共合作成立
十二月十三日　占領南京，南京大屠殺
一九三八年　一月十六日　日本政府發表「不以國民政府爲對手」的聲明
十月廿七日　占領武漢
十一月三日　近衛發表「東亞新秩序」聲明
一九三九年　五月十一日　諾門坎事件（九月十五日停戰協定）
七月廿六日　美國通知廢除美日通商航海條約
八月廿三日　德蘇簽訂互不侵犯條約
九月三日　第二次世界大戰爆發
一九四〇年　七月廿二日　成立第二次近衛內閣
九月廿三日　日本進駐越南北部
九月廿七日　日德義簽訂三國同盟
十一月三十日　汪精衛政權與日本簽訂日華基本條約

一九四〇年

四月十三日　日蘇簽訂中立條約

六月廿二日　獨蘇開戰，發動關特演

七月廿八日　日軍進駐越南南部

八月一日　美國全面停止對日本輸出石油

十月十八日　成立東條內閣

十一月五日　御前會議，決心於十二月初對美英荷發動武力

十一月廿六日　美國國務卿哈爾提出備忘錄

第十一章　中日進入全面戰爭

盧溝橋事變

一九三七年七月七日晚上，在北平西南郊外豐臺，隨前一年增兵駐屯的支那駐屯軍步兵第一聯隊第三大隊的第八中隊（中隊長清水節郎大尉以下一百三十五人），在以風景優美而馳名的盧溝橋北方，永定河左岸荒蕪地演習時，大約晚上十時四十分，從中國軍的陣地龍王廟方面，打來了幾發子彈。清水中隊長集合部隊，清點人數結果，發現二等兵志村菊次郎行蹤不明。清水派出傳令，將此事實報告豐臺的第三大隊長一木清直少佐。一木非常重視志村的行蹤不明，立刻警備召集部隊，出動盧溝橋，並以電話報告第一聯隊長牟田口廉也（譯註①）大佐。牟田口命令一木採取戰鬥隊行，與中方交涉（註一）。

七月八日淩晨二時許，一木大隊到達盧溝橋附近，行蹤不明的志村已於集合二十分鐘以後的七日晚上十一時左右安然歸隊（註二、註三）。一木大隊出動之最大理由的士兵行蹤不明的問題消滅了。可是一木卻以「使他們（中方）擁有只要實彈射擊，日軍便會停止演習逃走這種觀念不好，故無論如何要與其嚴重交涉。……總之日軍有面子就行，……為軍的威信要當起」（註四）。大約淩晨三時二十五分，龍王廟方面又有槍聲（註五、註六），一木以電話向牟田口要求「欲斷然予以攻擊」，一木以為牟田口不會同意，可是很意外地牟田口卻回答說「可以」，因此等到天明，便開始攻擊中國軍（註七）。換句話說，牟田口、一木等第一線之指揮官的血氣方剛的淺慮點燃了戰爭的火把。

在盧溝橋附近，九日和十日，中日兩軍仍然有過戰鬥。但支那駐屯軍參謀長橋本羣少將（註八）、北平特務機關長松井太久郎（譯註②）大佐和駐北平副武官（原之為補佐官——譯者）、今井武夫（譯註③）少佐等曾奔走於收拾事變，十一日晚上八時，松井與第三十八師師長，天津市長張自忠之間成立了如下內容的停戰協定：㈠第二十九軍代表要向日軍表示遺憾，處分負責人；㈡中國軍要從盧溝橋城（宛平縣城）、龍王廟撤退；㈢取締抗日各種團體。

這個協定迫使中國作片面的讓步，並不一定能完全解決事變。而在第一線成立停戰協定的同一天即七月十一日，東京的日本政府在「重大決心」之下決定派兵華北。

擴大論與不擴大論

擴大論與不擴大論盧溝橋事變的第一項消息，於七月八日到達軍中央，參謀本部戰爭指導課長河邊虎四郎大佐日後回憶說，看到八日的電報時，軍務課長柴山兼四郎（譯註④）大佐表示：「糟糕了！」而作戰課長武藤章（譯註⑤）卻說：「這太好了！」，「一方面欲予以化解，另一方面則要予以撥油」，有「兩種不同的氣氛」（註九）。

在軍中央，有從「輕視中國」的立場，「以爲中國脆弱」，主張「應該予以討伐」的樂觀派亦即擴大派，陸軍省軍事課、參謀本部第一部作戰課，同第二部皆屬於此派，譬如支那課長永津佐比重（譯註⑥）曾揚言說：「日本以爲一動員一定要登陸，所以其研訂的方案便比較保守，實則不要登陸，只要把船開到塘沽附近，北京和天津便會投降」（註一〇）。樂觀派即擴大派，小看中國的抗戰力量，「派三個師團或四個師團到第一線，予以一擊使其投降，然後立刻收兵，……將一部分兵力留於華北，大致上我們可以在華北至內蒙爲所欲爲。」此派以這種一擊論，而主張派兵華北（註一一）。

反此，石原第一部長、柴山軍務課長和參謀本部第一部作戰指導課等，則以對蘇備戰爲第一要義，對中國民族意識的覺醒和成長有相當的認識，對於行使武力採取消極態度，是爲慎重派亦即不擴大派。但慎重派（不擴大派）同時又認爲「既然要打，就該拿下南京」（註一二），因而將樂觀派（擴大派）的用兵方針視爲「姑息的方策」，「萬一發生需要出兵的情況時，應乘此機會積極地全面轉變中日關係」，同時動員十五個師團，作戰時間大約半年，戰爭費用五十五億日圓這種大用兵以展開全面的戰爭（註一三）。

這兩派的對立，因日本駐華武官誇大報告蔣介石直系的中央軍北上中的情報，而很快地往擴大論的方向收束。不擴大論之重鎮的石原第一部長，因參謀總長爲皇族，今井清參謀次長、渡久雄（譯註⑦）第二部長病臥中，事實上負統帥的最高責任，但還是不能堅持自己的立場。石原回憶說：「當時少壯者的想法非常積極，多認爲要即時動員，故持不擴大方針之部長的決心爲之動搖，……一到開戰，不擴大主義便翻然一拋，而變成作戰至上」（註一四）。曾經忽視中央、上層的統制而強行推近九一八事變的石原，面對因自己行爲所助長軍統制鬆馳的所謂下剋上風潮，而不得不放棄自己的主張，可說是一種諷刺的報復。

華北事變

陸軍中央於七月十日，決定派遣關東軍兩個旅團、朝鮮軍一個師團、國內三個師團前往華北。十一日，首相近衛文麿、外相廣田弘毅、陸相杉山元、海相米內光政（譯註⑧）、藏相賀屋興宣（譯註⑨）的五相會議，國內師團的動員依狀況保留爲條件，通過了陸軍的提案。繼而近衛內閣會議也作了同樣的決定，將情勢命名爲「北支事變」（華北事變），並發表政府的聲明說：

「此次事變，毫無疑問，完全是中方有計畫的武力抗日。蓋維持華北治安，乃（日本）帝國及滿洲國緊急之事，無庸贅言，中方不法行爲自不在話下，對排日侮日行爲要謝罪，並適當保證今後不會再有此類行爲，對維護東亞和平，至爲重要。因此政府在本日的內閣會議作了重大的決心，就派兵華北之事，決定採取政府認爲該採取的措施。

然，……今後爲不擴大局面，政府並不放棄和平交涉的希望，盼望中方迅速反省，以圓滿解決情勢」（註一五）。

內閣會議之後，日本政府從上午九時至十一時，在首相官邸依次邀請報社、通訊社、政界和財界的代表，請他們支持政府的措施，以表明政府的「重大決心」，這是絕無僅有的作法。對於政府請其協助，各黨各界代表都一致保證要協助政府，「舉國一致的態勢至此完全見諸實現」（註一六）。

在柳條湖事件，因第一線軍隊的謀略和獨斷而擴大了戰爭，但日本政府總算採取了不擴大方針；而在盧溝橋事變，第一線雖然成立了停戰協定，但在日本政府「重大決心」之下很快地決定出兵華北，而完成了「舉國一致」的協助戰爭的體制。

日本政府的「重大決心」和「舉國一致」的創造，乃是以盧溝橋事變爲好機會，一擊可使中國屈服，爲防共、資源、市場，意圖控制華北之日本統治階級的欲望的產物和表現。七月十六日，近衛首相對米內海相說：「我認爲與解決此次問題的同時，似應開始談判根本解決對華問題。……因華北爲與滿洲國接壤地帶，故駐屯我軍，但我覺得華北在經濟開發的意義上，更爲需要」（註一七）。擴大派的軍事課長田中新一在業務日誌更說：「只解決盧溝橋事變是不夠的。……在閣員間尤其是首相的心裡，很想乘此機會解決多年來的對華懸案，所以緊迫情勢的收拾，反而不無被忽視的傾向」（註一八），由此可見近衛內閣的積極性而把問題看得太簡單。

以增強兵力爲背景，日本軍中央於七月十七日，以十九日爲期限，要求中方履行以下各項：㈠宋哲元要道歉；㈡免馮治安（第三十七師長）之職；㈢八寶山（龍王廟北方五公里）附近的中國軍要撤退；㈣宋哲元要在七月十一日的停戰協定簽字，中方如果不予履行時，將「討伐」第二十九軍。此項強硬要求經日本政府同意，並命令支那駐屯軍付諸實施（註一九）。同時根據七月十七日五相會議的決定，川越大使（代理日高信六郎——譯註⑩——參事官）向國民政府要求立刻停止有挑撥性的言論和不妨害第一線交涉。

日本政府「重大決心」的聲明，提高了中國的抗日氣勢。蔣介石於七月十七日的廬山談話嚴正表示：

「萬一真到了無可避免的最後關頭，我們當然只有犧牲，只有抗戰。但我們的態度祇是應戰，而不是求戰。應戰，是應付最後關頭，逼不得已的辦法。」（譯註⑪）。

中國最低限度的立場是：㈠不容侵犯中國主權和領土的完整；㈡不容非法變更冀察政務委員會；㈢不接受宋哲元等的調職；㈣不能接受第二十九軍駐留地區的拘束（註二

〇）。

第二十九軍的首腦與日本妥協，並於七月十九日在停戰協定的實施條款上簽了字。但於同日，國民政府對於七月十七日日本政府的要求回答：中日雙方軍隊同時撤退，以外交交涉解決，和第一線協定需要中央政府的承認。對此日軍中央於七月二十日，作了如下的情勢判斷：「以外交折衝突不可能解決事變，爲使平津地方安定，茲需要決心行使武力」（註二一），同一天的內閣會議，決定派遣第五（廣島）、第六（熊本）和第一〇（姬路）師團前往華北。

此項動員，因第一線很平靜而暫緩。但於七月二十五日，在郎坊（北平東南大約五十公里）中日兩軍發生了衝突（郎坊事件）。七月二十六日，新任支那駐屯軍司令官香月清司（譯註⑫）中將向參謀本部申請：「請同意隨時行使兵力」，而石原第一部長則回答：「應徹底討伐。上奏等一切責任將由參謀本部負」（註二二）。於是支那駐屯軍遂對宋哲元發出要求中國軍撤退的最後通牒。

七月二十六日，在北平城的廣安門，中日又發生衝突（廣安門事件）。七月二十七日，日本政府對動員國內三個師團作了最後決定，參謀本部下達了「支那駐屯軍除現在任務之外，要討伐平津地方的中國軍，以安定該地方主要各地」的命令（註二三）。二十八日上午八時，日軍開始總攻擊。

從第二次上海事變到中日事變

日本在華北開始新的侵略，使全中國的抗日情緒沸騰。尤其在上海及長江流域，掀起了激烈的抗日運動。在開始總攻擊華北的七月二十八日，日本政府指令長江流域的日僑撤退到上海。

以華中、華南為作戰領域的海軍，對於在這方面的戰鬥很是積極，八月八日，第三艦隊司令長官長谷川清（譯註⑬）對其部下指示：「應迅速完成因應情勢擴大的一切準備」（註二四）。八月九日，發生了上海海軍陸戰隊的大山勇夫（譯註⑭）中尉與一個水手被中國保安隊槍殺的事件（大山事件），緊張氣氛，由之升高。於是日本海軍遂增強兵力，中方也增兵。八月十二日，海軍要求陸軍派兵上海，十三日，內閣會議通過派遣第三（名古屋）、第一一（善通寺）師團到上海。這一天，在上海，中日兩軍進入交戰狀態。八月十四日，中國空軍轟炸日本第三艦隊和陸戰隊，另一方面，日本海軍航空隊由臺灣基地起飛，轟炸了杭州等地。十五日，從長崎縣大村基地開始渡洋轟炸南京，並編成了由第三、第一一師團組成的上海派遣軍（軍司令官爲松井石根——譯註⑮——大將）。同日，日本政府發表「爲討伐暴戾的中國軍，促使南京政府反省，現在將要採取斷然的措施」（註二五）。

而在華北，日軍於七月三十日以前占領了北平和天津。在這期間，即七月二十九日，冀東政權的保安隊起來叛亂，中國民眾也參加，而殺死了二百二十三名日僑，是爲通州事件（註二六、二七）。

一發生盧溝橋事變，關東軍便完成出動態勢，大力要求在內蒙古行使兵力，且不顧參謀本部的抑止方針，於八月五日入侵多倫，八日入侵張北。八月九日，參謀本部命令支那駐屯軍和關東軍，實行察哈爾作戰。在關東軍參謀長東條英機中將的指揮之下，與增派於支那駐屯軍的第五師團（廣島，師團長是板垣征四郎中將）聯合，攻入察哈爾省內，八月二十七日，占領了張家口。

八月三十一日，支那駐屯軍改組爲北支那方面軍（軍司令官爲寺內壽一大將），加上爾後的增兵，而成爲以八個師團爲骨幹的兵力。九月二日，日本政府將「北支事變」改稱爲「支那事變」。

蔣介石眼看日軍在華北的總攻擊，認爲「最後關頭」已經到來，因此國民政府遂決心全面抗戰。八月十四日，國民政府宣布抗日自衛，十五日，下達全國總動員令，蔣氏就任陸海空三軍總司令。八月二十二日，西北的中共軍改編爲國民軍第八路軍（總指揮朱德），九月二十三日，第二次國共合作正式成立。

成爲九一八事變之開端的柳條湖事件是，由關東軍幕僚所策動的有計畫謀略，但成爲中日全面戰爭之開端的盧溝橋事變卻是非有計畫的偶然發生的衝突。非有計畫的偶然衝突之所以發展爲全面戰爭的根本原因，在於日本欲分離和支配華北的欲望日強，而中國抗日救國的民族覺醒和團結日進，形成了不許日本再作進一步侵略的情勢，但日本卻仍然輕視中國，小看中國，在一擊論之隨意行使武力所造成。如此一來，盧溝橋事變遂成爲九一八事變與中日戰爭的切點，從有限戰爭轉變成全面戰爭。

註釋

註一　江口圭一《盧溝橋事件　岩波ブックット　シリーズ昭和史3》，岩波書店，一九八八年。

註二　NHK綜合電視《歷史的招待——盧溝橋謎之槍聲》（一九八一年四月十八日）以

志村迷了路走進中國軍陣地，而被開槍是其真相。

註三　藤原彰《昭和の歷史(5)日中全面戰爭》（文庫版），小學館，一九八八年，頁七三。

註四　《東京朝日新聞》，一九三八年六月三十日。

註五　據說，這個槍聲是到豐臺傳令的第八中隊兩個人回來時，其中隊移動位置，在龍王廟附近東跑西竄時被中國軍射擊者。

註六　淺井純〈新證言，盧溝橋事件「運命の槍聲」〉，《文藝春秋》，一九八五年八月。

註七　《東京朝日新聞》，一九三八年六月三十日。

註八　支那駐屯軍司令官田代皖一郎中將病重（七月十六日死去），故橋本是事實上的最高負責人。

註九　〈河邊虎四郎少將回想應答錄〉，小林龍男ほか編《現代史資料(12)日中戰爭4》，みすず書房，一九六五年，頁四一四。

註一〇　同前，頁四一五。

註一一　同前，頁四一八。

註一二　同前，頁四一五。

註一三　堀場一雄《支那事變戰爭指導史》，原書房，一九七三年，頁八四。
註一四　〈石原莞爾中將回想應答錄〉，前揭《現代史資料(9)日中戰爭2》，頁三〇六～三〇七。
註一五　《主要文書》，頁三六六。
註一六　《東京朝日新聞》，一九三七年七月十三日。
註一七　緒方竹虎《一軍人の生涯》，文藝春秋新社，一九五五年，頁二八。
註一八　前揭《戰史叢書　支那事變陸軍作戰1》，頁一九七。
註一九　同前，頁一九八。
註二〇　日本國際問題研究所中國部會編《中國共產黨資料集(8)》，勁草書房，一九八四年，頁四六八～四一七。
註二一　《戰史叢書　支那事變陸軍作(1)》，頁二〇六。
註二二　香月清司〈支那事變回想錄摘記〉，《現代史資料(12)日中戰爭4》，頁五七〇。
註二三　《現代史資料(9)日中戰爭2》，頁二〇。
註二四　《現代史資料(12)日中戰爭4》，頁三八〇。
註二五　《主要文書》，頁三七〇。

註二六　據聞，保安隊是因被關東飛機隊誤炸營房憤怒而起來叛亂的。而中國民眾則對日人以通州為根據地私賣鴉片、麻藥震怒而實行報復。日本當局利用此事件以煽惑其國民同仇敵愾之心。

註二七　信夫清三郎〈通州事件〉，《政治經濟史學》，二九七號，一九九一年。

譯註①　牟田口廉也（一八八八～一九六八），佐賀縣人，陸士、陸大畢業，中將。曾任第四軍參謀長、第十八師團長、第十五軍司令官。

譯註②　松井太久郎（一八八七～一九六九），福岡縣人，陸士、陸大畢業，中將。曾任滿洲國軍最高顧問、汪精衛偽政權軍事顧問、支那派遣軍總參謀長、第十三軍司令官。

譯註③　今井武夫（一九〇〇～），長野縣人，陸士、陸大畢業，少將。曾任支那派遣軍參謀、日本投降當時是支那派遣總參謀副長。戰後，譯者在東京與他見過幾次。

譯註④　柴山兼四郎（一八八九～一九五六），茨城縣人，陸士、陸大畢業，中將。曾任天津特務機關長、輜重學校校長、第二十六師團長、汪偽政權軍事顧問、陸軍次官。

譯註⑤　武藤章（一八九二～一九四八），熊市縣人，陸士、陸大畢業，中將。曾任中支那方面軍參謀副長、北支那方面軍參謀副長、近衛師團長、第十四方面軍參謀長。戰後以A級戰犯，被判死刑。

譯註⑥　永津佐比重（一八九〇～），愛知縣人，陸士、陸大畢業，中將。曾任第二十師團長、支那派遣軍參謀副長（上海陸軍部長）、第十三軍司令官、第五十八軍司令官。

譯註⑦　渡久雄（一八八五～一九三九），東京人，陸士、陸大畢業，中將。曾任參謀本部第二部長、第十一師團長。

譯註⑧　米內光政（一八八〇～一九四八），岩手縣人，海兵、海大畢業，大將。曾任第二艦隊司令長官、聯合艦隊司令長官、海相、首相。

譯註⑨　賀屋興宣（一八八九～一九七七），廣島縣人，東京大學畢業。曾任東條內閣的藏相。戰後為A級戰犯，但又回到政壇，當選眾議員，曾任池田內閣的法相。

譯註⑩　日高信六郎（一八九三～一九七六），神奈川縣人，東京大學畢業。曾任汪偽政權時代的「駐華公使」、駐義大利大使。

譯註⑪《引自總統蔣公思想言論總集》，卷十四，演講，頁五八四，中央黨委員會，民國七十三年。

譯註⑫香月清司（一八八一～一九五〇），佐賀縣人，陸士、陸大畢業，中將。曾任步兵學校校長、近衛師團長、第一軍司令官。

譯註⑬長谷川清（一八八三～一九七〇年），福井縣人，海兵、海大畢業，大將。曾任海軍次官、臺灣總督。

譯註⑭大山勇夫（一九一一～一九三七），福岡縣人，海兵畢業。曾任上海特別陸戰隊第一大隊第一中隊長。

譯註⑮松井石根（一八七八～一九四八），愛知縣人，陸士、陸大畢業，大將。曾任臺灣軍司令官、中支那方面軍司令官、南京大屠殺時的日軍最高負責人。戰後以A級戰犯被判死刑。

第十二章　中日戰爭陷於僵局

戰線的擴大與南京大屠殺

日本之進攻中國，分內蒙古、華北和華中三方面進行。關東軍推進察哈爾作戰，並於一九三七年九月四日，在張家口建立了中日戰爭中最早的傀儡政權——察南自治政府，同時入侵山西省，九月十三日，占領大同，十月十五日製造了晉北自治政府。關東軍且侵入綏遠省內，十月十四日占領綏遠，將其改稱爲厚和豪特（厚和），於十月二十八日，創立了蒙古聯盟自治政府。十一月二十二日，統轄這三個僞政權，在張家口成立了以察哈爾省、綏遠省和山西省北半部爲其領域的蒙疆聯合委員會（蒙疆政權）。

在華北，北支那方面軍各部隊進攻河北省、山西省和山東省，九月二十四日陷保定，十月十日、十一月八日和十二月二十六日，分別占領了石家莊、太原和濟南，在一九三七年年底之前，控制了這三省的主要都市和鐵路。十二月十四日，在北京（十月十三日，將北平改稱北京）泡製了華北占領地區的傀儡政權——中華民國臨時政府（委員長爲王克敏）。

在上海，日軍面臨了中國軍頑強的抵抗，因此於九月十一日，加入了第九（金澤）、第一三（仙臺）和第一〇一（東京）師團。此時，不擴大論的主倡者石原第一部長辭職（轉任關東軍參謀副長），九月二十八日，由下村定（譯註①）少將接任。但上海戰線還是處在膠著狀態，日軍的損失很大。故於十月二十日，以從華北調往的第六（熊本）、第一八（久留米）、第一一四（宇都宮）師團爲骨幹，編成第一〇軍（軍司令官爲柳川平助中將），於十一月五日，由杭州灣登陸，另外從華北調到上海派遣軍的第一六師團（京都），則於十一月十三日，在長江下游的白茆口（位於上海西北大約七十五公里）登陸。因此中國軍的戰線崩潰，全面退卻，國民政府乃於十一月十七日，決定把首都遷往重慶。

在此期間，由於日本國務與統帥的分裂，政府不許干預統帥事項，對於作戰，只有追隨軍部。因此近衛首相希望設立首相亦爲其成員的大本營，但軍部反對首相參加，十一月二十日，設立純粹的統帥機關——大本營陸軍部、海軍部，並設立大本營政府聯絡會議。但國務與統帥仍然游離，陸海軍的分立還是未能克服。

十一月七日，編成統轄上海派遣軍第一〇軍的中支那方面軍（軍司令官是松井石根大將），以連結蘇州——嘉興之線以東爲作戰地區，被賦予「掃滅上海附近之敵人」的任務（註一）。但松井軍司令官從東京出發時就有攻擊南京的意圖，故忽視其任務與作戰境界線，而令上海派遣軍（十二月二日以後，軍司令官爲朝香宮鳩彥中將）和第一〇軍各部隊作攻進南京的先鋒競爭。

在上海苦戰三個多月之後，又奉命進擊南京而陷於自暴自棄狀態，由於快迅進擊，戰鬥部隊與兵站部隊遠離，而被命令「現地徵用，以求自我生存」，以投降、俘虜爲恥辱，而忽視對於投降者的國際法規等等，日軍在進擊途中到處處刑俘虜，對居民掠奪、暴行、屠殺和放火，一個日本士兵回憶說，日軍成爲「有如土匪的軍隊」（註二），屠殺、暴行「成爲習慣的大軍蜂擁而入南京」（註三）。

十二月一日，日本參謀本部下令進攻南京。蜂擁而至的日軍於十二月十三日占領了南京，展開了屠殺、搶奪、強姦、放火等空前的殘酷行爲。根據第一六師團長中島今朝吾（譯註②）中將的日記，在「大體上是不俘虜的方針，而是全部幹掉，……但要將其幹掉，需要相當大的溝，但卻找不到，一個方法是把他們分一百、兩百人之後，準備把他們帶到適當的地方去處理」，在這種方針之下，第一六師團單單於十三日這一天，就「幹掉」了大約二萬四千人的俘虜（註四）。從此以後到一九三八年一月，更找出中國的殘兵和便衣兵，予以集體處刑，一般老百姓也受到連累。「在南京城內外死的中國軍民，可能不下於二十萬人」（註五、譯註③）。

「不以國民政府為對手」

在東亞，日本正在進行侵略中國的時候，在歐洲，法西斯義大利於一九三五年一月開始侵略衣索匹亞，並於一九三六年五月，將其併吞。同年三月，納粹德國占領了萊茵蘭特非武裝地帶。七月，西班牙爆發內戰，德國和義大利予佛蘭哥叛軍以軍事援助，意圖砸死人民戰線政府，十月，德義兩國成立了羅馬、柏林樞軸（Rome-Berlin Axis）。一九三七年十一月，義大利參加了德日防共協定。如此一來，日德義三國成立了國際法西斯的合作。

美國總統羅斯福於一九三七年十月五日，發表了將國際社會的「無賴國家」喻爲傳染病患者的「隔離演説」，以抨擊日本和德國。但實際上，美國對日本卻仍然採取姑息態度，而並沒有將規定禁止輸出武器、戰略物資至交戰國的中立法用於中日戰爭（註六）。國際聯盟於一九三七年十一月，召集了九國條約國的布爾塞會議，日本拒絕參加，是項會議終於對日本未能採取任何制裁措施。十二月，進攻南京時日軍擊沈美國軍艦巴聶號，以及砲擊英國軍艦「婦鳥號」的事件，由日本政府道歉而獲得解決。

由於日本以爲一擊就能使中國屈服的錯誤估計，而不得不大事動員，的確是日本萬萬沒想到的事。十月一日，首、外、陸、海四相決定《支那事變對處要綱》，在華北、上海設立非武裝地帶，承認滿洲國，中日防共協定，賠償損害，中日合辦海運、航空、鐵路、礦業等爲媾和條件，以期早日結束戰爭。日本同時表明願意接受第三國的和平建議和斡旋，十月二十七日，廣田外相並將此意告訴英、美、法、德、義駐日各國大使。

由於德國對國民政府派遣軍事顧問團，以指導其剿共戰爭，對中國輸出又多，加以與日本有防共協定的關係，故出面從事和平的斡旋，由駐華大使陶德曼和駐日大使遜克森擔任居間工作（陶德曼和平工作）。

但因後來意外早日攻克南京暈了頭，日本的媾和條件提高，根據十二月二十一日內閣會議的決定於隔天向遜克森提出的媾和條件是，除十月一日所決定的條件之外，加上在內蒙設立非武裝地帶，並建立防共自治政府，設立華北特殊政治機構和經濟合作，在華中占領地區設立非武裝地帶，共同維持大上海地區的治安和發展經濟及應有之賠償，並在華北、內蒙和華中駐兵以保障中方履行上述條件，同時要求中國在一九三七年年底以前回答。這無異是將日本原來之戰爭目的：爲防共、資源、市場而要控制華北的要求擴張到全中國。一九三八年一月一日，召開了日俄戰爭以來的首次御前會議，確認上述的媾和條件，並決定以「支那現中央政府不來求和時，以後帝國不再期待以其爲對手解決事變，並將助長新興支那政權之成立，與其協定（中日）兩國國交的調整，協助更生新支那之建設」爲內容的〈支那事變處理根本方針〉（註七）。

國民政府於一九三八年一月十四日，透過德國回答希望知道日方要求的細節。對於國民政府的回答，次日，在大本營政府聯絡會議席上，參謀本部從對蘇聯的顧慮與以防止赤化爲至上的觀點，希望早日實現和平，而主張繼續交涉，可是政府卻強硬主張停止交涉，而終於使參謀本部屈服。參謀本部雖然曾經設法請閑院宮參謀總長早近衛首相一步上奏昭和天皇，以圖挽回，但昭和天皇「以爲這一定是爲了推翻已經決定的事，故以『已與總理（首相）約定要先與他見面』而婉拒」（註八），結果決定停止與中國繼續交涉。

國務與統帥的分裂這種國家機構的特殊性，往往使前者追隨後者，但這一次卻前者壓制了後者。這是一方面由於未能獲得天皇的支持，另方面軍部本身分裂，陸軍省主張停止交涉，參謀本部陷於孤立所導致。而這個事實也說明了二二六事件以後，軍部的發言力雖然增強了，但軍部並沒有真正掌握指導戰爭的全權（註九、一〇）。

一月十六日，日本政府發表了「今後帝國政府不以國民政府為對手」的聲明（註一一），於是中日兩國政府遂各召回其駐對方的大使。而除已有的傀儡政權之外，於三月二十八日，在南京成立了中華民國維新政府（「行政院院長」為梁鴻志），與國民政府絕緣的既成事實，在中國占領地也加強了。

徐州、武漢、廣州作戰

由於今後「不以國民政府為對手」，日本遂自己踏入長期戰爭的泥沼。一九三八年一月二十二日，近衛首相在第七三議會演講說：「事變的前途很遼遠。其解決我必須覺悟很長」，並呼籲「要完成物心兩方面的國家總動員態勢」（註一二）。第七三議會通過一般會計三十五億多日圓，臨時軍事費（註一三）四十八億多日圓的超大型預算和大增稅案，同時制訂了國家總動員法（註一四）和電力國家管理法，正式建立了戰爭體制。

二月十六日，御前會議決定了不擴大戰面的方針，十八日，日本將中支那方面軍改編為中支那派遣軍（軍司令官為畑俊六——譯註④——大將）。可是於三月間，進攻山東省北支那方面軍部隊，卻在臺兒莊被中國軍包圍攻擊，損失慘重，故於四月六日撤退，中方以此為臺兒莊大捷祝賀和宣傳之後，不擴大戰面的方針立刻成為泡影，四月七日，大本營遂以聯絡華北和華中的占領地（打通津浦線）與包圍殲滅中國軍為目的，發動北支那方面軍和中支那派遣軍互相策應的徐州作戰（註一五）。日軍於五月十九日雖然占領徐州，但卻未能捉拿中國軍的主力，故未得到能左右戰爭之走向的戰果。

從五月到六月，近衛內閣實行了大改組，就任新外相的宇垣一成與行政院長孔祥熙之間有過和平交涉的嘗試，惟因日方提出以蔣介石下野為前提而破裂，宇垣亦以對支院（對中國的中央機關，十二月以興亞院誕生）問題與陸軍對立，而於九月底提出辭職（譯註⑤）。

八月二十二日，大本營發動武漢作戰（註一六），動員了中支那派遣軍的九個師團大約三十萬多人。日軍在炎熱與瘧疾下和中國軍的抵抗苦戰再三，於十月二十六日占領漢口，控制了武漢地區。與此呼應，主要爲截斷中國之主要補給路線的香港管道，日軍進行了廣州作戰，並於十月二十一日占領了廣州。

由於武漢、廣州作戰，日軍幾乎將中國的一切重要城市置於其占領之下。但此時日本的軍事動員已經達到其最高限度。結束武漢作戰的日本陸軍，在中國大陸配置著二十四個師團，在滿洲和朝鮮有九個師團，在日本國內，只有一個近衛師團。中日戰爭變成了長期戰爭和持久戰。

汪精衛工作

十月二十五日，蔣介石發表〈告國民書〉說：「敵人深陷泥沼，遭到更多困難，而將爲毀滅。」（註一七）。召開於延安的中共第六屆擴大六中全會於十一月六日舉行，根據毛澤東的持久戰備，認爲抗戰自日軍的進攻和中方的防禦的第一階段，進入兩軍對峙的「轉移到第二階段的轉移期」，並決議「要加強國共合作，……以進行不屈不撓的民族自衛戰爭」（註一八）。

但武漢和廣州的淪陷，對中國還是很大的打擊。又因爲抗戰，中共得到民眾的支持擴大其勢力，使國民黨內的反共派大感不安。國民黨副總裁汪精衛等，以反共第一，而主張早日與日本妥協。在另一方面，日方擬擁汪以收拾中日戰爭。一九三八年七月，國民政府外交部前亞洲司司長高宗武偷偷赴日，與陸相板垣征四郎和參謀次長多田駿等接觸之後，陸軍省軍務課長影佐禎昭（譯註⑥）大佐、參謀本部支那班長今井武夫中佐等與汪精衛的親信周佛海、梅思平等推動了和平工作。

占領武漢、廣州後的十一月三日，近衛內閣發表聲明說：「帝國所冀求的是，在於建設確保東亞永遠安定的新秩序。此次征戰之最後目的亦在此」，同時表示「雖是國民政府，如能一擲其一向的指導政策，改替人事結構，以舉更生之實，前來參加新秩序之建設，（我政府）未必會拒絕」（註一九），事實上撤回了一月之「不以國民政府爲對手」的聲明，並聲稱期待與汪精衛一夥人合作以實現和平。

十一月二十日，在上海，影佐禎昭、今井武夫與高宗武、梅思平簽訂〈日華協議紀錄〉，相約日華防共協定與日軍之防共駐屯、承認滿洲國、日華經濟合作、恢復治安後兩年日軍要撤兵，並決定日本政府一作上述之聲明，汪精衛便與蔣介石絕緣，糾合四川、雲南反蔣勢力，以建立新的政府等計畫。但十一月三十日御前會議所決定的《日支新關係調整方針》的內容，與一月的《支那事變處理根本方針》的內容幾乎沒有什麼兩樣，還是意圖要控制全中國，只是冠上「善鄰友好」、「互助連環」等字眼而已，而且關於撤兵，也祇是說「將儘早」實施（註二〇）。

汪精衛於十一月十八日逃出重慶，抵達河內之後，近衛於十一月二十二日發表主張「善鄰友好、共同防共、提攜經濟」的聲明（近衛三原則——註二一），而遵照御前會議的決定，對汪方在《日華協議紀錄》中所最重視的日軍撤兵，隻字未提。顯而易見，這是對汪精衛的一種背信，但汪已經走上不歸路，沒有回轉的餘地，故於十一月二十九日拍出《和平建議》的電報（豔電）。但卻沒人響應汪，於是日方所期待瓦解國民政府的目的完全破碎。最後汪精衛工作以雙方各開空頭支票而終止，日本無論在軍事上和政治上，都無法收拾這個戰爭（譯註⑦）。

註釋

註一　前揭《現代史資料（9）日中戰爭2》，頁二一五。

註二　曾根一夫《私記南京虐殺》，彩流社，一九八四年，頁六五。

註三　本多勝一《貧困なる精神(16)》，すずさわ書店，一九八四年，頁四一。

註四　《南京攻略戰『中島師團長日記』》，《歷史と人物　增刊　祕史・太平洋戰爭》，一九八四年，頁二六一。南京戰史編集委員會《南京戰史資料集》，偕行社，一九八九年，頁三二六。

註五　洞富雄《決定版南京大虐殺》，德間書房，一九八二年，頁一五〇。

註六　日本對中國並沒有宣戰，其最大理由是，日本深怕因宣戰，美國動用中立法，而從美國買不到軍需物資。

註七　前揭《主要文書》，頁三六五。

註八　前揭《西園寺公と政局(6)》，頁二〇八。

註九　關於中日戰爭的收拾或繼續之決定性的問題這個事實，顯示以軍部推進和擴大戰爭的世俗之說，以及「始於柳條湖事件之軍部半占領日本，經天皇機關說事件和二・二六事件，以設立大本營為契機變成全面占領（日本）」，「依大本營令合法地掌握指導戰爭」的「軍部獨裁體制」論是錯誤的。

註一〇　前揭藤村道生《二つの占領と昭和史——軍部獨裁體制とアメリによる占領》，頁五五、五四。

註一一　《主要文書》，頁三八六。

註一二　社會問題資料研究會編《帝國議會誌(31)》，東洋文化社，一九七八年，頁二四〇。

註一三　一九三七年九月十日設定臨時軍事費特別會計，到一九四六年二月為一會計年度。

註一四　賦予政府「在戰時（包括準戰爭的事變……），為達到國防目的，擬最有效發揮全國力量，要統制運用人、物資源」（第一條）的權限。因此，天皇制立憲主義以之政治體制的立憲主義的層面，完全形式化。

註一五　位於津浦線與隴海線（連雲——蘭州，既成這段為連雲——寶雞）的交叉點，為連結華北與華中的重要都市。

註一六　武昌、漢口、漢陽三都市叫做武漢三鎮，為京漢線、粵漢線的起點；南京淪陷後成為國民政府實際上的首都。

註一七　董顯光（寺島正、奧野正已譯）《蔣介石》，日本外政學會，一九五六年，頁二四四。

註一八　日本國際問題研究所中國部會編《中國共產黨史資料集(9)》，勁草書房，一九七四年，頁三七三、三七四。

註一九　《主要文書》，頁四〇一。

註二〇　同前，頁四〇五～四〇七。

註二一　同前，頁四〇七。

譯註①　下村定（一八八七～一九六八），高知縣人，陸士、陸大畢業，大將。曾任陸大校長、第十三軍司令官、北支那方面軍司令官、陸相。戰後當選過參議院議員。

譯註②　中島今朝吾（一八八二～一九四五），大分縣人。陸士、陸大畢業，中將。曾任憲兵司令官、第十六師團長、第四軍司令官。

譯註③　關於南京大屠殺，請參看藤原彰作，拙譯〈南京大屠殺的真相〉一文，收於拙著《中國與日本》一書（臺灣商務印書館）。

譯註④　畑俊六（一八七九～一九六一），福島縣人，陸士、陸大畢業，元帥。乃兄英太郎為陸軍大將。曾任臺灣軍司令官、教育總監、中支那派遣軍司令官、侍從武官長、陸相、第二總軍司令官。戰後以A級戰犯被判無期徒刑。

譯註⑤　其經緯，請參看拙譯《石射猪太郎回憶錄》（水牛出版社），頁一〇四～一一三。

譯註⑥　影佐禎昭（一八九三～一九四八），廣島縣人，陸士、陸大畢業，中將。曾任參謀本部謀略課長、汪偽政權軍事顧問、第七砲兵司令官、第三十八師團長。

譯註⑦　請參看拙作〈影佐禎昭與汪精衛〉一文，原刊中國文化大學「政治學研究所學報」（民國八十一年一月號），後收於拙譯《汪精衛與日本》一書（聯經出版社）。

第十三章　東亞新秩序與第二次世界大戰

加強防共協定的問題

當日本在呼籲建設「東亞新秩序」，推進亞洲門羅主義的擴張時，在歐洲，納粹德國也以建立「歐洲新秩序」爲目標，正在實行著侵略政策。德國於一九三八年三月，入侵奧地利，在軍事威壓之下將其併吞。德國繼而意圖併吞捷克的茲得登地方，於九月的慕尼黑會談，令對德國採取姑息政策的英法讓步，將茲得登地方割讓給德國。蘇聯以此爲希特勒開啟了東進的大門，而對德國提高其警覺。

雖然是暫時妥協了，但對德國的擴張，英法仍然是礙手礙腳的存在。希特勒於一九三七年十一月的一項祕密會議曾說，德國與英法的戰爭將不可避免。一九三八年二月就任外相的李卜特羅布，爲牽制英國而策畫與日本締結軍事同盟，而與日本駐德大使館武官大島浩（譯註①）少將協商。

在另一方面，面對中日戰爭意外長期化的日本陸軍，以蘇聯於一九三七年八月二十一日，與中國簽訂中蘇不可侵犯條約，給予中國軍事援助（註一、二），英領土香港是援助中國的最大管道，這兩件事支持著中國的抗戰，妨礙日本收拾中日戰爭，因此在歐洲與對抗英蘇的德、義簽訂軍事同盟，予以英蘇壓力，俾爲中日戰爭打開一條活路。

一九三八年八月，李卞特羅布提交日本的軍事同盟案，與從前以蘇聯爲對象的防共協定不同，而係以英法爲對象。陸軍主張以此案締結同盟，但元老等皇宮一派與海軍和外務省，深怕與英法爲敵，故主張同盟的對象限定於蘇聯，最後決定以後者的方向進行加強防共協定的交涉。但日本政府給大島的訓令，卻留有可以將其解釋爲亦以英法爲對象的餘地，十月，昇任大使的大島，強硬以此方向推動締結同盟，而發生問題。

十一月，德國向日本提出以蘇聯和英法爲對象的條約案，日本政府召開五相會議討論，宇垣之後任外相有田八郎、海相米內和藏相池田成彬（譯註②）反對以英法爲對象的德國案，而與欲接受德國案的陸相板垣對立。由此近衛內閣內部開始對立，中日戰爭陷入僵局，故於一九三九年一月四日提出總辭職。

一月五日，成立樞密院議長平沼騏一郎（譯註③）的內閣，有田、板垣、米內留任，具有延長前內閣的濃厚性質。次（六）日，德國向日本正式提出三國同盟案。內閣內部又開始對立，最後成立蘇聯以外之第三國為對象的部分模糊的妥協案，於一月和三月訓令其駐德、義使館，但駐德大使大島和駐義大使白鳥敏夫（譯註④）卻拒絕實行訓令，四月，且對德、義表明與英法戰爭時日本將參戰的越權行為，使情勢陷於混亂。

日本政府就必須將對象限於蘇聯的理由來說：

「正在邁進於中日事變之處理的帝國的各種經濟情勢，目前不得不相當重視與英美的經濟關係，……而從圓滿完成現在著手計畫中的物質動員、擴充生產力計畫等觀點而言，亦不得不重視此點。……與英美經濟關係的惡化，對上述各項計畫的完成，將成為重大的障礙，而且很可能對中日事變的處理有很大的影響」（註三）。

即因中日戰爭的長期化，開始與美英對立，同時卻又加深依賴美英的日本帝國主義的兩面性矛盾，在日本的對外走向上也暴露無遺。

在此期間，三月，德國占領捷克，四月，義大利占領了阿爾巴尼亞。德國對日本猶豫不定的態度感到絕望，乃於五月二十二日，與義大利成立軍事同盟，侵攻波蘭。

對美英關係的惡化

對美英的依賴，雖然使日本統治階層內部產生欲避免與美英敵對的傾向，惟因日本在中國的軍事行動，威脅美英在中國的市場和權益，造成人和物的損失，因此日本與美英的關係逐日惡化。一九三七年十月的「隔離演說」以後，美國於一九三八年一整年，就確保其在中國的權益，一再地向日本提出強硬的態度。在英日兩國之間，於一九三八年七至九月，舉行過宇垣外相與克萊基駐日大使的會談，但不順利。

日本的「東亞新秩序」的聲明，對一向以九國公約為基礎的秩序是一種公然的挑戰，因而使美英極其反彈。一九三八年十一月七日，美、英、法三國，要求日本開放其以作戰上理由禁止外國船舶航行的長江。十二月三十日，美國通牒日本：美國不能承認忽視門戶開放原則而建立的所謂中國新秩序；一九三九年一月十四日，英國通牒日本：英國不能同意日本片面地變更九國公約的規定。一九三八年十二月，美國對中國設定二千五百萬美元的貸款，一九三九年三月，為安定法幣，英國也對中國貸款一千萬英鎊，同月，美國對中國更成立一千五百萬美元的貸款，美英兩國明確表達了支援中國的態度。

因日軍攻擊廣州、香港管道被截斷之後，所謂援蔣管道便將其重點移到越南管道和緬甸管道。以建設航空基地來截斷這些管道，和獲得鐵、錳等地下資源以及確保南進的據點爲目的，日本的陸海採取聯合作戰，於一九三九年二月進攻海南島，並在三亞建立了基地。三月，日本宣布占有南沙羣島（日人稱新南羣島。註四）。六月，日本陸海軍聯合作戰占領了汕頭（註五）。美、英、法視上述這些舉動爲日本完成了南進的態勢而更加提高其警戒心。

而在華北方面，尤其以天津的英法租界爲日軍支配所不及的「聖域」，而成爲抗日運動的避難所，同時又爲國民政府之法幣流通的據點，忌避傀儡政權的聯銀券（註六），故使日軍對其加強敵意。一九三九年四月九日，在英國租界内親日派中國人被暗殺，由於英方拒絕交出犯人，北支那方面軍遂於六月十四日，封鎖天津英法租界。

七月，有田外相和英國駐日大使克萊基在東京舉行會談。在日本國內，排英運動獲得陸軍和警察支持，如火如荼，而這也是日本國內對親美英派的抨擊運動。在歐洲，因波蘭局勢，對德關係面臨緊急關頭，租界被當「人質」的英國終於向日本低頭，七月二十三日，約定自我約束將妨害日軍的行爲。

無法旁觀英國屈膝的美國，便於七月二十六日，通知日本廢除美日通商航海條約（註七）。這是對於在石油、鐵、機械類等戰略物資方面相當依賴美國之日本最大弱點的當頭棒喝（註八），更是對英國「最好的幫助」（註九）。由此英國重整旗鼓，英日會談破裂（註一〇）。

張鼓峯事件與諾門坎事件

蘇聯對中國不僅提供武器，而且遣派飛行員援助抗戰。一九三八年三月一日，成立中蘇借款協定，蘇聯貸款中國五千萬美元。四月四日，駐蘇大使重光葵，就援助中國向蘇聯政府提出抗議，五日，外務省情報部長橫溝光暉，發表抨擊派遣「紅色官兵」到中國的談話。反此，六月十七日，蘇聯駐日大使斯梅達寧（Konstantin Aleksandrovich Smetanin）建議日本：不要轟炸無防備的人民和都市。

於這樣情況下的七月，在蘇聯、滿洲國、朝鮮之國界的張鼓峯發生了國境線的紛爭。此時日軍中央正準備武漢作戰，參謀本部爲了試探蘇聯對日作戰的意圖，決定進行「威力偵察」，而下令出動朝鮮軍的第一九師團（羅南）。但元老西園寺等皇宮派、宇垣外相、米內海相等懼怕與蘇聯發生戰爭，故反對行使武力，七月二十日，對於上奏的板垣陸相，昭和天皇嚴命：「非朕命令，一兵都不許動」（註一一）。

因此，大本營和朝鮮軍，遂下令第一九師團回來，但師團長尾高龜藏（譯註⑤）中將卻於七月三十日擅自攻擊蘇軍，使蘇軍暫時撤退。迨至八月，蘇軍增強兵力復出反擊，以壓倒性的火力和機動力，予日軍以極大的損害。第一九師團幾乎面臨毀滅，乃至八月十日，在莫斯科成立停戰協定，翌（十一）日，正式停戰。

眼看張鼓峯事件使蘇聯吃了苦頭的關東軍（軍司令官是植田謙吉）的參謀辻政信（譯註⑥）少佐等，對於國境紛爭非常積極。辻所起草於一九三九年四月二十五日決定的關東軍〈滿蘇國境紛爭處理要綱〉，確定了「對於滿蘇國境蘇軍（外蒙軍）的不法行爲，在周到的準備之下，將徹底予以討伐，使蘇軍慴伏，在其野心初動時要予封殺摧毀」的方針（註一二）。

五月十一日，在靠近滿洲國與安北省與蒙古人民共和國（外蒙古）國境的諾門坎附近，發生了外蒙軍與滿洲國軍的衝突事件。對於這附近的國境線，日方主張在哈爾哈河上，蘇聯和外蒙則堅持通過其北方、東方的諾門坎之線，而互相對立。此時，海拉爾的第二三師團（熊本，師團長爲小松原道太郎——譯註⑦——中將）正在徹底研討〈滿蘇國境紛爭處理要綱〉的旨趣，在此方針之下，爲擊破「越境」的外蒙軍，立刻出動部隊，但五月二十八日遭到蘇軍的反擊，幾乎全軍覆滅，故五月三十日撤退（第一次諾門坎事件）。

爾後，在諾門坎附近蘇蒙軍增強了兵力，六月十九日，對日滿軍加以攻擊。關東軍基於辻參謀強硬的意見，決定以第二三師團，加上第七師團（旭川）的一個步兵聯隊和關東軍戰車部隊的主力（大約七十部）及其他兵力出擊，乃於六月二十七日，關東軍航空部隊轟炸了外蒙古的塔姆斯克空軍基地，給予很大的損害。但從七月二日開始的地上攻擊，被超乎預想的蘇軍集中火力和機動力所壓倒，遭到極大的損害，而陷於苦戰。與此同時，制空權也逐漸落到蘇聯手裡（第二次諾門坎事件）。

塔姆斯克空襲係關東軍背著軍中央的獨斷行爲，因此軍中央與關東軍發生了激烈的衝突。七月二十日，大本營提示〈諾門坎事件處理要綱〉，欲結束該事件，但關東軍作戰參謀服部卓四郎（譯註⑧）中佐和辻參謀等堅持強硬論，意圖增強第七師團之一部分兵力及其他，以繼續攻擊。八月四日，編成了負責滿洲西北部之防衛的第六軍（軍司令官爲荻洲立兵——譯註⑨——中將）。

但在日軍的態勢還沒有完全建立之前，蘇軍便在司令官朱可夫指揮之下，集中四個狙擊師、三個戰車旅、三個裝甲旅的龐大兵力，於八月二十日開始總攻擊。因而日軍瀕臨毀滅狀態，迨至三十一日，在四分五裂中撤退。關東軍曾欲投入幾乎所有兵力予以反擊，惟於九月三日爆發第二次世界大戰，世界局勢大爲轉變，大本營遂命令關東軍停止攻擊，同時不許關東軍欲在諾門坎戰場收容死屍的申請。

九月十五日，在莫斯科，莫羅托夫外相和駐蘇大使東鄉茂德（譯註⑩）成立了停戰協定。蘇聯確保了其所主張的國境線，故沒有繼續進攻。根據第六軍的調查，日軍在第二次諾門坎事件的損失爲：戰死者七千六百九十六人、戰傷者八千六百四十七人、生死不明者一千零二十一人，共計一萬七千三百六十四人，損耗率百分之二十八點七，尤其是第二三師團，出動一萬五千一百四十人當中，戰死傷一萬零六百四十六人，其損耗率達百分之七十點三（註一三）。第一線之聯隊長級（相當於我國的團長——譯者）的軍官幾乎全部戰死或自殺，成立停戰協定之後，負起戰敗、撤退責任的三個部隊長自殺。

植田軍司令官以下的關東軍幹部，和參謀次長等軍中央的負責人，多受到被編入預備役的處分。但硬拖關東軍導致慘敗的實際上的負責人服部、辻兩人，雖然調了職，不久卻就任參謀本部的作戰課長和兵站班長，並指導了亞洲太平洋戰爭的作戰。

第二次世界大戰的爆發

眼看德國攻打波蘭之日接近，蘇聯乃於一九三九年六月，向英法提案簽訂英法蘇三國的互助條約，八月在莫斯科且舉行過三國的交涉，但英國並不熱心，因此沒有任何結果。五月以後，發生了諾門坎事件，面臨東西兩面之危險的蘇聯，遂欲以德國的合作獲得西方的安全。德國則爲避免東、西方的兩面同時作戰，便與蘇聯攜手。八月二十三日，在莫斯科簽訂了德蘇互不侵犯條約，約定互相不侵略，一方受到第三國攻擊時，亦不援助該第三國。

德蘇簽訂互不侵犯條約，曾予世界很大的衝擊。尤其日本，因要以蘇聯爲敵人的日本曾與德國交涉締結軍事同盟達一年以上，加以在諾門坎事件，日本曾被蘇聯打得落花流水，所以對於德國與蘇聯握手合作，更無法理解。故於八月二十八日，平沼內閣發表「歐洲的天地，產生複雜奇怪的新情勢，面對此，以往所準備之政策要予結束，並需要另行建立政策」的聲明(註一四),而提出總辭職。八月三十日,成立了預備役陸軍大將阿部信行(譯註⑪)的新內閣。

九月一日,德軍開始進攻波蘭,三日,英法對德國宣戰,所謂第二次大戰於焉揭開序幕。德國立刻席捲了波蘭。蘇聯也於九月十七日從東方攻進波蘭,二十八日,以德蘇協定,波蘭爲德蘇兩國所分割。至此,西部戰線遂成爲雙方都不積極戰鬥的「很奇妙的戰爭」。

註釋

註一　蘇聯對中國的物資補給,起初是從敎得薩經由海路到廣州的管道,廣州淪陷以後,則開闢了從新疆經甘肅、四川通西北的管道。

註二　鈴木隆史〈日中戰爭〉,藤原彰、今井清一編《十五年戰爭史(2)日中戰爭》,青木書店,一九八八年,頁二一一。

註三　五相會議決定「外務大臣回電案」,一九三九年三月二十四日,角田順編《現代史資料(10)日中戰爭3》,みすず書房,一九六三年,頁二三七。

註四　叫做斯布拉多利羣島,位於金蘭淳東方,法國也主張其領有權。

註五　汕頭屬廣東省，次於廣州的華南大港。為南方華僑的主要出生地，華僑曾滙巨額款項到祖國，支持中國的抗戰。

註六　聯銀券為「中華民國臨時政府」的發券銀行於一九三八年三月開業的中國聯合準備銀行所發行的紙幣。以等價交換法幣，擬一年以內禁止法幣之流通。

註七　通告六個月以後的一九四〇年一月將失效。由於條約第五條規定，關於締約國間之物品的輸出入，對他國的輸出入，「不得加均不適用之任何禁止」，故條約的失效，美國將能夠對日本的輸出作差別的限制和禁止。

註八　在一九三八年度日本輸出中美國所占的比率，總額三四・四%，石油類七五・二%，鐵類四九・一%，機器及其零件五三・六%。

註九　內閣情報部〈通商條約の廢棄と日米關係〉（時局宣傳資料），一九三九年，頁一五。

註一〇　一九四〇年六月，日英之間就天津英國租界成立了臨時協定，暫時獲得解決。

註一一　《西園寺公と政局(7)》，頁五一。

註一二　《現代史資料(10)日中戰爭3》，頁一〇六。

註一三　防衛廳防衛研修所戰史室《戰史叢書　關東軍(1)》，朝雲新聞社，一九六九

註五　汕頭屬廣東省，次於廣州的華南大港。為南方華僑的主要出生地，華僑曾滙巨額款項到祖國，支持中國的抗戰。

註六　聯銀券為「中華民國臨時政府」的發券銀行於一九三八年三月開業的中國聯合準備銀行所發行的紙幣。以等價交換法幣，擬一年以內禁止法幣之流通。

註七　通告六個月以後的一九四〇年一月將失效。由於條約第五條規定，關於締約國間之物品的輸出入，對他國的輸出入，「不得加均不適用之任何禁止」，故條約的失效，美國將能夠對日本的輸出作差別的限制和禁止。

註八　在一九三八年度日本輸出中美國所占的比率，總額三四．四%，石油類七五．二%，鐵類四九．一%，機器及其零件五三．六%。

註九　內閣情報部〈通商條約の廢棄と日米關係〉（時局宣傳資料），一九三九年，頁一五。

註一〇　一九四〇年六月，日英之間就天津英國租界成立了臨時協定，暫時獲得解決。

註一一　《西園寺公と政局（7）》，頁五一。

註一二　《現代史資料（10）日中戰爭3》，頁一〇六。

註一三　防衛廳防衛研修所戰史室《戰史叢書　關東軍（1）》，朝雲新聞社，一九六九國行蹤不明。

譯註⑦ 小松原道太郎（一八八六～一九四〇），神奈川縣人，陸士、陸大畢業，中將。曾任哈爾濱特務機關長、第二獨立守備隊司令官、第二十三師團長。

譯注⑧ 服部卓四郎（一九〇一～一九六二），山形縣人，陸士、陸大畢業，大佐。曾任第六十五聯隊長、參謀本部課長。戰後出任史實研究所所長，以《大東亞戰爭全史》（四冊）的著作馳名。

譯註⑨ 荻洲立兵（一八八四～一九四九），愛知縣人，陸士、陸大畢業，中將。曾任第九旅團長、臺灣軍參謀長、第十三師團長、第六軍司令官。

譯註⑩ 東鄉茂德（一八八二～一九五〇），鹿兒島縣人，為朝鮮人的後裔，東京大學畢業。曾任駐德、駐蘇大使、外相。戰後以A級戰犯被處拘禁二十年，死於陸軍醫院。其養子東鄉文彥曾任駐美大使。

譯註⑪ 阿部信行（一八七五～一九五四），石川縣人，陸士、陸大畢業，大將。曾任陸軍次官、臺灣軍司令官、朝鮮總督、汪偽政權大使、首相。

第十四章　日德義三國同盟

中日戰爭與動員民眾

日本政府將中日戰爭稱爲「討伐暴支」的「聖戰」，報紙和廣播等大眾傳播媒體拚命鼓動排外熱和軍國熱。在鄉軍人會、青年團、婦人會等半官制的各種團體，展開了支持戰爭的熱烈活動。在民間，國防獻金、獻納、慰問金等捐獻的活動，志願從軍等支持戰爭的風氣也很盛。

如前面所述，近衛內閣於一九三七年七月十一日聲明「重大決心」，要求各界代表的合作，意圖造成「舉國一致」的體制，八月十四日，在內閣會議決定要發起國民的思想動員運動。這些措施，與九一八事變的階段有很大的不同。

九月十一日，日本政府於東京日比谷公會堂召開了國民精神總動員大演説會，近衛首相以下站在講臺上，在「舉國一致、盡忠報國、堅忍持久」的口號之下開始了精神運動。十月十二日，成立其推動機關國民精神總動員運動中央聯盟（會長是有馬良橘——譯註①——海軍大將），同時在地方成立了以知事爲會長的道府縣單位的國民精神總動員地方實行委員會，但實際上的運動是依靠中央和地方的官吏機構與半官制各種團體及教化團體。運動從根據國家神道之教義，參加整齊畫一之儀式的思想教化（譬如一九三七年十一月三日明治節慶祝時間的規定），甚至購買愛國公債、儲蓄報國、慰問、勞動服務等協助國策和戰爭。

慶祝戰勝也是精神運動的重要一環，而這更是民眾滿足其歡欣和驕傲的場所，例如在東京市，參加慶祝占領南京的提燈遊行者，十二月十四日爲四十萬人，進攻武漢時，參加提燈遊行者，一九三八年十月二十八日，竟達一百萬人。

社會大眾黨全面支持戰爭，最大的工會全日本勞動總同盟於一九三七年十月決議「滅絕同盟罷工」。同時，在警察、官吏的主導下展開了以勞資一體、產業報國爲目標的產業報國運動。

在另一方面，因一九三七年八月修改軍機保護法，九月設立內閣情報部，而加強治安對策和統制言論，而有中井正一、新村猛、真下信一（譯註②）、和田洋一等「世界文化」的一夥被逮捕（一九三七年十一月），東京帝國大學教授矢內原忠雄（譯註③）的辭職（同年十二月），山川均（譯註④）、加藤勘十等被逮捕和日本無產黨、日本勞動組合全國評議會被禁止結社（同年同月，爲第一次人民戰線事件），大內兵衛、美濃部亮吉（譯註⑤）等人被檢舉（一九三八年二月，第二次人民戰線事件）的種種鎮壓。

一九三七年十月，成立企畫院，如前面說過，因其起草，於一九三八年四月制定國家總動員法和電力國家管理法，因而完成了國家總動員態勢。

可是戰爭很意外地大規模化和長期化，而帶給國民很重的生活壓力。從一九三八年至三九年，兵力的動員、消耗（請參看另表）和徵調（註一）、勞動條件的惡化、軍需通貨膨脹、物資的不足、消費的限制、日常生活的統制、增稅、公債的負擔、存款和捐獻的強制、民需產業和中小企業的解體、整理、轉業、失業等等，國民的負擔與犧牲決非與九一八事變時可比，因而感覺幻滅和非常反彈。

對此種現象，政黨當然不能保持沈默，乃於一九三九年年底開始公開要求阿部內閣下臺。軍部亦不堅持阿部內閣，所以於一九四〇年一月十四日，阿部內閣總辭職，一月十六日，誕生了被視爲親英美派、穩健派的預備役海軍大將米內光政的內閣。二月二日，在第七五議會代表民政黨質詢的齋藤隆夫（譯註⑥）作了對中日戰爭表示疑問、追究政府和軍部之責任的激烈演說。因此軍部大怒，除齋藤演說的後半段從速記錄被刪除外，於三月七日，齋藤被開除議員資格。

簽訂日德義三國同盟

在歐洲戰線的「奇妙的戰爭」，因一九四〇年四月九日德軍進攻丹麥而結束。德國征服了丹麥和挪威之後，於五月十日侵犯比利時、荷蘭和盧森堡這三個中立國家，五月十四日，突破馬基諾線（法國沿德法國境線的要塞陣地），十五日、二十八日荷蘭軍和比利時軍分別投降。德軍將英法軍驅至丹格爾克，於六月十四日不流血占領了巴黎。觀望形勢的義大利，於六月十日向英法宣戰。法國的柏丹政府於六月十七日對德國要求投降，二十二日和二十四日分別成立了德法停戰協定和義法停戰協定。希特勒更準備展開英國本土的登陸作戰，且德國空軍開始轟炸英國本土。

眼看德國「電擊戰」的成功，日本完全頭暈了。中日戰爭陷於僵局，對物資極端不足的日本而言，支配東南亞的法、蘭、英被德國打敗，認爲是她在法屬印度支那半島

（今日的越南、寮國和柬埔寨）獲得資源，和截斷援蔣管道絕好的南進機會。不特此，如果衹是旁觀，搞不好，法國和荷蘭的殖民地都將歸德國所有，因此日本開始著急。

於是日本政界認爲需要建立有如德國的「新體制」，因而發起擬以樞密院議長近衛文麿爲黨魁的新黨運動，而政黨、近衛親信和軍部，則各打自己如意算盤，對新黨、新體制寄予極大的期待。新黨運動發展爲維持現狀的米內內閣的倒閣運動，故陸軍於七月十六日令畑俊六陸相提出辭職，米內內閣遂不得不總辭職。

七月十七日，近衛奉命組閣，十九日，近衛邀東條英機、吉田善吾（譯註⑦）、松岡洋右等陸、海、外三相候選人到近衛私邸開會（荻窪會談），擬定新內閣的基本政策，二十二日成立第二次內閣之後，在二十六日的內閣會議決定〈基本國策要綱〉。這是根據陸軍省軍務局的計畫所起草的，它的「根本方針」說：

「皇國的政策是，基於以八紘爲一宇（註二）的肇國大精神，能確立世界和平爲根本，俾建設以皇國爲核心，以日滿支之強固結合爲骨幹的大東亞新秩序。」

它強調要建立「強力的新政治體制」（註三）。七月二十七日，在大本營政府聯絡會議，通過軍部所提案的〈隨世界情勢變遷的時局處理要綱〉。這是在「迅速促進支那事變的解決，把握機會解決對南方施策」的方針下，「早日加強與德義在政治上的團結，以期對蘇外交的迅速調整」，爲解決南方問題要行使武力，屆時「要努力於將戰爭的對手儘量限於英國」，但對美國的戰爭「也要好好準備」，爲實行這些措施，「要促進國防國家的完成」（註四）。

如此這般決定了日德義三國同盟和武力南進這個日後注定日本命運的重大方針。八月一日，松岡在就任外相的首次談話說：「遵照皇國的大精神，將確立以日滿支爲其一環的大東亞共榮圈」（註五）。曾經大聲疾呼「滿蒙爲我國生命線」的松岡，現在又喊出「確立大東亞共榮圈」，爲引導日本對外擴大製造兩個響亮的口號。以「滿蒙生命線」論爲開端的，日本的亞洲門羅主義的擴張，經過「日滿支」之「東亞新秩序」的建設，進而要確立「大東亞新秩序」和「大東亞共榮圈」，而且說這是來自第一代天皇神武所發「八紘一宇」的「肇國大精神」。日本的擴張理念，無論在空間上和時間上，皆到達了高峯。

九月七日，李卞多羅布外相的特使史達瑪（Heinrich George Stahmer）前往日本，日德義三國同盟開始交涉。德國面臨英國空軍的英勇抗戰，對英國本土登陸作戰失去信心，遂將箭頭再轉向東方。在另一方面，美國對英國開始積極援助。因此德國與日本軍事合作，牽制美國，以防止美國參戰爲締結同盟的最大目的。日方因海軍怕刺激美國而在三心兩意，是以美德開戰時，自動參戰與否由日本自主決定爲條件同意簽訂，乃於九月十九日的御前會議決定締結日德義三國同盟。

九日二十七日，在柏林，日本駐德大使來栖三郎（譯註⑧）、德國外相李卞多羅布和義大利外相吉亞諾（Galeazzo Ciano）簽訂了三國同盟條約。該條約互相承認德義「在歐洲的新秩序建設」，和日本「在大東亞的新秩序建設」，以及各自的「領導地位」，三國約定：「一國被未參加歐洲戰爭或日支紛爭之一國攻擊時，三國將以政治上、經濟上、軍事上之一切方法互相援助」。關於自主決定參戰的問題，以往還書簡稱，「關於（條約的）意義，是否被攻擊，當由三締約國協議決定」（註六）。

由於三國樞軸（Tokyo-Berlin-Rome Axis）的誕生，在東西兩洋，爲打破華盛頓體制和凡爾賽體制，日德義三國形成一個陣營，與美英陣營（The Allied Powers，後來爲The United Nations）作全球性的對抗。這個對抗既是世界帝國主義兩大陣營的對抗，同時也是對於前者欲「建設新秩序」，尋求擴張政策和消滅民主主義，後者欲予以抑止，前者援助被侵略國家的法西斯主義、擴張主義同盟與民主主義、反擴張主義聯盟的對抗。

日軍進駐法屬中南半島北部與日荷會商

對日本來說，其締結三國同盟的最大目的是希望能夠順利南進，而南進的第一個目標是法屬中南半島。〈隨世界情勢變遷的時局處理要綱〉說：「對於中南半島（包括廣州灣），要徹底截斷援蔣行為，同時早日使其同意我國擔任補給軍隊通過及使用機場等，並努力於獲得帝國所需要的資源」（註七）。

在所謂援蔣管道之中，中南半島管道在一九四〇年六月當時占四八％，所占比率最大（註八、九）。日本乘法國敗於德國，要求法屬中南半島停止援蔣行為，法國接受日本的要求之後，日本便於六月二十九日，遣派以西原一策（譯註⑨）為首的停止運輸狀況監視團前往河內。參謀本部第一部長富永恭次（譯註⑩）少將一直主張要武力進駐中南半島，依參謀本部的指示，西原遂要求中南半島當局同意日軍的通過和使用機場。

第一線的交涉，因中南半島當局的的抵抗而遲遲無進展，故於八月一日，在東京，日外相松岡與法國駐日大使安利（Charles Ansene Henry）舉行交涉，八月三十日，日方以尊重法國主權、領土完整爲條件，法方同意日軍使用河內等三個機場，駐兵五千人和日軍的通過，雙方成立松岡、安利協定，於是第一線交涉重開其門。

但由於前往第一線指導的富永第一部長堅持武力進駐，而又引起第一線的糾紛。九月二十二日下午四時三十分，始簽訂現地協定，日軍從二十三日上午六時開始登陸海防。可是南寧作戰以後，待機在中國、中南半島國境的第五師團（廣島，師團長爲中村明人——譯註⑪——中將）卻忽視協定，於二十三日上午零時，由鎮南關越境侵入，而與法軍戰鬥到二十五日。海軍憤怒陸軍強硬的武力進駐方針，遂撤回其警衛艦，故日本陸軍部隊在沒有海上警衛的狀況下登陸海防。

荷屬東印度（即今日的印尼，以下簡稱荷印——譯者）出產大量的石油、錫、橡膠等，故與法屬東南半島一樣，是日本南進的目標。一九四〇年一月，美日通商航海條約失效以後，日本更垂涎荷印的資源，五月，乘荷蘭被德國擊敗的機會，日本遂要求荷蘭對日本供給荷印的物資。〈隨世界情勢變遷的時局處理要綱〉說：「對於荷印，暫時依外交措施努力於確保其重要資源」（註一〇），八月，任命小林一三（譯註⑫）商工相爲特派大使，從九月十三日起在巴達維亞開始日荷會商。惟日德義三國同盟的締結加深荷蘭對日本的不信賴，所以交涉沒有進展，十月二十日，小林被召回日本，買油交涉繼續進行，十一月十二日，成立了一百三十萬公噸的買油契約。

在這期間的九月，泰國與荷印發生了國境紛爭，十一月，更發展爲武力衝突。日本於一九四一年一月，對泰國和法國提出調停，同時加以軍事壓力，從二月七日起，在東京舉行調停會議，結果令荷印西部領土的一部分割讓給泰國（五月九日簽訂條約）。

汪精衛政權的成立

武漢、廣州作戰之後，日軍在中國戰線採取戰略的持久態勢，而爲使中國的戰意受挫，在一九三九年五月至十月，日本陸海航空部隊聯手，對重慶實行了沒有區別的轟炸。同時於九月初，新設支那派遣軍（總司令官爲西尾壽造——譯註⑬——大將），十一月，以截斷援蔣管道爲目的，在華南展開了南寧作戰。但中國軍於十二月，激烈反擊，而在華中的全部戰線也展開了冬季攻勢。對此，日軍於一九四〇年五月至六月，進行了宜昌作戰，五月至十月，毫無區別地轟炸重慶數十次，而受到國際上的責難。

一九三八年年底，從重慶逃到河內的汪精衛，於一九三九年四月前往上海，從五月到六月訪問了日本。爾後從十一月一日起在上海，爲建立汪政權日汪間進行了交涉，日方要汪方接受根據一九三八年一月三十日御前會議所決定〈日支新關係調整方針〉的要求，結果於一九三九年十二月三十日所協定的〈關於調整日支新關係的協議書類〉，係爲全面控制中國的內容。一九四〇年三月三十日，在南京舉行了以汪精衛爲首長的「中華民國國民政府」遷都典體，中華民國臨時政府和維新政府也與其合併，是即汪政權是名副其實的日本占領地的傀儡政權。

汪政權雖然誕生了，但顯而易見，它並不能收拾中日戰爭。而眼看德國開始電擊戰，日本陸軍爲要解決中日戰爭而更加著急，五月十八日省部決定「以一九四〇、四一年爲目標的對支處理方策」，「帝國將更加統合和強化政、戰、謀略，盡全力以期早日屈服重慶政權。上述時機最遲要以一九四〇年底爲目標」（註一一）。陸軍期待支那派遣軍參謀今井武夫大佐與自稱爲國民政府要人宋子文之弟宋子良從一九三九年底開始的所謂「桐工作」的和平交涉，而甚至拖延正式承認汪政權，但這個工作是中國的謀略，故交涉於九月底失敗。而松岡外相所推進以浙江財閥錢永銘的管道的工作也沒有進展。

因此，一九四〇年十一月十三日的御前會議決定〈支那事變處理要綱〉：「到一九四〇年年底，與重慶政權不能達成和平時，……將轉移到長期戰方略，要徹底使重慶政權屈服」，對汪政權，「以一意使其協助帝國總合戰力之強化所必須的各施策爲著眼點」（註一二）。日本於十一月三十日正式承認汪政權，並與其簽訂日華基本條約，這是以條約的形式確認日本將全面主宰中國的要求者。

註釋

註一　根據國家總動員法，為強制日本國民就職於軍需產業等，於一九三九年七月制定了國民徵用令，而被稱為「白紙召集」（日本政府徵兵用紅紙，這個白紙是相對於紅紙而言——譯者）。

註二　傳說首任天皇神武在橿原宮就任時，發表「掩八紘而為宇」（日本書記），這是全世界在天皇之下一個家的意思。

註三　《主要文書》，頁四三六～四三七。

註四　同前，頁四三七～四三八。

註五　《大阪朝日新聞》，一九四〇年八月二日。

註六　《主要文書》，頁四五九～四六二。

註七　同前，頁四三八。

註八　日本參謀本部的推斷，從緬甸管道三二%，沿岸管道一九%，西北管道一%多。

註九　防衛廳防衛研修所戰史室《戰史叢書　大本營陸軍部(2)》，朝雲新聞社，一九六八年，頁四四。

註一〇　《主要文書》，頁四三八。

註一一　《現代史資料(9)日中戰爭2》，頁五九四。

註一二　《主要文書》，頁四六四～四六六。

譯注①　有馬良橘（一八六一～一九四四），和歌山縣人，海兵畢業，大將。曾任海兵校長、第三艦隊司令長官、樞密顧問官。

譯注②　新村猛（一九〇五～），東京人，京都大學畢業。曾任同志社大學、名古屋大學教授，對羅曼・羅蘭頗有研究。

真下信一（一〇九六～），福知山市人，京都大學畢業。曾任同志社大學、名古屋大學教授。

譯注③　矢內原忠雄（一八九三～一九六一），愛媛縣人，東京大學畢業。經濟學博士。曾任東京大學教授、東京大學校長、日本學士院會員（相當於我國的中央研究院院士），為日本殖民地政策和國際經濟論的權威。《帝國主義下的臺灣》

是他的權威著作。

譯註④　山川均（一八八〇～一九五八），岡山縣人，社會運動家，高小畢業。其妻山川菊榮也是社會運動家。

加藤勘十（一八九二～），愛知縣人，日本大學肄業。曾任眾議院議員、蘆田均內閣的勞動（勞工）大臣。

譯注⑤　大內兵衛（一八八八～一九八〇），兵庫縣人，東京大學畢業，經濟學博士。曾任東京大學教授、法政大學校長，為左派財政學泰斗，著譯很多，以亞當斯密的《國富論》譯作著名。其公子大內力現任東京大學教授。

美濃部亮吉（一九〇四～），出生於東京。為提倡「天皇機關說」著名的美濃部達吉的公子。經濟學博士。曾任法政大學、東京教育大學教授、東京都知事。

譯註⑥　齋藤隆夫（一八七〇～一九四九），兵庫縣人，留學美國耶魯大學。律師、眾議員，一九四〇年就中日戰爭的處理在國會批判而被開除議員。

譯注⑦　吉田善吾（一八八五～一九六六），佐賀縣人，海兵、海大畢業，大將。曾任第二艦隊司令長官、聯合艦隊司令長官、海相、軍事參議官兼海大校長。

譯注⑧來栖三郎（一八八六～一九五四），橫濱市人，東京高商畢業。曾任駐德國大使，在日本駐外使領工作達二十五年。

譯注⑨西原一策（一八九三～一九四五），廣島縣人，陸士、陸大畢業，中將。曾任上海派遣軍參謀、中支那方面軍參謀、騎兵學校校長、戰車第三師團長、機甲本部長。

譯注⑩富永恭次（一八九二～一九六〇），長崎縣人，陸士、陸大畢業，中將。曾任陸軍次官兼人事局長、第四航空軍司令官、第一百三十九師團長。

譯注⑪中村明人（一八八五～一九六六），愛知縣人，陸士、陸大畢業，中將。曾任第五師團長、憲兵司令官、第三十九軍司令官、第十八方面軍司令官。

譯注⑫小林一三（一八七三～一九五七），山梨縣人，慶應大學畢業。曾任商工大臣、貴族院議員、寶塚音樂學校校長、東寶電影公司董事長。

譯注⑬西尾壽造（一八八一～一九六〇），鳥取縣人，陸士、陸大畢業，大將。曾任參謀次長、近衛師團長、第二軍司令官、支那派遣軍總司令官。

第十五章　美日交涉

南進政策與日蘇中立條約

一九四〇年九月，日本簽訂了日德義三國同盟，強行進駐中南半島北部，使因中日戰爭而日趨嚴重的與美英對立達到攤牌的階段，日德義對美英中，亦即法西斯主義、擴張主義同盟對民主主義、反擴張主義聯合之全球規模的敵對關係於焉降世。

爲了對抗日本，美國於一九四〇年七月三十一日，禁止航空汽油輸出至西半球以外，九月二十六日，禁止輸出碎鐵。與此同時，於九月二十五日，美國貸款中國二千五百萬美元，十一月三十日簽訂日華基本條約，美國立刻否認這個條約。十二月二日，美國國會通過對中國一億美元的貸款案，當選三次總統的羅斯福於十二月三十日，發表抨擊三國同盟，和美國願意成爲民主國家之兵工廠的談話，一九四一年三月，成立貸武器法，更進一步積極援助英國。

希特勒於一九四〇年十月十二日決定延期對英國本土的登陸作戰，十二月八日，下達巴爾巴羅沙作戰的命令，要在一九四一年五月十五日以前完成對蘇攻擊的準備。日本所最期待之英國的早日屈服不能成兵了。

而對日本而言，確保南方的資源愈來愈迫切，一九四一年一月，由芳澤謙吉（譯註①）代表重新開始的日荷會商，還是沒有進展，故於六月十七日結束。

面對此種情況，日本便更加強武力南進的態勢。一九四一年一月三十日，大本營政府聯絡會議決定〈對中南半島、泰國施策要綱〉，認爲「帝國爲自存自衛，對中南半島及泰國在軍事、政治、經濟上要建立密不可分的結合」，「爲此應加以應有的威壓，不得已時，要對中南半島行使武力」（註一）。四月十七日，概定的大本營陸海軍部〈對南方施策要綱〉，實行以中南半島、泰國和荷印爲對象施策的時候，「英美荷等因禁止對日輸出威脅到帝國的自存時」，「美國單獨或與英荷支協同對帝國包圍態勢逐漸加強至帝國在國防上不能容忍時」，「爲自存自衛帝國要行使武力」（註二）。在前一年七月的〈隨國際情勢變遷的時局處理要綱〉，明示「戰爭對手要儘量局限於英國」，把美國和英國分開，但既然一定要南進，日本得認識英美是不可分的敵人。

爲完成這樣的武力南進，日本必須確保在此期間的北方安全，因此需要與蘇聯調整國交。北進消滅蘇聯是日本對外擴張的傳統課題，尤其陸軍以北進爲最大的使命，而從諾門坎事件之慘敗的經驗來說，爲了北進必須大幅增強戰備，故爲南進則非確保北方的「靜謐」不可。

如此這般，守北即調整對蘇國交便成爲緊急的課題，因此外相松岡洋右便作了這樣的構想；把它與日德義三國同盟聯結起來，造成日德義蘇的四國協商，以這股力量壓倒美英，建立由日德義主導的世界新秩序。以松岡的構想爲基礎，於一九四一年二月三日，大本營政府聯絡懇談會（註三）決定了「對德、義、蘇交涉案要綱」，「將世界分成大東亞圈、歐洲圈（包括非洲）、美洲圈、蘇聯圈（包括印度和伊朗）四大圈（將澳洲和紐西蘭留給英國，大約給予荷蘭待遇）」，「帝國在大東亞地帶占政治領導地位並負維持責任之責任」（註四）。

松岡外相於三月十二日前往歐洲，在莫斯科試探對蘇交涉之後，於三月二十六日抵達柏林，與德國交涉。但已經決心對蘇攻擊的德國，對四國協商案非常冷淡。

松岡於四月七日再次前訪莫斯科，正式開始與外相莫羅托夫交涉，並提議簽訂互不侵犯條約和收買庫頁島北半部。對此莫羅托夫主張締結中立條約（註五）和取消日本在庫頁島的利權（註六）。蘇方的中立條約提案是，堅持不收回南庫頁島的失地不可能簽訂互不侵犯條約的立場，同時爲因應對德戰爭之危機的迫近，尋求確保東方之安全者。

就四國協商的構想來說，互不侵犯條約最爲理想，但松岡同意締結中立條約，乃於四月十三日簽了爲期五年的日蘇中立條約。

美日交涉開始

日本要南進，除確保北方的安全外，也必須與南進的最大妨害者美國談好。其主要爭論點有三：南進問題、三國同盟問題和中日戰爭的處理問題。因此日本政府起用了與羅斯福總統有親密交情的野村吉三郎海軍大將爲駐美大使，野村與近衛首相就對美協調的維持與恢復有所商量之後，於一九四一年二月十一日抵達華盛頓。

在這之前的一九四〇年十一月底，從美國天主教神父臥爾敘（James E. Walsh）和多勞特（James Drought）前往日本，透過產業組合中央金庫理事井川忠雄（譯註②）與近衛首相等聯絡，試探有關美日國交的調整。對此近衛相當積極。回美國以後，這兩位神父也與羅斯福總統和哈爾國務卿聯絡，與於一九四一年二月底前往美國的井川共同著手起草美日協定草案，三月底奉派到美國的岩畔豪雄（譯註③）大佐（前軍事課長）也參與，而完成了所謂「美日諒解案」。

「美日諒解案」以㈠關於三國同盟，其目的是防禦的；㈡關於中日戰爭，以中國的獨立、日軍撤退、不併吞、無賠償、門戶開放、蔣汪政權合併、日本自我約束移民、承認滿洲國等爲條件的和平交涉；㈢關於南進，保證「不訴諸武力，要以和平手段」，以及美國的協力、支持爲要點（註七），其內容對日本是相當有利的。在起草過程中，日本大使館和美國國務院雖然曾經間接參與，但「美日諒解案」畢竟是美日雙方非正式管道的初步文書。

可是美方以爲井川、岩畔具有政府性質的日本代表，因此在四月十六日的會談，野村大使一提示「美日諒解案」，哈爾國務卿便表示：日本要先接受尊重主權領土完整、不干涉內政、機會均等、不變更太平洋的現狀這四個原則，並正式提案「美日諒解案」的話，美國不一定受此案之拘束，不過願意以此案作基礎開始會談。在另一方面，於四月十八日，從野村大使接到「美日諒解案」的大本營政府聯絡懇談會以爲這是美方的提案，因此決定要使其內容更有利於日本的方向去從事交涉。

換句話說，「美日諒解案」係位於美日雙方應該互相讓步始能成立的位置，可是雙方都錯認爲是對方的提案，所以都想把它修正得對自己有利，要把它拉到自己這一邊來。如上所述，美日交涉一開始便有這樣重大的瑕疵和誤解。

而且，於四月二十二日從蘇聯回日本的松岡外相，正欲以日蘇中立條約和三國同盟的力量來威壓美國，所以對於他不在國內的時候進行著他毫無所知的工作而非常憤怒，故對「美日諒解案」的文字作了如下大幅度的刪除和修改：㈠關於三國同盟，明確化日本的參戰義務；㈡關於中日戰爭，根據近衛三原則、日華基本條約對蔣勸告和平；㈢關於南進，刪除了「不訴諸武力」，而與執著於「美日諒解案」的野村大使加深了對立。日方的修正案於五月十二日由野村大使提示於哈爾國務卿，但這是美國所絕不能接受的，因此交涉遂陷於僵局。

德蘇開戰與關特演

根據巴爾巴羅沙作戰命令的德國的對蘇攻擊，比當初的預定稍微遲延，但於一九四一年六月二十二日付諸實施了。德軍的奇襲攻擊完全成功，蘇軍全面崩潰，七月四日，希特勒發表了勝利的演說。

對日本來說，德蘇戰爭是出乎意料的突襲，它根本推翻了第二次近衛內閣的對外政策。日本想將蘇聯拉到日德義三國同盟這一邊，而德國撕毀德蘇互不侵犯條約對蘇聯發動戰爭，意味著把蘇聯推到三國同盟之敵人亦即英美陣營那一邊。因此，日本的四國協商構想不但完全泡湯，而且面臨了最壞的時候必須與美蘇兩國打仗的重大局面。與此同時，日本自己陷於這樣的矛盾：如果遵從三國同盟，爲德國，日本應該與蘇聯作戰，但如果按照日蘇中立條約，爲了蘇聯，日本應當中立。但從反面來看，這等於說，乘蘇聯的困境，日本擁有能夠自由選擇要北進或南進的千載難逢的機會。

簽訂日蘇中立條約的主人公松岡外相，主張即時對蘇聯開戰，但陸軍的一部分認爲應該進駐中南半島的南部，加上以爲應完成隨時可以北進或南進的準備，故目前應該觀望形勢，由之戰爭指導陷於混亂，因此大本營政府聯絡懇談會的意見也非常分歧，莫衷一是。結果所得到的是折衷的南北並進方針。

七月二日，舉行御前會議，決定了「隨情勢變遷的帝國國策要綱」。它說：「帝國爲其自存自衛……加強對英美戰爭之準備……完成中南半島及泰國的諸方策，以加強進出南方的態勢」，「爲達到此目的，不惜與英美一戰」，同時「暗中準備對蘇武力，……德蘇戰爭的變遷如對帝國有利進展，則行使武力解決北方問題，以確保北邊的安定」（註八）。

關於北進亦即對蘇聯行使武力一事，要等到遠東蘇軍爲投入對德作戰被西送歐洲而軍力減弱時來實行，故在「關東軍特種演習（簡稱關特演）」的隱匿名稱（註九、一〇）之下，決定以創建日本陸軍以來空前的規模，動員總兵力八十五萬人、十六個師團，並於七月二日獲日皇允裁，發動了關特演。

可是遠東蘇軍的西送，並沒有如日本的期待那麼順利。初時陷於混亂的蘇聯，到七月間便恢復其態勢，遂完成長期抗戰體制，德軍的進擊開始慢下來。此時，如後面所說，南方問題日緊，八月九日，參謀本部放棄年內對蘇聯行使武力，以便專心於南進，亦即對英美戰爭的準備（註一一）。雖然未見行使武力，關特演對於蘇聯給予東西兩面戰爭的威脅，這一種違背日蘇中立條約的背信行爲是不待贅言的。

進駐中南半島與禁止對日輸出石油

在南北並進之中，關於南進亦即進駐中南半島，於七月三日下達準備命令，編成了兵力大約四萬的第二五軍（軍司令官爲飯田祥二郎中將）的進駐部隊，集結於海南島的三亞。七月十四日起，日本對法國的維西政府進行外交交涉，二十一日，維西政府接受了日本的要求。第二五軍從七月二十日以後開始在中南平島南部登陸，在西貢一帶建立了八個航空基地，以及在西貢、金蘭淳建設了海軍基地。這意味著英國統治東亞最大的根據地新加坡進入日本空中轟炸的範圍之內。

在這期間的六月二十三日，對於「美日諒解案」之日方修正案的美國政府的對案到達了東京。這個對案對日方修正案再加以修正：㈠關於三國同盟，實質上要日本脫離同盟；㈡關於中日戰爭，要取消汪政權，包括日軍撤退的和平條件的恢復；㈢關於南進，協定的對象，要從「西南太平洋方面」擴大到「太平洋地域」，而中日和平條件中更包括「關於滿洲國的友誼的交涉」，作爲美國的正式提案，可以說是最爲妥協的內容（註一二）。

雖然如此，它與日本案的距離還是很大，尤其日方誤以爲「美日諒解案」是美國的正式提案，因此對這個對案大失所望。而且這個對案還附著暗中抨擊「支持國家社會主義的德國及其征服政策」的松岡外相之哈爾國務卿的口述（註一三），因此松岡大發雷霆，主張停止對美交涉，而與主張繼續交涉的近衛首相和軍部針鋒相對。

故第二次近衛内閣於七月十六日提出總辭職，將外相松岡更換爲海軍大將豐田貞次郎（譯註④），令許多閣員留任，於七月十八日成立了第三次近衛文磨内閣。近衛首相以爲這樣可以給美國「好印象」，但爾後沒多久所實行的進駐中南半島南部，卻給美國帶來意外的強烈反擊。

在前一年九月，已經能夠解讀日本密碼（註一四）的美國，早已得知七月二日御前會議的決定和進駐中南半島南部的計畫，作爲其對抗的措施，於七月二十五日，美國政府發表凍結日本在美國的財產（五億五千萬美元），二十六日英國、二十七日荷蘭也採取了同樣的措施。八月一日美國全面停止對日本輸出石油。

美國的這個措施，對一方面因中日戰爭而與美國加深敵對，同時又依賴美國戰略物資特別是最重要的戰略物資——石油的日本予以致命的打擊。一邊與美英在政治上和軍事上日趨對抗，但在經濟上卻一直依賴美英之日本帝國主義的兩面性矛盾，終於突破了它的界限。日本帝國主義面臨了爲其存在所不可或缺之條件的依賴美英的清算，而被迫「自立」。而努力於儲備的結果，八月一日當時日本的儲油量雖然達大約九百四十萬千公升，但每月要消耗四十五萬千公升，所以這個「自立」意味著一年多以後非全面屈服不可。此時，日本帝國主義站在決定性的十字路口。

註釋

註一　《主要交書》，頁四七九～四八〇。

註二　同前，頁四九五～四九六。

註三　從前的大本營聯絡會議召開於皇宮；大本營政府聯絡懇談會則在首相官邸簡單舉行聯絡和懇談，其決定比內閣會議決定更具效力。一九四〇年十一月二十八日舉行第一次懇談會。

註四　《主要文書》，頁四八〇～四八二。

註五　互不侵犯條約是約定不侵略對方國家，具有一直遵守此項約定的義務，對方國家與第三國發生武力糾紛時，不援助第三國；但中立條約是對方國家與第三國進入武力糾紛狀態時，約定要保持中立，在不違反中立義務的範圍內有援助第三國的可能。

註六　與出兵西伯利亞和尼港事件的關聯，日本於一九二五年獲得了北庫頁島的石油利權。

註七　同註一，頁四九二～四九五。

註八　同前，頁五三一～五三二。

註九　關東軍為「教育練成」，預定自七月十六日至三十一日在牡丹江北演習場舉行「關東軍特別演習」，正在準備，而為守密對蘇行使武力，乃將其稱為「關東軍特種演習（關特演）」。所以「關特演」與「關東軍特別演習」完全是兩件事。

註一〇　江口圭一《「關特演」正式名稱》，《日本史研究》，二六八號，一九八四年。

註一一　十一月以後，西伯利亞就成酷寒，因作戰期間限於九至十月，故開戰需於八月上旬決定。又，此項由蘇軍間諜左爾格通報莫斯科，對將遠東蘇軍西運，投入對德作戰有很大幫助。

註一二　《主要文書》，頁五二七～五三〇。

註一三　外務省編《日米交涉資料》，原書房，一九七八年，頁八七。

註一四　美國把它稱為magic。

譯註①　芳澤謙吉（一八七四～一九六五），新潟縣人，東京大學畢業。曾任駐華公使、駐法大使、外相、駐華大使。為犬養毅的女婿。

譯註②　井川忠雄（一八九三～一九四七），金融工作者。

譯註③　岩畔豪雄（一八九七～一九七〇），廣島縣人，陸士、陸大畢業，少將。曾任陸軍省軍事課長、第二十五軍參謀副長、第二十八軍參謀長。戰後曾任京都產業大學理事。

譯註④　豐田貞次郎（一八八五～一九六一），和歌山縣人，海兵、海大畢業，大將。曾任海軍航空本部長、海軍次官、商工相、外相兼拓相、日本製鐵公司董事長、軍需相兼運輸相、貴族院議員。

第十六章　決定與美英荷開戰

預定開戰

由於美國對日本全面停止輸出石油，日本遂立於決定性的十字路口。日本如果欲維持中日戰爭的成果，則必須強行南進，南進必然與美英展開全面的武力衝突。如欲避免與美英的戰爭，唯有放棄南進，而這無異是因中日戰爭而自滅。即使是滅亡也要嘗試最後的擴張，在沒辦法中自滅，還是爲避免滅亡、自滅自己作最大的讓步和轉變，現在日本就以上三者必須有所選擇。

爲著避免與美國戰爭，近衛首相將其最後的希望求諸於羅斯福總統的會談，並於一九四一年八月七日，訓令野村大使提議在檀香山舉行會談。

此時，羅斯福總統正在大西洋上與英國邱吉爾首相會談，並於八月十四日發表了

〈大西洋憲章〉。〈大西洋憲章〉表明：「兩國不尋求領土及其他的擴張」，「希望將主權及自治還給被強奪主權及自治者」、「將摧毀納粹的暴虐」等反擴張主義和反法西斯主義的理念（註一）。九月，蘇聯參加了這個憲章，十月一日，美英與蘇聯簽訂了貸武器給蘇聯的議定書。蘇聯參加了民主主義、反擴張主義陣容。

羅斯福總統對美日首腦會談也很積極，但哈爾國務卿卻非常消極。九月三日，羅斯福交給野村的回答說，在旨趣上贊成舉行美日首腦會談，但必須有事先的討論，同時要求日本確認尊重主權領土、不干涉內政、機會均等和維持太平洋的現狀這四個原則。

軍部因爲對日本禁止輸出石油的焦慮，而逐漸希望對美英開戰。七月三十一日，軍令部總長永野修身上奏說：「如果失去石油的供給來源，……戰爭一開始一年半就消耗盡淨，故不如現在開打」（註二）。海軍於八月十四日，通知陸軍它將於十月二十二日完成對美英的戰備，而主張十月下旬爲開戰的目標，同時進行戰爭的準備和外交的交涉。陸軍則於八月十九日放棄年內對蘇聯行使武力的念頭，並專心於對南方行使武力的準備，而爲了動員和展開大量兵力，主張要先下定戰爭的決心。陸海軍的主張互相折衷之後，於九月三日的大本營政府聯絡會議（註三），到十月上旬左右，外交交涉不可能貫徹要求時，立刻決心開戰的方針，作爲御前會議決定案獲得通過。

九月五日，近衛首相祕密上奏此議案時，昭和天皇非常擔心，而召來杉山元參謀總長和永野修身軍令部總長。杉山就戰爭的展望表示：「如果只是南洋方面，三個月可以解決」，對此昭和天皇問：發生中日戰爭當時，陸相杉山說「事變一個月可以解決」，「但至今為何未能解決？」。杉山絮絮叨叨地辯解說：「支那內地寬闊，有不能按照預定作戰的情況」，於是昭和天皇追問他說：「支那內地如果是寬闊，太平洋不是更寬闊嗎？你根據什麼說三個月可以解決？」杉山無從作答，故永野出而相助（註四）。最後昭和天皇大聲問說：「絕對可以贏嗎？」永野答說：「不敢說絕對，但有贏的可能性。……對日本來說，即使有一年半載的和平，但以後還是會有國難。我們應該尋求二十年、五十年的和平」（註五）。

九月六日，舉行御前會議，對於樞密院議長原嘉道的質問，統帥部沒人回答，昭和天皇破例發言，罵統帥部沒有回答，而讀了明天皇的詩歌：「四方之海皆為同胞，為何風浪喧嚷不停」（註六、七、八）。根據杉山的說法，「很明顯地這是要極力努力以外交達到目的的意思」，但昭和天皇並不否認〈帝國國策遂行要領〉（註九）。故「要領」原案通過，規定「帝國為完全自存自衛，在不惜與對美（英荷）一戰的決心之下，以十月下旬為目標完成戰爭準備」，「與以上並行，對美英將盡外交手段努力貫徹帝國之要求」，「以外交交涉，至十月上旬左右，尚無可能貫徹我要求時，決心立刻對美（英荷）開戰」。這裡的所謂「帝國的要求」是，美英「不要插嘴或妨害帝國處理支那事變」，「在遠東不得出於威脅帝國之國防的行動」、「協助帝國獲得所需物資」，如果美國答應，日本將不在中南半島以外武力進出，確立和平以後將由中南半島撤兵，並願意保障菲律賓的中立（註一〇）。但從以往美日交涉的經過看來，這些條件都不可能爲美國所接受，所以在實際上〈帝國國策遂行要領〉，等於決心亦即預定對美國開戰。

但左右國家和國民之命運的這樣重大決定，卻完全沒有讓國民知道。日本政府對國民所強調的是，美英等國家「對日包圍工作」和「對日經濟壓迫」的不當威脅。日本政府大肆宣傳阻止日本南進的「南方對日包圍陣營」的「ABCD同盟」的形成（註一一、一二），從而擴大解釋「以完全包圍日本爲目標」的「ABCD包圍陣營」已經存在並且正在加強（註一三）。「ABCD包圍陣營」論的展開，是對國民正當化美英荷開戰的宣傳工作。

東條內閣成立

近衛首相一方面主持預定決心對美戰爭的御前會議，另方面又對外交交涉有所期待，故於九月六日和二十五日再三對美國提案，但美日兩國的主張還是相去甚遠，十月二日哈爾國務卿交給野村大使的覺書，確認了四原則的同時，要求日本對於日軍從中國、中南半島撤退的意向和三國同盟明白表示立場，美國的主張更加明確。美日的外交交涉，完全陷於僵局。

十月四日，在大本營政府聯絡會議席上，東條陸相和杉山、永野兩總長主張就和戰與否趕緊作成決定。在六日召開的陸海軍部局長會議，陸軍主張外交交涉沒有前途，但海軍卻認爲如果就中國駐兵考慮的話，還是有可爲，因而與陸軍對立。因爲海軍的一部分對美國的戰爭沒有自信，而發生動搖。

十月十二日，舉行了近衛首相、東條陸相、及川古志郎（譯註①）海相、豐田外相和鈴木貞一（譯註②）企畫院總裁的五相會議。近衛與豐田主張努力求得外交交涉的結局。其前一天晚上，富田健治內閣書記官長祕密地往訪了岡敬純（譯註③）海軍省軍務局長，請海相在隔日的會議主張反對戰爭，但及川所說的卻是完全不負責任的話。他說，外交還是戰爭，「應由首相來判斷。如果要進行外交，不要戰爭也好」。近衛說：「如果要我選擇，我不得不選擇外交。我對戰爭沒有自信。應該請有自信者來幹」。對此東條主張：「這真是意外！對戰爭沒有自信是什麼意思？這應該是決定〈國策遂行要領〉時討論的問題。……對於駐兵問題，陸軍一步也不能讓。所需時間二年、三年是不行的。我認爲根本就不能談撤兵問題。斷不能以退卻作爲基礎。若是，陸軍將亂七八糟，我們必須求駐兵於支那事變的結束。我們要按照日支條約（日華基本條約）來實行。所謂所需時間是永久的意思」，因此會議終決裂（註一四）。

十月十四月的內閣會議時，近衛曾要求東條就駐兵中國問題重新考慮，但東條不同意，力主停止美日交涉。因此於十六日，第三次近衛內閣提出總辭職。

東久邇宮稔彥王（譯註④）曾經是首相候選人。但內大臣木戶幸一以「萬一發生戰爭時，戰爭的責任將直接由皇族負，因我覺得美日戰爭不但不樂觀而且相當悲觀，居時皇室將成爲國民的怨恨對象甚至及於國體」，而不贊成皇族內閣案，並以「只有令東條以其至今所立的統制力，在海外不要發生不測的事態，由陛下命令將御前會議（所決定者）恢復原狀，再重新檢討事態」，並經近衛的同意，推薦東條組閣（註一五）。

十月十七日，經重臣會議，日皇命令東條組閣，由木戶傳達日皇的意思：關於「國策之大本」的決定，不必受九月六日御前會議決定之拘束，「廣泛而深入檢討內外之情勢，需要再作慎重的考究」（註一六）。十八日，東條內閣成立，東條兼任陸相和內相，外相爲東鄉茂德（前駐蘇大使），海相由嶋田繁太郎（譯註⑤）大將出任。但起用最強硬和對美開戰論者的東條爲首相而想避免美日戰爭，的確是太危險的打賭。

從第三次近衛內閣總辭職以致成立東條內閣的過程，我們可以知道，第一，堅持駐兵問題亦即維護中日戰爭的成果是使美日交涉破裂，導致對美英開戰的最大原因。在這種意義上，亞洲太平洋戰爭是中日戰爭的延長。

第二，陸軍之所以堅持駐兵，是懼怕如果從中國撤兵（退卻）「陸軍將無法控制」。在此種意義上，亞洲太平洋戰爭是軍部欲維持其存在與機構的利己主義，而把國家與國民作爲「路伴」的戰爭。

第三，如果昭和天皇和皇宮派要避免戰爭，應該有「朕將率近衛師團以鎮壓」的氣概才對，但昭和天皇並沒有這樣做，理由是怕皇室成爲「國民的怨恨對象」，故以保住皇室的安泰爲最優先，而迴避面對難局。在這種意義上，亞洲太平洋戰爭是昭和天皇以下皇宮派之不負責任和自私的產物。

決心開戰

爲重新檢討九月六日御前會議的決定，東條內閣的首次大本營政府聯絡會議舉行於十月二十三日，永野軍令部總長大聲疾呼說：「一小時要減少四百公噸的石油，事情很急，希望早作決定。」杉山參謀總長也強調說：「不要花四、五日研究，早作決斷」（註一七）。爾後雖然也幾乎天天召開聯絡會議，但從沒作過徹底檢討九月六日御前會議所作的決定，以及改變戰爭計畫的嘗試。而且在這期間，竟根據九月六日御前會議之「以十月下旬爲目標完成戰爭準備」的決定，陸海軍著手進行戰爭的準備。

十一月一日的聯絡會議，持續了十七小時之久，軍部與東鄉外相激烈辯論結果，通過了「㈠決心戰爭。㈡十二月初發動戰爭。㈢外交到十二月一日零時爲止，在此之前外交成功則停止發動戰爭」的方針和外交條件的甲乙兩案，並以此爲十一月五日御前會議的原案（註一八）。

於御前會議之前的十一月二日，東條、杉山、永野曾向昭和天皇報告聯絡會議的結果，三日，杉山、永野曾就對美英戰爭的作戰計畫祕密上奏。此時，曾有這樣的問答：

日皇：海軍定於何日？

永野：預定八號。

日皇：八號不是星期一嗎？

永野：休假隔日疲勞的日子比較好（註一九、二〇）。由此可見，對於作戰計畫，昭和天皇很關心並參與。

十一月五日的御前會議，決定了如下內容的〈帝國國策遂行要領〉（註二一）：

一、帝國為打開目前危局，保全自存自衛，建設大東亞新秩序，現在決心對美英荷戰爭，採取左列措施：

㈠發動武力的時期定為十二月初，陸海軍要完成作戰準備。

㈡對美交涉依另紙要領進行。

㈢、㈣從略。

二、對美交涉在十二月一日上午零時前成功時，停止發動武力。㈡另紙的「對美交涉要領」，分成甲案「緩和修正以往成為懸案的重要事的表達方式」，和乙案「局地的緩和案」，甲案包括「大約以二十五年爲目標」的「北支及蒙疆之一定地域及海南島」的駐兵；乙案爲美日兩國㈠約定不對中南半島以外武力進出，㈡美國協助日本由荷印獲得必要的物資，㈢將通商關係恢復到凍結財產前的狀態，美國答應對日本供給石油，㈣美國不做出對中日和平有障礙的行動（註二二）。日本的這些要求和條件，與美國的要求和條件差得太遠，故外交交涉沒有妥協的可能。所以十一月五日御前會議的決定，事實上無異是決定了對美英荷的戰爭。

哈爾備忘錄

「對美交涉要領」的甲乙兩案，於十一月四日由東鄉外相電告野村大使。五日，外相發出十一月二十五日是交涉成立的期限，「請以拯救美日國交之失敗的大決心，作完全的努力」的訓電（註二三）。野村大使於七日向哈爾國務卿提出甲案。

美方以戲法解讀了日本的密碼電報。得悉日本已經決心對美國開戰的羅斯福總統和哈爾國務卿等美國首腦，因而決心與日本一戰。美國一方面爲了爭取更多的準備戰爭的時間，同時要使日本先出手，以獲得戰爭的名分，決定採取拖延交涉的方針。

爲輔佐野村大使，日本政府任命來栖三郎爲特派大使，來栖於十一月十五日抵達華盛頓，十七日以後參與對美交涉。十一月二十日，東鄉外相指示野村大使提出乙案，並電令野村：「以上是帝國政府的最後案，絕無讓步之餘地，如不能以此獲得美方同意，交涉破裂亦在所不惜，……希盡最大之努力」（註二四）。野村大使於二十日向哈爾提出乙案。

對此，對於二十六日乙案的回答，美方將哈爾備忘錄交給野村和來栖。哈爾備忘錄以四月十六日會談時，哈爾所提出的四原則爲基礎，強硬要求把情況恢復到九一八事變以前的狀態。它說：「日本國政府要從中國及中南半島撤回一切陸、海、空軍兵力及警察」，「美國政府和日本國政府在軍事上和經濟上不支持臨時將首都設在重慶的中華民國國民政府以外的中國任何政府或政權」，「兩國政府同意，其任何一方與第三國所締結之任何協定，不得由該國作與本協定本之根本目的，亦即確立和保持太平洋地區之全面和平有矛盾的解釋」（註二五）。是即美方以這種最後通牒性的哈爾備忘錄，令日本選擇最後的行動。

哈爾備忘錄是對於九一八事變以來，在東亞無止境地一直擴張的日本帝國主義與美國帝國主義全面而根本的對決。美國帝國主義對日本帝國主義清算亞洲門羅主義路線及其所獲得的成果，並要其歸還對美英協調的立場。但與此同時，哈爾備忘錄也反映了〈大西洋憲草〉所主張之反擴張主義和反法西斯主義的理念。在這種意義上，哈爾備忘錄，可以說是波茨坦宣言的原型，波茨坦宣言是哈爾備忘錄的發展（註二六）。可是日本卻置二千萬以上其他國家的民族和國民，三百一十萬的自己國民於死地，使日本國土變成焦土，吃了兩顆原子彈，接受波茨坦宣言，屈服於遠大於哈爾備忘錄廣泛的要求。從結果來看，就日本而言，接受哈爾備忘錄遠比接受波茨坦要聰明得多，且在歷史上將留下其榮譽，則更不待繁言。就日本的戰爭指導者來說，這樣作是上策，是光榮的事情，而從得免於戰犯的追訴這件事來看便可明白。可惜的是，日本的戰爭指導者之中，沒有具有這種明眼和能作此種果斷者。

註釋

註一　《主要文書》，頁五四〇。

註二　《木戶幸一日記（下）》，東京大學出版會，一九六六年，頁八九五。

註三　隨第三次近衛內閣的成立，廢止了大本營政府聯絡懇談會，除每星期四在皇宮舉行大本營政府聯絡會議以外，星期一、三、六互相交換情報（資訊）。

註四　近衛文麿《失はれし政治》，朝日新聞社，一九四六年，頁一二一～一二二。

註五　參謀本部編《杉山メモ（上）》，原書房，一九六七年，頁三一〇～三一一。

註六　《失はれし政治》，頁一二二。

註七　根據昭和天皇的回憶，近衛首相在「（御前）會議前，來木戶（幸一內大臣）處，請我在會議席上，對大家表示希望和平從事。故我便事先把明治天皇的四方之海詩歌放在口袋裡，在會議席上宣讀。」

註八　寺崎英成ほか編著《昭和天皇獨白錄　寺崎英成、御用掛日記》，文藝春秋社，一九九一年，頁六四。（陳鵬仁譯《昭和天皇回憶錄》，臺灣新生報社，頁五七～五八頁）

註九　《杉山メモ（上）》，頁三一二。

註一〇　《主要文書》，頁五四四～五四五。

註一一　A為America，B為British，C為China，D為Dutch。

註一二　《大阪朝日新聞》，一九四一年八月四日。

註一三　同前，九月八日。

註一四　前揭《別卷資料編》，頁五三二～五三三。

註一五　木戶幸一《手記》，《木戶幸一關係文書》，東京大學出版會，一九六六年，頁三三～三四。

註一六　《木戶幸一日記(下)》，頁九一七。

註一七　《別卷資料編》，頁五三七。

註一八　同前，頁五五一。

註一九　這是忘記當地時間為星期日所造成。

註二〇　《杉山メモ(上)》，頁三八八。

註二一　《主要之書》，頁五五四。

註二二　同前，頁五五四～五五五。

註二三　前揭《日米交涉資料》，頁三九七。

註二四　同前，頁四六七。

註二五　《主要文書》，頁五六三～五六四。

註二六　前揭，家永三郎《戰爭責任》，頁一三五。

譯註①　及川古志郎（一八八三～一九五八），岩手縣人，海兵、海大畢業，大將。曾任海兵校長、第三艦隊司令長官、海軍航空本部長、支那方面艦隊司令長官、海相、軍令部總長。

譯註②　鈴木貞一（一八八八～一九八九），千葉縣人，陸士、陸大畢業，中將。曾任軍務局長、國務大臣（企畫院總裁）、貴族院議員。戰後以A級戰犯被判無期徒刑。

譯註③　岡敬純（一八九〇～一九七三），山口縣人，海兵、海大畢業，中將。曾任軍令部第三部長、軍務局長、海軍次官。戰後以A級戰犯被判監禁終身。

譯註④　東久邇宮稔彥王（一九一二～），皇族，陸士、陸大畢業，大將。曾任第二、第四師團長、第二軍司令官、首相，為明治天皇女婿。

譯註⑤　嶋田繁太郎（一八八三～一九七六），東京人，海兵、海大畢業，大將。曾任第二艦隊司令長官、支那方面艦隊司令長官、海相兼軍令部總長。戰後以A級戰犯被判無期徒刑。

第四篇　亞洲太平洋戰爭

一九四一年　十二月一日　御前會議，決定對美英荷開戰
十二月八日　日軍偷襲馬來半島和珍珠港
一九四二年　一月二日　日軍占領馬尼拉
二月十五日　新加坡的英軍投降
六月五日　中途島海戰，日軍機動部隊消滅
八月七日　美軍登陸瓜達康納爾島
一九四三年　二月一日　瓜達康納爾島的日軍開始撤退
五月廿九日　阿圖島的日本守備隊全滅
九月三十日　御前會議設立「絕對國防圈」
一九四四年　六月十五日　美軍登陸塞班島（七月七日日本守備隊全滅）
七月十八日　東條內閣總辭職（七月廿二日成立小磯國昭內閣）
十月十八日　美軍進攻菲律賓的雷特島
一九四五年　三月十日　B29轟炸東京
四月一日　美軍登陸沖繩（琉球）本島（六月廿三日守備隊全滅）

四月七日　成立鈴木貫太郎內閣
五月七日　德國投降
七月廿六日　發表波茨坦宣言
八月六日　投原子彈於廣島（九日投於長崎）
八月九日　蘇聯對日宣戰
八月十四日　御前會議決定接受波茨坦宣言
八月十五日　日皇廣播
九月二日　簽訂投降文書

第十七章　開戰與頭一戰的勝利

昭和天皇決定開戰

在華盛頓提出哈爾備忘錄的一九四一年十一月二十六日，在東京，昭和天皇問木戶內大臣：「爲下最後之決心，擬再度廣徵重臣之意見，朕欲將此意告訴東條。」木戶回答：「此次決心之後乃爲不能後退的最後決定，……請皇上作日後不會後悔之處置」，並與進宮的東條首相協議，決定召開重臣會議（註一）。

十一月二十七日，舉行了大本營政府聯絡會議，沒有討論和戰，只是就有關宣戰的事務上程序、宣戰詔書案，以及指導國論，有所審議。

二十九日，重臣的前首相八人與原樞密院議長奉召進宮，聽取政府的說明以後，日皇徵詢了各人意見。根據東條對杉山參謀總長所說，廣田弘毅、林銑十郎、阿部信行是積極論，若槻禮次郎、岡田啟介、近衛文麿、平沼騏一郎、米内光政是維持現狀論，而對於後者，東條則「一一反駁說明，皇上似乎認可」（註二）。

三十日，皇弟服務於海軍的高松宮宣仁親王（譯註①）晉見昭和天皇表示：「海軍似已無餘力，如果可能，最好避免美日戰爭」。感覺不安的昭和天皇與木戶商量，木戶進言：「此次一下決心，將是不能後退的重大決定，稍有不安，務請充分再三研究，以至完全了解」，故昭和天皇又召見嶋田海相和永野軍令部總長，以為質問，「因皆以相當之確信奉答，故命令木戶轉告首相照預定進行」（註三）。

十二月一日，舉行了御前會議，東條首相、東鄉外相、永野軍令部總長說明之後，只由原樞密院議長作了簡單的說明，御前會議便作這樣的決定：

根據十一月五日決定之帝國國策遂行要領的對美交涉終於未成立。

帝國要對美英荷開戰（註四）。

木戶在他的日記說「終於決定對美開戰」（註五）。御前會議後，昭和天皇命令杉山、永野兩總長：「變成這樣實在不得已，希望陸海軍好好合作」（註六）。

十五年戰爭之第一階段的九一八事變，因柳條湖事件的謀略，第一線軍隊以「強拉」不擴大方針的日本政府的方式開始的。第二階段的日中戰爭，發生盧溝橋事件這個偶然衝突時，日本政府、軍中央在一擊論之下，以匆匆表示「重大決心」（原文爲「重大決意」）的方式開始的。而第三階段的亞洲太平洋戰爭，經過七月二日、九月六日、十一月五日、十二月一日四次之御前會議，昭和天皇以下皇宮、政府、軍部的最高首腦的意思一致，經昭和天皇「充分審慎」所「決定」的（日人稱爲「聖斷」）。經聖斷所決定的亞洲太平洋戰爭，給予昭和天皇很大的戰爭責任。

陸海軍的作戰計畫

日本陸海軍於十月二十九日決定綜合作戰計畫和中央協定，如前面所説，於十一月三日，杉山、永野兩總長祕密上奏昭和天皇。在五日的御前會議前一天的四日，就「帝國國策遂行要領中關於國防用兵之件」，在天皇親臨之下舉行了軍事參議院（註七）會議，經其同意，作戰計畫於十一月五日，經天皇核可。

此時，日本陸軍擁有五十一個師團、十一個留守師團，總共二百一十二萬的兵力，其中預定十五個師團七十三萬人是對北方兵力，駐紮滿洲和朝鮮，二十個師團六十二萬人駐守中國戰線，四個師團、留守師團三十八萬人配備日本國內、臺灣和庫頁島，南方作戰兵力爲十二個師團三十九萬人（註八）。

該項作戰計畫的概要，根據杉山在軍事參議院會議的說明是：「陸軍將以由南方軍總司令官所統率的南方軍（大約九個師團骨幹）與聯合艦隊協力，對菲律賓及馬來以先制急襲開始同時作戰，迅速攻擊南方要域，攻擊範圍爲菲律賓、英領馬來、緬甸、荷領印度、帝汶島等。此外將以支那派遣軍的一部分攻擊香港」（註九）。

十一月六日，寺內壽一大將被任命爲南方軍總司令官，並對其下達如下命令：「南方軍總司令官長與海軍共同以主力集中印度支那（中南半島）、南支那（華南）、臺灣、南西諸島，以準備攻擊南方要域」（註一〇）。其作戰部隊的編成如左（註一一）：

海軍的作戰計畫，根據聯合艦隊司令長官山本五十六（譯註②）大將的主張，一開戰，第一航空艦隊（司令長官南雲忠一——譯註③——中將）空襲夏威夷的珍珠港，以擊沈美國的戰艦和航空母艦；以第二艦隊（司令長官爲近藤信竹——譯註④——中將）爲骨幹的南方部隊本隊壓制菲律賓周邊、南海；以第三艦隊（司令長官是高橋伊望——譯註⑤——中將）爲骨幹的菲律賓部隊協助攻擊菲律賓；以南遣艦隊（司令長官爲小澤治三郎——譯註⑥——中將）爲骨幹的馬來部隊協助攻擊馬來；以第四艦隊（司令長官爲井上成美——譯註⑦——中將）爲骨幹的南洋部隊協助攻擊關島和拉巴烏爾，占領威克島；以第六艦隊（司令長官是清水光美——譯註⑧——中將）爲先遣部隊，在開戰數日前監視夏威夷；以第五艦隊（司令長官爲細萱戊子郎（譯註⑨——中將）爲骨幹的北方部隊擔任東方海面的巡哨；以第一艦隊（司令長官爲高須四郎——譯註⑩——中將）爲骨幹的主力部隊待機於瀨戶內海，萬一美國主力艦隊前來時，要以聯合艦隊的大部分兵力予以迎擊。

這個作戰計畫的重大問題是，只有戰爭初期的作戰計畫，卻沒有以後的作戰展望和戰爭長期化時將要如何因應的辦法。杉山參謀總長在軍事參議院會議的說明爲，南方進攻作戰告一個段落以後，「將活用政戰兩略，以喪失敵方之戰意，努力於儘量在短期內結束戰爭，但戰爭可能長期化。我們要占領並確保敵方之軍事根據地和航空基地等，同時確保海上交通，如此在戰略上能立於不敗之態勢，盡各種手段則能挫折敵人之企圖」，其說法極其曖昧（註一一）。永野軍令部總長的說明也沒有什麼高明。他說：「開戰二年以內，日本海軍有必勝的自信，遺憾的是因各種不詳的原因，對將來長期的戰局無法預見。……不過我認爲英美聯軍的弱點在於英國。即海上交通一絕，英國便會衰弱，難以繼續戰爭。使英國餓死使其屈服，應爲最捷徑。在此之前德國如能登陸英國本土成功，則更加有利。使英國不得不屈服，以壓制同生共死的英美是吾人應注意之點」（註一三）。

而最令人驚訝的是，對於戰爭沒有明確勝利的把握，依賴在歐洲之德義的優勢，起草以一九四一年當時其國民生產毛額爲日本之大約十二倍（石油生產量爲五二七・九倍）的美國爲對手的戰爭計畫，並根據這種完全靠不住的計畫決定戰爭這件事。這眞是輕率的「聖斷」，胡來的開戰。

偷襲珍珠港和馬來

十二月一日，日皇命令陸海軍實施作戰，二日，最後決定開始作戰日期爲十二月八日。南雲中將所指揮的機動部隊（以赤城、加賀、蒼龍、飛龍、翔鶴、瑞鶴六航空母艦爲骨幹），於十一月二十二日，集結於擇捉島的單冠灣，於接得哈爾備忘錄的十一月二十六日出發該灣，一路往夏威夷前進。而擔任攻擊新加坡的第二五軍運輸船羣則於十二月四日由海南島出發，六日進入泰國灣。

在華盛頓，野村、來栖兩大使正在與哈爾國務卿繼續交涉，但這只是拖延開戰的時間而已。十二月六日，東鄉外相發出對美最後通牒之覺書的電報，這是在預定空襲夏威夷時間三十分前，即華盛頓時間十二月七日下午一時交給對方的最後訓令。

機動部隊由北方接近夏威夷，並派出攻擊隊。第一次攻擊隊的一百八十三架，偷襲歐胡島，完全成功，十二月八日上午三時二十五分（夏威夷時間爲七日上午七時五十五分，華盛頓時間爲七日下午一時二十五分）開始攻擊。奇襲的頭一消息於下午一時五十分到達華盛頓。

在華盛頓的日本大使館，爲解碼對美最後通牒而費時，野村、來栖兩大使面交哈爾國務卿已經是下午二時二十分了。哈爾以戲法已得知其內容，但看了一遍之後，以非常憤怒的表情說：「我從沒看過這樣充滿虛僞與歪曲的公文」（註一四）。野村等回到大使館以後，才接獲奇襲珍珠港的消息。

日本因爲這個差錯和出醜而被說成是 treacherous（暗算）的臭名，由此美國在 Remenber Pearl Harbour! 的口號下團結全國國民。

繼第一次攻擊隊，第二次攻擊隊一百六十七架也襲擊歐胡島，隨心所欲地攻擊了停在珍珠港灣內的戰艦和機場的飛機。美國的戰艦五艘沈沒，三艘受損，一百八十八架飛機被破壞，二百九十一架變成不堪使用。日方的損失只有飛機二十九架，特殊潛水艇五艘。

奇襲完全成功，美國慘敗，但日本的勝利並非當初所想像那麼大。日軍並未能發現一般與戰艦同樣重要目標的航空母艦，也錯過了修理設施和燃料庫。而且所擊沈的戰艦是舊式的，對於巡洋艦、驅逐艦的損害也甚微。這些情況使美國能夠編成高速航空母艦攻擊部隊，導致採取在太平洋戰線上具有決定性意義的航空母艦戰法的結果（註一五）。

在另一方面，第二五軍的第一八師團於日本時間十二月七日晚上十一時三十分，侵入英領馬來半島柯達巴爾泊地，八日凌晨一時三十分開動登陸用舟艇，二時前後登陸。這比攻擊珍珠港還要早一小時以上，本來就與英國在從事外交交涉，所以這是百分之百的奇襲。同時，日本預定於十二月七日夜，取得泰國同意日軍通過其領土，但其交涉沒有成功。因此未經過泰國之同意，第二五軍的第五師團擅自登陸泰國南部的新哥拉，與泰軍交戰之後，向馬來的國界進擊，從中南半島進入泰國的近衛師團，跟在第五師團的後面。

新加坡的英國東洋艦隊司令長官菲立浦斯（Sir Tom Phillips）中將，曾欲攻擊保衛登陸作戰的日本艦隊，而以戰艦威爾斯王子、勒巴爾斯王子兩艦出擊，惟於十日在馬來半島克灣丹海面，被從中南半島基地起飛的日本軍航海空部隊擊沈。因此，在太平洋戰線能夠作戰的盟軍戰艦一艘也沒有，由之東南亞海域的制海權遂落入日本手中。

對於菲律賓，十二月八日淩晨，臺灣基地的陸軍航空先發隊轟炸呂宋島，繼而由海軍航空隊加以攻擊，一舉掌握制空權，十日，陸軍部隊登陸了呂宋島北部。而對香港、關島和威克島等也同時攻擊，對威克島的攻擊雖然失敗了（註一六），但其他作戰卻都按照計畫順利展開，日本獲得了片面的勝利。

占領東南亞要域

十二月八日上午七時，播出「大本營陸海軍部上午六時發表：帝國陸海軍於本八日淩晨在西太平洋與美英軍進入戰爭狀態」的臨時消息。上午十一時三十七分，昭和天皇核可宣戰的詔書，從中午開始廣播。宣戰詔書說：「帝國爲自存自衛蹶然不得不破除一切障礙」「恢弘祖宗之遺業，迅速芟除禍根，確立東亞永遠之和平，以期保全帝國之光榮」。十日，大本營政府聯絡會議決定：「隨此次對美英戰爭及今後之變遷所可能發生之戰爭，包括支那事變，稱爲大東亞戰爭」（註一七）。十二日，内閣情報局發表：「所以稱爲大東亞戰爭，乃是以建設大東亞新秩序爲目的之戰爭的意思」（註一八）。一九四〇年七月〈基本國策要綱〉、〈隨世界情勢變遷的時局處理要綱〉所説要行使武力「建設大東亞新秩序」的大方針，終於全面付諸實施，日本帝國主義邁向其亞洲門羅主義擴張的最後實現了。

十二月九日，中國國民政府向日本、德國和義大利宣戰。十一日，德義對美國宣戰。法西斯主義、擴張主義同盟和民主主義、反擴張主義聯合的對決，發展成爲全球性的大戰爭。

日軍的進攻比預定展開得更迅速。第二三軍於一九四一年十二月十八日夜半登陸香港島，十二月二十五日，英軍投降了。

從事馬來作戰的第二五軍各部隊，沿著馬來半島的東西兩岸，以於一九四二年二月十一日紀元節（日本的建國紀念日——譯者）那一天要占領新加坡爲目標，展開猛烈的搶先鋒進擊，一月十一日占領吉隆坡，三十一日到達馬來半島尖端的柔佛巴爾。二月八日夜，日軍登陸新加坡島，從三方面進迫新加坡市，但面臨華僑抗日義勇軍的頑強抵抗，因而攻擊相當費時。二月十五日，英軍要求投降，山下（奉文——譯註⑪）軍司令官與巴西巴爾（Arthur Percival）軍司令官會見，決定英軍的投降。大本營於二月十七日，將新加坡島改稱「昭南島」。

攻擊菲律賓的第一四軍，登陸了呂宋島，進攻馬尼拉。美國遠東軍司令官麥克阿瑟元帥放棄馬尼拉，固守巴丹半島和馬尼拉灣口的柯里磯多島要塞，採取持久作戰。因此，日軍於一月二日輕而易舉地占領了馬尼拉，但對於巴丹半島的攻擊則遭遇到美軍和菲律賓軍強有力的抵抗，受到很大損失後，於二月十日不得不停止作戰。大本營更換第一四軍參謀長，並投入唯一預備兵力的第四師團及其他的新手，於四月三日以後進行第二次攻擊，勉強於五月七日使柯里磯多島的美軍投降。在這期間，麥克阿瑟留下「I shall retrun」的名言，於三月一日乘魚雷艇逃出，轉到澳洲。

負責荷印作戰的第一六軍各部隊，從十二月十六日到二月十日，在婆羅洲的要地，二月二十日於中立國葡萄牙領土帝汶島，二月十四日跳傘部隊分別降於巴鄰旁，繼而登陸主力部隊，各控制了蘇門答臘島，形成從三方面包圍爪哇島的態勢，以進攻爪哇島。

為阻止日軍的登陸，荷英澳美聯合艦隊曾經出擊，但於二月二十七日，在泗水海面，以及三月一日巴達維亞海面海戰，被日本艦隊所毀滅。三月一日，第一六軍登陸爪哇島，從三方面迫近萬隆。九日，荷軍無條件投降，十日，第一六軍占領了萬隆。

南海支隊於十二月十日占領關島之後，往俾斯麥諸島，一月二十三日，占領新不列顛島的拉巴烏爾，三月八日，占領了新幾內亞東部北岸的拉喔·沙拉莫阿。

比當初計畫早一個月占領了東南亞重要地區的日軍，乘勢提早實施起初並沒有預定的緬甸作戰。從泰國進攻緬甸的第一五軍，於一月三十一日和三月八日，分別占領了毛爾棉和仰光。

如上所述，日軍在戰爭初期雖然獲得了壓倒性的勝利，但這是因爲對於完成準備戰爭之日軍優勢兵力的奇襲攻擊，盟軍的戰爭計畫是以歐洲爲第一優先，不得不以準備、裝備、士氣都差的弱體守備軍、殖民地軍隊對抗所使然。

註釋

註一　《木戶幸一日記（下）》，頁九二五。

註二　《杉山メモ（上）》，頁五三六。

註三　《木戶幸一日記（下）》，頁九二八。

註四　《主要文書》，頁五六四。
註五　《木戸幸一日記(下)》，頁九三一。
註六　《杉山メモ(上)》，頁五五四。
註七　軍事參議院是就重要軍務的諮詢上奏意見的機關，設立於一九〇三年。由元帥、陸海兩相，兩總長和軍事參議官構成。此時出席者為十九人。
註八　前揭《戰史叢書　大本營陸軍部(2)》，頁八二。
註九　前揭《別卷資料編》，頁五五九。
註一〇　同註八，頁五五九。
註一一　此外，令直屬大本營的預備兵力，第四師團（大阪）待命。
註一二　《別卷資料編》，頁五五九。
註一三　同前，頁五六〇～五六一。
註一四　野村吉三郎《米國に使して》」，岩波書店，一九四六年，頁一六五。
註一五　ニミッツ・ポッター—（實松讓，富永謙吾譯）《ニミッツの太平洋海戰史》，恒文堂，一九六二年，頁二二～二三。
註一六　日軍被擊沈兩艘驅逐艦，並被取走海軍的密碼。迨至十二月二十三日第二次攻

註一七　擊，才占領威克島。

註一八　《別卷資料編》，頁六一三。

譯註①　《大阪朝日新聞》，一九四一年，十二月十三日。

譯註②　高松宮宣仁親王（一九〇五～一九八七）昭和天皇胞弟。海兵、海大畢業，大佐。曾任軍令部第一部第一課長。他的日記非常精采，正由日本中央公論社編輯出版中。請參看陳鵬仁〈關於昭和天皇胞弟高松宮日記〉，刊於民國八十三年十一月十二、十三日《民眾日報》。

譯註③　山本五十六（一八八四～一九四三），新潟縣人，海兵、海大畢業，大將。曾任第一航空戰隊司令官、海軍航空本部長、海軍次官、聯合艦隊司令長官。戰死後升為元帥。

譯註④　南雲忠一（一八八七～一九四四），山形縣人，海兵、海大畢業，中將。曾任水雷學校校長、第三艦隊司令長官、第一艦隊司令長官、中部太平洋方面艦隊司令長官。戰死後晉升大將。

近藤信竹（一八八六～一九五三），大阪人，海兵、海大畢業，大將。曾任軍令部第一部長、第五艦隊司令長官、軍令部次長、支那方面艦隊司令長官。

譯註⑤ 高橋伊望（一八八八～一九四七），福島縣人，海兵、海大畢業，中將。曾任馬公要港部司令官、第三艦隊司令長官、第二南遣艦隊司令長官兼南西方面艦隊司令長官。

譯註⑥ 小澤治三郎（一八八六～一九六六），宮崎縣人，海兵、海大畢業，中將。曾任海大校長、南遣艦隊司令長官、第三艦隊司令長官、軍令部次長兼海大校長、海軍總司令長官兼聯合艦隊司令長官兼海上護衛司令長官。

譯註⑦ 井上成美（一八八九～一九七五），宮城縣人，海兵、海大畢業，大將。曾任軍務局長、航空本部長、第四艦隊司令長官、海兵校長、海軍次官。

譯註⑧ 清水光美（一八八八～一九七一），長野縣人，海兵、海大畢業，中將。曾任第六、第七艦隊司令官、第六、第一艦隊司令長官。

譯註⑨ 細萱戊子郎（一八八八～一九六四），長野縣人，海兵、海大畢業，中將。曾任通信學校校長、水雷學校校長、第一航空戰隊司令官、第五艦隊司令長官。

譯註⑩ 高須四郎（一八八四～一九四四），茨城縣人，海兵、海大畢業，大將。曾任第一航空戰隊司令官、駐滿軍部司令官、第四、第一艦隊司令長官、南西方面艦隊司令長官。

譯註⑪　山下奉文（一八八五～一九四六），高知縣人，陸士、陸大畢業，大將。曾任第四師團長、航空總監、第二十五軍司令官、第一方面軍、第十四方面軍司令官。戰後以戰犯身分在馬尼拉被處死刑。

第十八章　盟軍的反攻

首次轟炸日本、珊瑚海海戰、中途島海戰

日本在開戰初期獲得預想以上的巨大戰果，而誤以爲這是實力的差距所造成，因此作了不夠周延的情勢判斷和作戰計畫。日本陸軍占領整個緬甸，並構想打通印度和西亞洲的作戰，同時期待德軍對蘇春季攻勢，爲對蘇聯實施攻擊，希望從南方抽出軍隊，但海軍卻主張對澳洲進行攻擊。一九四二年三月七日，大本營政府聯絡會議決定預測美英「可能企圖大規模攻勢的時機大概爲一九四三年以後」的「世界情勢判斷」（註一）。

以此種預測爲前提，陸海軍妥協的結果，決定於七月左右由陸海軍共同實施攻擊南太平洋的薩摩亞、飛吉、新喀里多尼亞三島的截斷美澳作戰（FS作戰）。與此同時，日本海軍爲了誘出和消滅偷襲珍珠港時未能擊毀的美國航空母艦，獨自計畫攻擊中途

島、阿留香的作戰，於四月十六日上奏獲得核可。

四月十八日早上，接近日本東方海上由美國哈爾哲（William Bull Halsey）中將指揮的航空母艦荷聶特起飛，由多立特（James Doolittle）中校率領的陸上中型轟炸機B25十六架，於中午許奇襲轟炸了東京、橫須賀、名古屋和神戶，然後飛往中國大陸和蘇聯沿海州。轟炸的損失雖然很小，但卻予日本軍部和政府很大的衝擊。以前採取旁觀態度的日本陸軍，對於中途島、阿留香作戰也開始積極，決定於六月上中旬，陸海軍共同實施兩面作戰，五月五日，下達了攻擊命令。

在東部新幾內亞方面，日軍占領了拉喔．沙拉莫阿以後，發動了對盟軍反擊的最前線基地摩勒斯比港的海上攻擊作戰，由井上成美中將指揮的第四艦隊（航空母艦二、小型航空母艦一等）出擊，從事攻擊的南海支隊於五月四日由拉巴烏爾出發。美方以在威克島所得到的密碼簿得悉日本海軍的作戰，而出動由佛列嘉（Frank Fletcher）少將所指揮的第一七機動部隊（航空母艦二等）。待五月七日到八日，展開於珊瑚海之美日兩機動部隊的海戰，是史上首次航空母艦互相看不見對方的決戰。結果是美國的航空母艦勒星頓被擊沈，約克鎮也受到很大的損害。至於日方，除小型航空母艦祥鳳被擊沈外，翔鶴不堪再從事戰鬥，瑞鶴和飛機及飛行員受損很大，故不得不停止攻擊摩勒斯比港的作戰。

對於中途島、阿留香作戰，日本的聯合艦隊幾乎投入了它的全部力量。其作戰計畫是，派出巡哨的潛水艇先遣隊以後，由南雲忠一中將指揮的第一機動部隊（航空母艦四、戰艦二等）強襲了中途島，當美國艦隊出現時，則與後續的山本五十六司令長官親自率領的主力部隊（戰艦七、小型航空母艦一等）一起予以殲滅，由近藤信竹中將指揮的攻擊部隊（戰艦二、小型航空母艦一，登陸部隊大約五千八百人）進攻中途島。而由細萱戊子郎中將統率的北方部隊（小型航空母艦二等）前往攻擊阿留香列島。

對此，解讀密碼事先得知日軍企圖的美國太平洋艦隊司令長尼密茲（Chester Nimitz）上將，與鞏固中途島之防備的同時，令史普魯安斯（Raymond Spruance）少將指揮的第一六機動部隊（航空母艦二等）和佛勒嘉少將指揮的第一七機動部隊（應急修理的約克鎮航空母艦等）待機於中途島北方海面，採取要迎擊日本艦隊的態勢。

由於開戰初期勝利的驕傲，以及情報、索敵之不足或輕視，日本第一機動部隊未充分掌握美軍的動靜，竟於六月五日清晨，由西北方接近中途島，並加以攻擊。對於這個日本機動部隊，美國機動部隊先下手集中攻擊。得悉有美國航空母艦的日本第一機動部隊，驚慌欲轉變攻擊目標，但在其尚未完成攻擊態勢之前，美軍機羣便俯衝轟炸，赤城、加賀、蒼龍中彈失火而沈海。未受到第一波攻擊的飛龍，攻擊約克鎮，將其擊破、沈沒，但飛龍到黃昏時刻也中彈沈下大海。由於第一機動部隊消滅，六月五日半夜，山本司令長官遂命令停止中途島作戰。在阿留香作戰，日軍雖然未流一滴血占領了阿圖、基斯卡兩島，但由於中途島作戰的失敗，這兩個島的戰略價值卻變成微乎其微。

日本海軍一舉失去四艘主力航空母艦和許多優秀的海軍官兵，在相當期間內不可能有積極的行動，故延期甚至停止FS作戰。惟日本海軍不僅拚命隱瞞其慘敗，而且由大本營發表其捷報，但在事實上，中途島海戰是在太平洋戰線上日本海軍失去優勢的開端。

瓜達康納爾島戰役

因中途島海戰的大勝利，美國很是振奮。七月二日，美國陸海軍統合參謀本部決定攻擊並奪回聖誕老人羣島、所羅門羣島和新幾內亞東部海岸，及以拉巴烏爾爲目標的「瞭望臺」作戰，並於八月七日展開攻擊。

對此，日本大本營決定實行越過渦汶史坦勒山脈陸路攻擊摩勒斯比港的作戰，故第一七軍（軍司令官百武晴吉——譯註①——中將）於七月二十二日以後，將其部隊開往布那。日本海軍爲整備所羅門羣島的航空基地，於攻擊上述摩勒斯比港作戰時，在靠近建立水上飛機基地的茲拉基島的瓜達康納爾島建設了機場，並於八月五日完成了飛機跑道。

八月七日，由海軍兵力支援的美軍登陸了茲拉基島和瓜達康納爾島。在茲拉基島的日本守備隊到九日之前被消滅，瓜達康納爾島的日軍放棄機場，逃入原始林。

日本大本營根據三月所決定盟軍的反攻要到一九四三年以後的情勢判斷，以爲美軍的攻勢是一種偵察，很容易奪回來，故於八月十八日還令一木支隊（支隊長一木清直大佐）、川口支隊（支隊長川口清健——譯註②——少將）的兵力先後登陸，但日軍的攻擊在美軍壓倒性的火力之下皆告失敗，兩部隊陷於完全消滅狀態。因開戰以來首次打敗仗而沖昏了頭腦的大本營，與其說是從戰略觀點，毋寧說是爲了挽回面子而接二連三地投入和消耗了兵力。

日本海軍與出動拉巴烏爾基地之航空兵力的同時，以新編成的第八艦隊（司令長官三川軍一——譯註③——中將，重巡洋艦五等）、第三艦隊（司令長官南雲忠一中將，航空母艦二，小型航空母艦一等）出擊，展開了第一次所羅門海（八月八日至九日）、第二次所羅門海（八月二十四日至二十五日）、南太平洋（十月二十六日至二十七日）、第三次所羅門海（十一月十三日至十五日）等各海戰。在這些戰役，日軍擊沈華斯普．荷聶特航空母艦，損傷塞拉多格原子航空母艦，但卻也損失了一艘小型航空母艦、兩艘戰艦（比叡和霧島）、損傷一艘航空母艦和一艘小型航空母艦，尤其消耗特別多的航空兵力，由之被瓜達康納爾島的美軍航空兵力所壓制，因而日本失去了該島方面的制空權。

由於制空權落入美軍手中，日本的補充兵力和補給只有依靠夜間的驅逐艦和潛水艇，所以瓜達康納爾島的日軍，便在原始林中失去戰力，加以飢餓、瘧疾、赤痢而陷於悽慘的狀態，要從隔絕的戰力，擁有極其豐富之物量的美軍手裡奪回該島是絕不可能的。而且，日軍莫大的消耗，更動搖了爲維持整個戰爭所需的物資動員和運輸體制。開往摩勒斯比港的日軍，歷盡苦難至極的進軍之後，因瓜達康納爾島方面的戰局不順利，故不得不悲慘地撤退。

經過軍部與政府紛紛議論之後，於十二月三十一日，御前會議決定從瓜達康納爾島、布那方面撤退，並從一九四三年一月中旬至二月初開始撤兵。在瓜達康納爾島的戰役，日兵死者大約二萬人，其中大約一萬五千人餓死或病死。而在摩勒斯比港作戰，兵力一萬二千人之中，死了七千六百人。此時在歐洲，於一月三十一日，史大林格勒的德軍向蘇軍投降。盟軍在第二次世界大戰，從戰略的守勢轉變爲積極的攻勢。

「絕對國防圈」

日軍撤退了瓜達康納爾島、布那以後，在所羅門羣島和新幾內亞東部仍然有激烈的戰鬥。日本聯合艦隊在山本司令長官直接指揮之下，投入第三艦隊的航空母艦機羣和基地航空兵力的總力量，自四月七日至十四日，實施了「い」號作戰，攻擊瓜達康納爾島、摩勒斯比港方面，日方雖然有些戰果，但卻也有很大的損失。

開戰以來在空戰保證日本優勢的是，海軍主力戰鬥機「零戰」（原文）及其優秀的飛行員，但美軍也陸續將 P38 萊特寧、F4U 柯爾色阿、F6F 黑爾凱特等新銳戰鬥機送上戰場，而打破零戰的優越地位。加以日本第一線的飛行員損失眾多，因此日本的航空戰力迅速下降。

四月十八日，山本司令長官從拉巴烏爾前往最前線視察，因解讀密碼得悉此事的美軍軍機在中途予以襲擊，山本戰死。五月二十一日，日本政府正式公布此項消息，因山本是當時日本最具盛名的英雄，故給日本國民極大的衝擊。古賀峯一（譯註④）大將被任命爲山本的後任。

五月十一日，美軍登陸阿留香羣島的阿圖島。山崎保代（譯註⑤）大佐以下二千三百七十九名日軍在孤立無援的苦戰下，於二十九日作最後一次的衝鋒，除二十九人被俘虜外，全部戰死或自殺。大本營發表阿圖島守備隊「玉碎」（全部陣亡），而日後在太平洋各島一再發生的「玉碎」，乃是不許投降的日軍悲劇。而在吉斯卡島的日軍，則於七月二十九日順利撤回。

在美國，因新銳航空母艦陸續上了戰場，海軍擬採取馬夏爾羣島進攻菲律賓的路線，但麥克阿瑟堅持新幾內亞、民答那峨的進攻路線而對立，但決定從六月底先實施瞭望臺作戰的第二階段卡特荷伊爾作戰。麥克阿瑟軍進攻新幾內亞北岸，九月十六日占領拉喔，哈爾哲軍主控中部所羅門羣島以後，於十一月一日登陸了布干維島。

在這期間的九月八日，義大利向盟國無條件投降，法西斯主義擴張主義同盟的一角崩潰了。加上自瓜達康納爾島戰役以來的敗戰，日本面臨了必須根本重新檢討其戰略方針。九月三十日的御前會議決定「今後應採取之戰爭指導大綱」，「要排除萬難，大約以一九四四年中葉爲目標，確立因應美英進攻的戰略態勢，隨時捕捉摧毀敵人之反攻戰力。帝國爲遂行戰爭在太平洋、印度洋方面，絕對必須確保的要域包括千島、小笠原、內南洋（中、西部）及西部新幾尼亞、遜達和緬甸的圈域」，而設定了「絕對國防圈」（註二）。因此，日軍遂將包括南太平洋之最大基地擁有大約十萬官兵的拉巴烏爾置諸圈外。

在中部太平洋方面，於一九四三年十一月二十一日，美軍登陸吉柏特羣島的塔拉華．馬金，日軍守備隊與之激戰之後，於二十五日玉碎。一九四四年一月三十一日，美軍開始攻擊馬夏爾羣島的魁哲林環礁，日軍在二月五日以前全軍覆滅。二月十七、十八日，美國機動部隊猛烈轟炸卡羅林羣島的土拉克島，擊沈日本艦船四十艘，破壞日本飛機大約三百七十架。由此，日本海軍在中部太平洋的最大基地歸於烏有。「絕對國防圈」從其東端開始破產了。

馬里亞納的失陷與印巴爾的敗退

於土拉克島大轟炸五天後的二月二十三日，馬里亞納羣島的塞班、德尼安島遭到大規模轟炸，日本的基地航空兵力受到毀滅性的打擊。二月十九日，美軍登陸馬夏爾羣島的勃朗（愛尼威特克）環礁，日軍在二十四日之前玉碎。三月三十、三十一日，巴拉奥羣島受到美國機動部隊的轟炸，艦船、飛機大受損失（註三）。

四月二十二日，麥克阿瑟軍登陸西部新幾內亞的荷蘭加．愛達北。五月三日，日本海軍軍令部以美軍的反攻將以菲律賓爲目標，判斷美軍將指向西部新幾內亞、西卡羅林羣島方面，決定要在巴拉奥或西卡羅林附近與美艦隊主力決戰的「あ」號作戰計畫，日本聯合艦隊便採取此種態勢。

但出乎意料之外的是，美國機動部隊於六月十一日襲擊馬里亞納方面，十五日，美軍登陸了塞班島。豐田副武（譯註⑥）聯合艦隊司令長官令「あ」號作戰，十九、二十日，在西馬里亞納海域，美日兩國的機動部隊展開了決戰。小澤治三郎中將所統率的第一機動艦隊，投入航空母艦、戰艦等七十三艘，四百五十架飛機，美國的密嘉（Marc Mitscher）中將所指揮的第五八機動部隊，以航空母艦十五、戰艦七等九十三艘，八百九十架飛機，在馬里亞納海戰對抗日軍。結果是，日方損失了翔鶴、大鳳、飛鷹三艘航空母艦和三百九十五架飛機，美方只有三十七架飛機被擊落，八十架飛機因著水、著艦不順利而受損，艦船損失零，日方慘敗。如此一來，日本在太平洋戰線最主要的戰鬥部隊——機動部隊成爲毀滅狀態。

「あ」號作戰的完全失敗，決定了馬里亞納羣島的命運。塞班島有第三一軍（軍司令官小畑英良——譯註⑦——中將）的第四三師團（名古屋）主力，陸海兩軍一共有大約三萬的日軍，但爲得到海空軍支援的大約六萬七千的美軍所壓倒，七月七日，日軍作最後的攻擊，八日統統被消滅。大約一萬人的日本非戰鬥員也同時犧牲。七月二十一日，美軍登陸了關島，八月一日，日軍結束了有組織的抵抗。七月二十四日美軍登陸德尼安島，日軍從八月二日至三日作了最後的抗爭而被消滅。由於馬里亞納羣島的失陷，「絕對國防圈」完全破產。

「絕對國防圈」也從西方崩潰。緬甸方面軍司令官河邊正三（譯註⑧）中將、第一五軍司令官牟田口廉也中將主張攻擊印度東部的阿薩姆州，並於一九四四年三月以後動員三個師團的兵力，開始印巴爾作戰。但這是完全忽視補給的亂來作戰。日軍雖然進攻到印巴爾附近，但受到確保制空權，擁有壓倒性火力和物資之英印軍的反擊，而不得不後退和撤退。牟田口軍司令官把三個師團長統統換掉，命令繼續攻擊，但日軍已經是毀滅狀態，故於七月十日停止作戰。日軍在河水氾濫與泥濘中受到英印軍的追擊，進行了五百公里至一千公里的悲慘撤退。撤退完成於十月中旬，參加兵力大約九萬人中戰死大約三萬人，四萬人左右倒於戰傷和生病。印巴爾作戰的失敗造成緬甸戰線的崩潰。

註釋

註一　防衛廳防衛研修所戰史室《戰史叢書　大本營陸軍部（3）》，朝雲新聞社，一九七〇年，頁五〇一。

註二　《主要文書》，頁五八八～五八九。

註三　轟炸後從巴拉奧飛往達巴奧的古賀聯合艦隊司令長官，因為遭到低氣壓，而行蹤不明。五月三日，由豐田副武繼任司令長官。

譯註①　百武晴吉（一八八八～一九四七），佐賀縣人，陸士、陸大畢業，中將。曾任通信學校校長、第十八師團長、第十七軍司令官。

譯註②　川口清健（一八九三～一九六一），高知縣人，陸士、陸大畢業，少將。曾任第三十五旅團長、對馬要塞司令官。

譯註③　三川軍一（一八八八～），廣島縣人，海兵、海大畢業，中將。曾任第五、第三戰隊司令官、第八艦隊司令長官、南西方面艦隊兼第十三航空艦隊、兼第三南遣艦隊司令長官。

譯註④　古賀峯一（一八八五～一九四四），佐賀縣人，海兵、海大畢業，大將。曾任軍令部次長、第二艦隊司令長官、支那方面艦隊司令長官、聯合艦隊司令長官。飛機失事陣亡，升元帥。

譯註⑤　山崎保代（一八九一～一九四三），山梨縣人，陸士畢業，大佐。在亞茲島戰死，升三級為中將。

譯註⑥　豐田副武（一八八五～一九五七），大分縣人，海兵、海大畢業，大將。曾任第四、第二艦隊司令長官、聯合艦隊司令長官、海軍總司令長官、軍令部總長。戰後以戰犯被收容。

譯註⑦　小畑英良（一八九〇～一九四四），大阪人，陸士、陸大畢業，中將。曾任第三航空軍司令官、第三十一軍司令官。在關島戰死升大將。

譯註⑧

河邊正三（一八八六～一九六五），富山縣人，陸士、陸大畢業，大將。曾任第三軍司令官、支那派遣軍總參謀長、緬甸方面軍司令官、第十五方面軍司令官、航空總軍司令官、第一總軍司官。戰後以戰犯被收容。

第十九章　大東亞共榮圈

占領地的統治

對美英荷開戰之前的一九四一年十一月二十日，大本營政府聯絡會議決定〈南方占領地行政實施要領〉。它以「對占領地暫先實施軍政，恢復治安，迅速獲得重要國防資源以及確保作戰軍之獨立生存」爲方針，「爲獲得國防資源，以及占領軍之現地獨立生存而不得不給予民生重大壓力者，要令其忍耐，宣撫上的要求，要止於不違反上述目的之限度」，「對於原住土民，要指導助長其對皇軍的信倚觀念，同時要避免過早引起其獨立運動」（註一）。由此可見，「迅速獲得重要國防資源」才是日本發動這個戰爭的根本目的。爲什麼必須「迅速獲得重要國防資源」呢？是因爲日本雖然於中日戰爭中在軍事上和政治上皆陷於進退維谷，但卻堅持要擁有侵略中國所得到的一切。亞洲太平洋戰爭是以大日本帝國的「自存自衛」和「建設大東亞新秩序」爲藉口，爲獲得戰略物資，而欲將東南亞置於排他性之日本勢力範圍的帝國主義戰爭。

占領地區之中，香港、菲律賓、英屬馬來、蘇門答臘、爪哇、英屬婆羅洲和緬甸是日本陸軍的擔任區域，荷屬婆羅洲、西里伯、莫魯卡羣島、小遜達列島、新幾內亞、俾斯麥羣島、開島是屬於日本海軍的管區，各行軍政。

軍政的基本事項由大本營政府聯絡會議決定，陸軍在陸軍省內設立南方政務部，軍務局長兼任部長，掌管軍政事項。作爲現地的軍攻機構，起初在南方軍各軍司令部內創立軍政部，但根據一九四二年七月二十五日的決定，在昭南（新加坡）的南方軍總司令部設軍政總監部（由南方軍總參謀長任軍政總監），第一四軍（馬尼拉）、第一五軍（仰光）、第一六軍（雅加達）、第二五軍（昭南）的各軍司令部設立軍政監部（軍政監由軍參謀長兼任）。海軍在海軍省內設立南方政務部，在現地，於艦隊司令長官之監督下，在特別根據地隊設民政部，以實施軍政。

一九四一年十二月十二日，由有關大臣會議所決定的〈南方經濟對策要綱〉，將開發的重點擺在石油，同時從事鎳礦、鐵礬土、錳礦、雲母、燐礦石等礦物資源的開發，以橡膠、錫、石油、奎寧皮、鎢、馬尼拉麻、椰子、棕櫚油爲「對美英經濟戰所需之物資」，在開發和獲得這些資源時，「要儘量令原有企業利導協力」（註二）。根據這個方針，以三井、三菱、住友等財閥爲首的企業，陸續進入占領地。陸軍軍政地區內的軍政要員、經濟開發要員，一九四三年六月時超過了四萬人。

占領地的貨幣，起初使用軍票，一九四二年三月三十日，南方開發金庫開業，則發行南方開發金庫券（南發券）。因無限制地亂發行軍票和南發券，所以在占領地引起了很厲害的通貨膨脹。

一九四二年十一月一日，東條內閣設立了實施除日本內地、朝鮮、臺灣、庫頁島以外關於亞洲地區各種政務（不包括純外交）的機關大東亞省，並吸收了拓務省、興亞院、對滿事務區、外務省東亞局和外務省南洋局。東鄉外相以此舉乃二分外政，差別待遇南方各國而反對，因未被接受，故辭職。在樞密院，石井菊次郎（譯註①）顧問官等也同樣反對，但大東亞省還是成立，而成爲協助占領地行政的中央行政機關。

搶奪、強制勞動、虐殺

東條首相在一九四二年一月二十一日的第七九帝國議會演說表示：「建設大東亞共榮圈的根本方針是——在於要使大東亞的各國家和各民族，各得其所，確立以（日本）帝國爲核心之基於道義的共存共榮的秩序」，「要加上最近一百年來，受到美英兩國等極苛烈的剝削，因此其文化發達甚受阻礙的地區，在人類史上要建立一個新世紀的新構想之下，確立大東亞永遠的和平」（註三）。

日本以打倒多年來作爲支配者統治的歐美各國的殖民地軍，「建設大東亞共榮圈」爲號召，使東南亞的各國國民和民族一時將日軍當作「解放軍」。但看清楚日軍占領的實際情況以後，此種期待很快地消失了。

日軍之不能滿足東南亞各民族的期待，乃是帝國主義戰爭之侵略軍的當然結果。一九四二年八月七日的「軍政總監指示」就軍政說：「普遍給予帝國臣民以發展的機會，以確立其堅實的地步，發揚指導民族的資質，以圖大和民族永遠之發展爲基本理念」，指示「原住民之生活暫時可能會很苦，但要其忍耐」（註四）。日本把歐美各國趕走之後，成爲新的統治者。

關於日本的占領，譬如札義特《普通中學用菲律賓史》有這樣的記載（註五）：

「他們（日本人）對菲律賓人說，他們是爲了要從西洋的欺壓解放菲律賓而來的，他們和菲律賓人是兄弟，但他們卻有如驕傲自大的『超人』（Super-man）闊步於街上，稍微有不中意的事，就要打人家的臉，大揍特揍。他們搶奪這個國家，強制男人爲日軍的事情工作，凌辱女性，慘殺了許多無辜的老百姓。……所有的礦井和工廠皆由日本人運作。菲律賓的大部分土地，因爲日本急需棉花，而被用於種棉花。……在那占領的黑暗時代，日軍居住於這塊土地，大量消費米、水果、蔬菜等料食。當然國民（菲律賓人）挨餓，穿破衣服，故很反日。」

印尼的亞里《我民族的歷史》（小學五、六年級用，一九六二年）這樣寫著（註六）：

「日本人開始『統治』印尼人，荷蘭的物資爲日本所擁有，荷蘭的財富被沒收了，所有的日本人都被稱爲『日本的老爺』。正如荷蘭那樣，日本想做印尼的主人。……日本人在印尼建設了很多的要塞。我們被強制去爲建設日本的要塞而勞動。……我們變成『勞務者』（勞動者）。所謂『勞務者』是被日本人強制工作的人。農民、勞工有如奴隸，棄自己的家，被帶到其他地方譬如爪哇、蘇門答臘、伊里安（新幾內亞）、緬甸、泰國去。他們被迫在原始林、沼澤地、海岸工作。我民族嘗過很大的苦楚。我們被迫賣米給日軍而自己挨餓，衣服和藥品都不夠。人們過著恐怖和不安的日子。如果稍有反抗日本人的跡象，便會被逮捕和刑詢，不是被殺就是關進監獄。沒有男女老幼的區別。學校的學生都被動員去『奉仕作業』（勞動服務）。孩子們必須唱日本歌，說日本話，鼓勵穿日式衣服。好像印尼人必須變成日本人。」

日本的占領給這些國民和民族帶來了搶奪與飢餓、強制勞動、虐待和屠殺。搶奪和饑餓最好的例子是中南半島（越南）的大饑饉。從一九四四年至四五年，爲輸入日本國內，強制越南人賣米給日本和日軍的徵用，冷害、紅河氾濫，天旱等氣候不順和災害，加上發生霍亂，以紅河爲中心產生了大饑饉，死者據說達一百萬到兩百萬人。

強制勞動和虐待的著名例子是泰緬連接鐵路的建設。日軍爲確保從泰國到緬甸的陸上補給，乃於一九四二年七月，著手建設濃布拉特克——丹比薩亞間四百一十五公里的鐵路，突破原始林、山間部的艱難工程，以一天平均要完成八百九十公尺的特快速度，於一九四三年十月完成。這個工程投入了盟軍的俘虜和由東南亞各地招募後強制帶來的勞工，因以極其惡劣的勞動條件和虐待，俘虜六萬一千人之中，有一萬二千三百九十九人死亡，現地勞工七萬人當中，三萬二千人死亡（註七、八）。

屠殺的最大實例是，一九四二年二月十五日，第二五軍占領新加坡以後，依軍的命令有計畫和有組織的對華僑進行大屠殺事件。爲報復華僑編成抗日義勇軍英勇抗戰，第二五軍沒有經過詳細的調查，把認爲是抗日分子的華僑在新加坡和馬來各地大量屠殺。被屠殺人數，單在新加坡，當有數萬人。

上述亞里的《我民族的歷史》又說，日軍曾經強制被占領地居民使用日語，意圖以此種方法皇民化印尼的國民。

大東亞會議

東條首相在第七九帝國議會演說表示：將來將給予菲律賓和緬甸獨立。但菲律賓早於一九三五年十一月成立了菲律賓聯邦共和國，美國且約定十年後要讓菲律賓獨立，因此日本也不能完全忽視這個事實。至於緬甸，日本曾予從事反英獨立運動的達金黨的亞溫·桑（Aung San）以緬甸的獨立爲條件，要其協助日軍。

一九四三年五月三十一日御前會議所決定的〈大東亞政略指導大綱〉，確認緬甸和菲律賓的獨立方針，同時「決定馬來、蘇門答臘、爪哇、婆羅洲、西里伯島爲帝國領土，作爲重要資源的供給源，要儘量予以開發，並努力於掌握民心」，新幾内亞等地區也「將依此規定」，並擬於該年十月下旬左右，「邀大東亞各國的領導者集會於東京，以對中外宣明牢固完成戰爭的決心和大東亞共榮圈的確立」（註九）。

一九四三年八月一日，日本容許緬甸獨立，巴模（Ba Maw）出任國家主席。十月十四日，成立了以勞勒爾（Jose Paciano Laurel）爲總統的菲律賓共和國。因此，在這兩個國家形式上廢止了軍政，但如一九四三年八月七日的「軍政總監指示」所說，「我們要特別留意這個獨立在軍事、外交、經濟等，應置於帝國強力掌握之下的獨立」（註一〇），在實際上，日本的軍事統治並沒有改變。

從十一月五日至六日，在東京舉行了大東亞會議。東條首相、滿洲國國務總理張景惠、「國民政府行政院長」汪精衛、泰國代理首相汪·外達也康（Wan Waithyakorn）、菲律賓共和國總統勞勒爾、緬甸國主席巴模、自由印度臨時政府主席史巴斯·蔣特拉·波斯（Subhas Chandra Bose）等人出席了此項會議，通過「大東亞共同宣言」。該宣言說：「大東亞各國要互相合作以完成大東亞戰爭，把大東亞從美英的桎梏解放，以成全其自存自衛，……貢獻確立世界的和平」（註一一）。但這個空洞的美辭麗句卻與日本的實際占領情況差得太遠了。

抗日解放戰爭

日本的占領，就東南亞各國國民和民族而言，是「黑暗時代」（札義特）和「恐怖與不安的日子」（亞里）。因此在東南亞各地掀起了抗日解放鬥爭。

在菲律賓，於一九四二年五月，美國遠東軍（USAFFE）因柯里磯多島要塞淪陷而投降，但被編於該軍的菲律賓士兵，與拒絕協助日本的知識分子、政治家和宗教家聯絡，組織了全國性的俞薩費游擊隊，邊協助麥克阿瑟軍，以展開抗日游擊活動。同時以社會黨、共產黨系統的農民運動爲基礎，於一九四二年三月，在呂宋島中部成立了抗日人民軍（HUKUBALAHAP），與日軍激烈抗戰。

在緬甸，直屬於日本大本營的特務機關南機關（機關長爲鈴木敬司——譯註②——大佐），在海南島和臺灣訓練達金黨的亞溫．桑等一夥人，編成緬甸獨立義勇軍，以協助日軍。亞溫．桑起先擔任緬甸防衛軍（日後的緬甸國民軍）司令官，繼而被任命爲緬甸的國防部長，惟失望於日本的實際占領情況，乃於一九四四年八月，以緬甸國民軍、緬甸共產黨、緬甸革命黨爲首，成立了抗日統一組織反法西斯人民聯盟（巴薩巴拉）。乘日軍在印巴爾戰敗和日軍緬甸戰線的崩潰，於一九四五年三月二十七日，由亞溫．桑指揮的緬甸國民軍改稱人民獨立軍，起來叛亂，在盟軍抵達之前，於五月一日解放了仰光。

在印尼，日軍將被荷蘭關在監獄的蘇加諾（Achamad Sukarno）、哈達（Muhamad Hatta）等人釋放出來，令其協助日本軍政。蘇加諾等人希望透過協助日軍合法地實現印尼的獨立。反抗日軍苛酷的欺壓和掠奪，於一九四四年二月，瓜哇西部發生了農民的抗日武裝叛亂（新加巴爾那事件）。爲著挽回印尼的民心，於一九四四年九月七日，小磯國昭首相在帝國議會演說時聲明：「將來（日本）擬同意其（印尼）獨立」（註一二），但並未表明具體的時期和措施。

一九四五年二月十四日，在爪哇東部，由日軍所設立的保衛鄉土義勇軍（PETA）的布里達爾大團，因要求立刻獨立而起來武裝叛亂。叛亂雖然失敗，受到衝擊的日軍乃於三月三十日發表設立準備獨立調查會，在日本投降前的八月十一日，任命蘇加諾爲準備獨立委員會委員長，哈達爲副委員長，並將於八月十九日正式成立準備獨立委員會。但十五日得知日本無條件投降的蘇加諾，遂於八月十七日，以印尼國之名宣布獨立。

在日軍令比西政權的法蘭西殖民地當局協助的荷屬中南半島，已於一九四一年二月，成立抵抗日本和法國的越南獨立聯盟（Vietminh），爾後在胡志明（Ho Chi Minh）的領導之下，在北部山岳地帶成立解放區，以展開抗日鬥爭。日軍深怕法軍呼應美軍，遂於一九四五年三月九日攻擊法軍，奪取殖民地當局的權限，令保太（Bao-dai）帝宣布獨立。日本投降後沒多久的八月十九日，越南獨立聯盟在河內武裝叛亂，九月二日，成立了以胡志明爲主席的越南民主共和國。

在馬來，有以馬來共產黨爲首的抗日鬥爭；在泰國，也有自由泰國運動的抗日運動。

亞洲太平洋戰爭，曾予歐美列強在亞洲的殖民地統制體制很大的打擊，結果導致了東南亞各國國民和民族的解放和獨立。但這解放和獨立，並非日本所意圖的，而是東南亞各國國民和民族抵抗日本帝國主義和因爲日本帝國主義的戰敗所達成的。

註釋

註一　《主要文書》，頁五六二～五六三。

註二　防衛廳防衛研究所戰史部編著《史料集　南方の軍政》，一九八五年，頁一二九～一三六。

註三　《主要文書》，頁五七六。

註四　《史料集　南方の軍政》，頁二九四。

註五　世界の教科書を讀む會編《軍國主義》，合同出版，一九七一年，頁六九～七〇。

註六　同前，頁七五～七六。

註七　有一種數字說，當地勞工二十五萬人中，死亡者可能在九萬人以上。

註八　クリフォード・キンビク（服部實譯）《戰場にかける橋》，サンケイ新聞社出版局，一九七五年，頁一九二。

註九　《主要文書》，頁五六三～五八四。

註一〇　《史料集　南方の軍政》，頁二九四。

註一一　《主要文書》，頁五九四。

註一二　社會問題資料研究會編《帝國議會誌(46)》，東洋文化社，一九七九年，頁五六七。

譯註①　石井菊次郎（一八六六～一九四五），千葉縣人，東京大學畢業。曾任外務次官、外相、樞密顧問官。

譯註②　鈴木敬司（一八九七～一九六七），靜岡縣人，陸士、陸大畢業，少將。曾任第二十七軍參謀長、第五船舶輸送司令官。

第二十章　中國、滿洲、朝鮮、臺灣

中國戰線

亞洲太平洋戰爭開戰時，日本投入於南方作戰的兵力爲十二個師團，三十九萬人，只占日本一切兵力的百分之十八而已。二十個師團，總兵力的百分之廿九，六十二萬人被中國戰線拖住。

一九四〇年八、九、十月，在華北，八路軍以一百一十五團四十萬的總兵力，襲擊鐵路、煤礦和日軍守備隊，是爲百團大戰，而予日軍很大的損害。對此，北支那方面軍（軍司令官爲多田駿中將），採取「集中一切施策以剿滅中共勢力」的方針（註一），以九月第一期晉中作戰爲開端，對華北抗日根據地（中共地盤）發動了「燼滅作戰」，對於作戰指示：「要徹底燼滅掃蕩敵人根據地，使敵人將來不能生存」，其「燼滅目標及方法」爲（註二）：

一、屠殺敵人及假裝士民的敵人

二、屠殺認爲具有敵性的居民中十五歲以上六十歲以下之男子

三、將敵人所隱匿之武器彈藥扣押帶走

四、扣押敵人所集積之糧草，不得已時予以燒掉

五、燒掉敵人所用之文件

六、破壞敵性村莊

以這樣徹底的屠殺、破壞、掠奪爲作戰目的，繼續實施了第二期晉中作戰（十至十一月）和山西西方作戰（十二月至一九四〇年一月）。

一九四一年，北支那方面軍（七月以後軍司令官爲岡村寧次大將）進行了晉察冀邊區肅正（振刷）作戰（八至十月）及其他「肅正作戰」，一九四二年，實施了第二次冀南作戰（四至五月）、冀中作戰（五至六月）、冀東作戰（四至六月、八至九月、九至十一月）、晉冀豫邊區肅正作戰（五至七月）、魯東作戰（三至四月、十一至十二月）等等，並於一九四三年實行了冀西作戰（四至五月）、太行作戰（四至五月、七月）、等等，這些所謂肅正作戰的內容，與燼滅作戰並沒有什麼兩樣（註三）。

日軍的燼滅、肅正作戰，是燒盡、殺盡、搶盡，極其慘忍，中國人抨擊其爲「三光作戰」（即燒光、殺光和搶光）。日軍到處大量屠殺老百姓，火攻村莊，日軍自己承認搶奪、破壞是「此次作戰徹底壞滅敵性物質，雖給予敵方甚大打擊，……但敵方地區一般居民之受害亦爲不小。如不限於很明顯的真正敵性物資，民心離反永續，將導致不良影響」（註四）。

爲封鎖中國共產黨和八路軍的活動，日軍強制居民移住，以設立無人區，同時建立截斷壕（以寬大約六公尺，深大約四公尺爲基準）和封鎖線（寬大約一公尺，高大約二公尺的石牆），據說長達一萬一千八百六十公里。

因三光作戰、設無人區和封鎖作戰，中共地區受到相當大的打擊。從一九四一年到四二年，華北中共地區的面積縮小了六分之一，人口自四千萬人減少到二千五百萬人，八路軍的兵力，從一九四〇年的四十萬人，到一九四二年則減少爲三十萬人（註五）。

在另一方面，支那派遣軍（軍司令官爲畑俊六大將）自一九四一年九月至十月，十二月至一九四三年一月，對長沙實施了兩次作戰，兩次皆面臨了中國軍激烈的反擊，而從長沙撤退。日本海軍和陸軍的航空隊，於一九三九年、四〇年、四一年五月至八月，一再地對重慶實行了沒有區別的轟炸，但還是不能挫中國人的戰意。

因一九四二年四月十八日美國多立特機隊首次轟炸日本本土而受到衝擊的大本營，實施了破壞B25可能降落的浙江省和江西省機場的浙贛作戰，日軍自五月至八月的作戰，破壞了衢縣、玉山和麗水的三個機場，以及浙贛線（西興江邊［杭州對岸］——株洲）的一部分。在這個作戰，跟對華北的抗日根據地（其實並非只限於華北，在中國各地都這樣作——譯者）一樣，日軍實行了三光作戰。

日本大本營且企圖攻擊重慶，並於一九四二年九月指示北支那派遣軍作準備，惟因瓜達康納爾島的戰局緊迫，故於十二月命令停止作戰。一九四三年支那派遣軍在長江流域和洞庭湖方面一再展開作戰，但還是不能打破中國戰線的膠著狀態。

一九四三年十一月二十五日，因由江西省遂川機場起飛的B25、P38一共十五架軍機轟炸了臺灣北部，大本營便於一九四四年一月二十四日，命令支那派遣軍打通京漢線（北京——漢口）、粵漢線（武昌——衡陽——廣州）和湘桂線（衡陽——柳州），以及實施以覆滅敵方機場為目的的一號作戰（打通大陸作戰）。投入大約十六個師團五十一萬人之中國戰線最大規模的這個作戰，於四月十七日開始，日軍於五月九日打通京漢線，二十五日占領洛陽，六月十八日克長沙，八月八日攻陷衡陽。日軍且於十一月十日占領桂林和柳州，二十四日到達南寧。可是美國卻從成都基地起飛新開發的超重轟炸機

B29，於六月六日首次轟炸北九州。因此欲以一號作戰占領華南地區各機場便毫無意義。由此制空權完全操在美國和中國手裡，日軍的行動陷於困難。

因一號作戰和將兵力轉用於太平洋戰爭，華北的日軍便爲數不多，迨至一九四四年，中共軍逐漸反攻。因此日軍遂不得不縮小戰面，日軍的占領地支配由之開始崩潰。

與此同時，由駐中國美軍司令官史迪威爾（Joseph Stilwell）上將所指揮的美華聯軍，於一九四三年十二月從佛倥峽谷進攻緬甸，一九四四年五月十七日，突襲援蔣管道的起點米多基那機場。該地的日軍守備隊，於八月三日完全消聲匿跡。由於中國雲南遠征軍的攻擊，九月七日雲南省拉孟的日軍守備隊，十四日騰越的日軍守備隊分別被消滅。這些與日軍在印巴爾的戰敗，造成緬甸日本戰線的崩潰。

毒瓦斯戰、細菌戰和鴉片

日本侵略中國，曾經有過好幾種違反國際法的戰爭犯罪行爲。

日本陸軍注目於第一次世界大戰的毒瓦斯戰，乃於一九一九年設立陸軍科學研究所，在第二課（一九二五年升爲第三部）研究和開發毒瓦斯武器。一九二五年六月十七日，包括日本的三十八個國家，簽訂了在戰爭中禁止使用毒瓦斯的日內瓦覺書（註六），但日本陸軍卻於一九二九年四月在瀨戶內海大久野島所建設的毒瓦斯製造所（忠海兵器製造所）製造毒瓦斯，在一九三七年所開設福岡縣企救郡的曾根兵器製造所完成了毒瓦斯彈和毒瓦斯筒。一九三三年，成立陸軍習志野學校，以從事化學戰的運用和教育，培養了大約一萬人的軍官和士官。日本陸軍所製造的主要毒瓦斯有糜爛性猛毒的伊別立特·累塞特（ypérite lewisite）（陸軍稱呼「黃」）、噴嚏性的吉費尼魯西安亞爾新（diphnyl cyan）（「紅」）、催淚性的臭化卞吉爾（benzyl）（「綠」）、窒息性的氰酸（「茶色」）等等，作爲一五·一〇公分榴彈砲、一〇公分加農砲、野砲、山砲、騎砲、擲彈筒用的黃彈、紅彈、藍彈、藍白彈（註七）、紅筒、綠筒使用。

中日戰爭全面化以後，一九三七年七月二十八日，閑院宮載仁參謀總長指示香月清司支那駐屯軍司令官：「得適時使用催淚筒（みどり，綠）」（註八），八月十五日，對上海派遣軍分配了化學戰部隊。一九三八年四月十一日，閑院宮參謀總長准許北支那方面軍、駐蒙兵團使用紅筒、紅彈，從七月六日至七日，在晉南肅正戰中使用了大約一萬支紅筒。八月六日，命令准許中支那派遣軍使用紅筒和紅彈，自八至十月，中支那派遣軍在武漢作戰前後三百七十五次，使用過九千六百六十七發紅彈、三萬二千一百六十二支紅筒。

一九三八年十二月二日，參謀總長閑院宮載仁曾經指示：「在支各軍得使用特種煙（紅筒、紅彈、綠筒）。但使用時，要迴避街市尤其第三國人居住地區，儘量混合使用煙（幕），要嚴格守密使用瓦斯的事實，注意不留下其痕跡」（註九）。一九三五年三月二十日，在修水渡河作戰，日軍曾經使用過一萬五千支中紅筒和三千發的紅彈。在從一九三九年十月至一九四〇年一月的翁英作戰，日軍使用過二百九十四顆黃彈，在一九四一年十月的宜昌攻防戰，日軍用過一千顆黃彈和紅彈，尤其後者死傷許多中國軍民。在華北的抗日根據地肅正作戰，日軍也使用過毒瓦斯，一九四二年二月，在山西省太行地區肅正作戰，因撒布三百公斤黃彈，「敵方產生數千中瓦斯者，其中大約半數死亡」（註一〇）。一九三九年，成立了關東軍化學部（滿洲第五一六部隊），一九四一年，爲研究和開發毒瓦斯，設立第六陸軍技術研究所。

一九二五年的日內瓦覺書也禁止細菌武器，但於一九三一年出任陸軍軍醫學校教官的石井四郎（譯註①），力主作細菌戰的準備，一九三二年，在哈爾濱近郊的背陰河創設了關東軍防疫班。由於石井的主張，細菌戰研究在軍醫學校成爲正式課目，一九三六年八月，在哈爾濱成立關東軍防疫部（石井部隊），在長春編成關東軍軍馬防疫廠（若松部隊），進行細菌武器的研究和開發。從一九三八年到三九年，關東軍防疫部在哈爾濱南方的平房建設具有大規模設施的本部，一九四〇年六月，改稱爲關東軍防疫給水部，一九四一年八月，石井部隊改稱第七三一部隊，若松部隊更名爲第一〇〇部隊。一九三九年，在廣州編成「波」第八六〇四部隊，在南京成立「榮」第一六四四部隊。

石井部隊等的細菌戰，首先實施於一九三九年的諾門坎事件，一九四〇年在寧波、四一年在常德、四二年在浙贛作戰都實行過細菌攻擊。石井部隊且以「丸太」（圓木的意思，英文名稱爲 Watter）之化名，將中國人、蘇聯人等抗日分子、間諜用於傳染病、凍傷、毒瓦斯等的生體實驗。因爲此種悽慘和殘忍的行爲而犧牲者，據估計，從一九四〇至四五年，大約有三千人。

依國際條約，鴉片也是禁止品，中國國民政府於一九二九年制訂禁煙法，致力於禁絕鴉片。可是因察哈爾作戰成立蒙疆政權以後，在日本興亞院的計畫和指示之下，卻令該政權下的地區生產鴉片，在中國各地「配給」和販賣。其目的在於確保傀儡政權的維持費和其他財源，及以「毒化」痲痺中國人的抗戰意志和力量。自一九三九年至四二年，蒙疆政權所販賣的鴉片達七百一十四公噸，這是相當於大約五十萬到八十萬人的鴉片中毒者一年的吸用量。他們同時販賣海洛英等麻醉藥（譯註②）。

在滿洲國的掠奪與動員

在中日戰爭、亞洲太平洋戰爭的過程中，滿洲國被編入日本戰時體制的一環，而成爲支持日本戰爭最大的兵站基地。

一九三七年十二月，鮎川義介（譯註③）所領導的日產康采恩（壟斷的聯合企業）進入滿洲，作爲國策會社（公司）設立了滿洲重工業開發株式會社（股份有限公司），取代滿鐵成爲開發滿洲產業的中樞機關。從一九三七年四月，開始產業開發五年計畫。惟因中日戰爭長期化，計畫因此無法實行，而將重點從開發現地產業移到對日供給煤、鋼鐵等原材料，在亞洲太平洋戰爭下，著重於煤、鐵、非鐵金屬等戰略物資的增產和強行只求對日多送的超重點主義政策。

爲掠奪資源和協助戰爭，日本曾對滿洲國居民加強統制和動員。成立於一九三二年的滿洲國協和會，經過幾次改組，成爲官吏機構和二位一體的民眾動員組織，一九四二年五月當時，有四千二百九十八個分會，會員人數達二百八十九萬多人。一九三八年，成立了警備動員、訓練組織的協和義勇奉公隊，三九年，更誕生了青少年訓練、動員組織的協和青年團和少年團。一九四〇年四月，制訂了要令滿十九歲的青年服役三年的國兵法，一九四二年十一月，更制訂了未服兵役之二十一至二十三歲的青年，要從事一年以內勞動服務的國民勤勞（勞動）奉公（服務）法，確立了「國民總服役制度」。

在煤礦、礦山、水壩作工的中國工人，其工資只有日籍工人的百分之四十至五十，工作條件極差。許多地方有埋葬死者甚至重傷者的所謂萬人坑，據說東北特別多。

日本人雖然這樣動員和驅使中國人，但由於資金、資材、勞力不足，流通、運輸能力下降，生產和對日輸送遠比計畫還要少。

日本農民之移民滿洲，一九三六年曾有二十年之中將送出一百萬戶的計畫，一九三七至四一年第一期擬送出十萬戶計畫，四二年第二期五年計畫，計畫送出二十二萬戶。但隨亞洲太平洋戰爭的爆發，由國內勞力缺乏，確保移民發生困難，其主力遂移到由十五至十九歲男子編成的滿蒙開拓青少年義勇軍，一九四一至四五年移住滿洲七萬四千三百六十七戶當中，五萬七千一百戶（百分之七十六點八）是義勇軍轉去的義勇軍開拓團。開拓團的大部分移住於滿蘇國界地帶，雖然說是「開拓」，實際上多是搶奪中國人和朝鮮人的耕地（註一一），更使用中國人和朝鮮人作爲佃農。

對於反抗日本統治和掠奪的反滿抗日運動，日方曾一再地予以徹底的鎮壓和討伐，東北抗日聯軍第一路軍總司令楊靖宇於一九四〇年二月戲劇性地戰死，滿洲國東部方面的抗日運動由之衰退。但從此時中共軍對滿洲國西部熱河省方面的攻擊日熾，故關東軍和北支那方面軍遂不得不日趨忙於應付。

在朝鮮和臺灣的皇民化政策與動員

大東亞共榮圈的欺騙性，最明顯地表露於日本把朝鮮當作殖民地來統治，絕對不許其獨立，一直予以鎮壓這個事實。

中日戰爭全面化以後，朝鮮總督府便於一九三七年十月制訂「皇國臣民之誓詞」（一般用、兒童用），在集會時大家要一齊喊「我們要同心爲天皇陛下盡忠」等句子（註一二）。日本人強制朝鮮人使用日語，一九三八年三月，修改朝鮮教育令，將朝鮮語定爲任選科目，上課統統要用日語。一九三九年十一月，修改朝鮮民事令，要朝鮮人廢棄其固有姓名，改用日本式姓名，並限於一九四〇年八月十日以前要申報，在期限之前，大約三百二十二萬戶（百分之八十）完成申報（創氏姓名）。同時在全朝鮮創建神社，在各戶設置神龕，強制朝鮮人參拜和禮拜。神社數目，在一九三八年前後，朝鮮神宮等大約有二千三百所。除皇民化政策以外，一九四〇年十月，成立與行政機構爲一體之兩面的國民總力朝鮮聯盟，以大約十戶的愛國班爲基本單位，把整個朝鮮人組織起來。

在這樣皇民化和組織化之下，日本動員朝鮮人參加日本人的戰爭。一九三八年和一九四三年，在朝鮮分別實施了陸軍特別志願兵制度和海軍特別志願兵制度，一九四四年實行徵兵制，到日本投降時爲止，有大約二十一萬的朝鮮人被徵召去當日本兵。爲補充日本國內的勞力不足，從一九三九年以「募集」的方式，一九四二年以「官斡旋」的方式，一九四四年以後則以國民徵用令，強制把許多朝鮮人帶到日本國內、琉球、南庫頁島等地，去從事礦山、土木工程、軍隊勞動等苛酷的勞動。其數目，從一九三九年至四五年，達一百萬人以上（註一三）。此外，也有不少朝鮮婦女被強制帶走去充當日軍的慰安婦，而被帶到中國內地和琉球的。

跟滿洲國一樣，朝鮮也是日本的兵站基地，她的經濟也被編入日本戰爭經濟的一環，礦工業被日本掠奪。在農業上，他們被強迫種稻子和賣米給日本。對於反抗日本統治和掠奪的朝鮮人，日本人徹底地予以鎮壓。對基督教也加以迫害，許多朝鮮人牧師和信徒死於獄中。對此，金日成等朝鮮人民革命軍（共產軍——譯者），在滿洲國東南部山岳地帶展開了頑強的抗日游擊戰鬥（譯註④）。

臺灣的情況也與朝鮮大同小異。在臺灣，日本也推動日語之普及，強制參拜神社等皇民化政策，一九四二年四月，以全體臺灣居民爲對象，成立了動員組織皇民奉公會。許多臺灣青年被編成臺灣特設勞務（勞動）奉仕（服務）團，被帶到馬來、菲律賓去充當日軍的隨軍夫役，高山同胞的高砂義勇隊被送往南方的戰線。一九四二年和四三年，分別實行陸軍和海軍的特別志願兵制度，四五年實施徵兵制。到日本投降時爲止，大約有三萬六千名的臺灣人被徵召去當日本兵。

註釋

註一　防衛廳防衛研修所戰史室《戰史叢書　北支の治安戰(一)》，朝雲新聞社，一九六八年，頁三九二。

註二　獨立混成第四旅團《昭和一五年九月一日——九月十八日　第一期晉中作戰戰鬥

詳報》，防衛廳防衛研究所圖書館藏。

註三　察為察哈爾省，冀為河北省，豫為河南省，魯為山東省。

註四　防衛廳防衛研修所戰史室《戰史叢書　北支の治安戰(2)》，朝雲新聞社，一九七一年，頁四二～四三。

註五　石島紀之《中國抗日戰爭史》，青木書店，一九八四年，頁一六四。

註六　日本、美國等十個國家沒有批准。

註七　「白」為三氯化砒素。

註八　《現代史資料(9)日中戰爭2》，頁二三。

註九　同前，頁四〇三。

註一〇　陸軍習志野學校《支那事變に於ける化學戰例證集》，《歷史と人物　增刊　證言・太平洋戰爭》，一九八四年，頁三六八。粟野憲太郎、吉見義明編《十五年戰爭極祕資料集(18)毒ガス戰關係資料》，不二出版，一九八九年，頁四五四。

註一一　一九三九年年底左右，取得、整頓的移民用地一千零六十八萬公畝當中，二百零四萬公畝為既耕地。這等於該年日本國內耕地面積六百零三公畝的三四%。

註一二　朴慶植《日本帝國主義の朝鮮支配（下）》，青木書店，一九七三年，頁六〇。

註一三　也有大約四萬中國人被強行帶到日本，被迫作工。其中在秋田縣花岡礦山、被鹿島組（現今的鹿島建設公司）虐待的中國人，於一九四五年六月三十日起來反抗但被鎮壓（花岡事件）。九百八十六名中國人中，被毆打、虐待、刑訊死亡者達四百一十八人。

譯註①　石井四郎（一八九二～一九五四），千葉縣人，京都大學醫學院畢業，醫學博士，軍醫中將。石井式無菌濾水機的發明者，細菌武器的研究者。請參看拙著〈日本七三一細菌戰部隊違反人性慘無人道為世不容〉，八十四年九月廿一日《台灣日報》，以及〈日軍七三一部隊記錄集將問世〉（八十四年九月廿三日《中央日報》二文。

譯註②　關於蒙疆政權的販賣鴉片情形，請參看陳鵬仁摘．圭口圭一編著〈日中戰爭期阿片政策〉一文，《中國現代史書評選輯》第十三輯，民國八十三年十二月，國史館出版。

譯註③　鮎川義介（一八八〇～一九六七），山口縣人，東京大學畢業。曾任久原礦業、共立企業、東亞電機等公司董事。戰後當選過參議院議員。

譯註④ 關於韓國的獨立運動，請參看胡春惠《韓國獨立運動在中國》，中華民國史料研究中心，民國六十五年。

第二十一章　日本法西斯主義

大政翼贊體制

一九四〇年夏天，因爲德國「電擊戰」的成功而觸發的近衛新黨運動，實擁有各種各樣的意圖和期待。近衛及其親信，欲喚起國民的自發性，以實現能夠對抗軍部的國民的組織，以取代形骸化的國民精神總動員運動，但軍部卻期待出現納粹德國那樣親軍的一國一黨，而各政黨則希望透過參加新黨俾能參與政權，得到好處，故於七月六日，社會大眾黨率先解散，迨至八月十五日，所有政黨皆自動解散。

但受到右翼批評說一國一黨是反國體的「幕府政治」以後，近衛便失去組織新黨的熱情，七月二十二日組織第二次近衛內閣之後，遂將新黨運動改成要「確立強有力的新政治體制」（〈基本國策要綱〉），結果於十月十二日，成立了以首相爲總裁，知事兼任道府縣支部長，由全國國民參加的大政翼贊會。大政翼贊會後來因爲右翼的非難和未能滿足其期待的舊政黨人士的攻擊，於一九四一年四月進行改組，近衛的親信們辭職，成爲由內務省官吏、警察主導輔助行政的國民統制組織。

在另一方面，爲對抗新體制運動，內務省於一九四〇年九月十一日，通達道府縣「部落會、町內會、鄰保會、市町村常會整備要綱」，作爲精神動員運動的下面組織，在全國各地設立部落會、町內會、鄰保班（鄰組）。以十戶左右所構成的鄰保班，以及以它爲單位的部落會、町內會的組織，在內務省、警察的指導之下，於定期舉行的常會傳達政府的方針，是消化國債、回收資源、勞動服務、防空演習等協助國策的機構，也具有居民互相監視的機能。同時這個組織也是生活必需品的配給管道，所以全國國民不管喜歡與否，都得參加。

一九四二年八月十四日，決定在部落會、町內會設大政翼贊會的「世話役」（幹事），在鄰保班設「世話人」（幹事），採取部落會長、町內會長與世話役、鄰保班長（鄰組長）與世話人爲同一個人的方針。因而產生了大約二十一萬的世話役和一百二十三萬的世話人。六月二十四日，大日本產業報國會、農業報國聯盟、商業報國會、日本海運報國會、大日本婦人會、大日本青少年團的官制國民運動六大團體皆統合在大政翼贊會之下。如此這般，完成了由大政翼贊會所主導一元而中央集權的國民統制組織。

但相反地，當初所期待喚起國民的自發性，在大政翼贊會便不可能了。因此在軍部的指導下，仿效納粹德國的禁衛隊，於一九四二年一月十六日，成立了二十一歲以上青壯年自發的同志組織大日本翼贊壯年團（簡稱翼壯），成爲大政翼贊運動的實踐部隊。至於解散了政黨的議員，因大政翼贊會不是政事結社而是公事結社，所以於一九四一年九月二日組織了翼贊議員聯盟。

東條内閣曾欲乘開戰之初的勝利，以鞏固戰爭協力體制，而實施了依候選人推薦制度的翼贊選舉。一九四二年二月二十三日，政府發起翼贊政治體制協議會，推出與法定議員人數同樣數目的四百六十六名候選人，參加競選。此外也有六百一十三名非由政府推薦的候選人參加角逐。選舉運動被取締得很厲害，政府方面透過鄰組動員投票，對非推薦候選人加以種種壓迫。四月三十日投票結果，推薦候選人當選三百八十一人，非推薦候選人當選八十五人，顯示了對翼贊選舉的一定程度的不滿。翼壯當選四十多人，在市町村（市鎮鄉）的議員選舉，也有許多團員當選。五月二十日，由眾議院議員的大部分、貴族院議員的大半，以及各界人士組成了翼贊政治會，這是唯一的政事結社，而出現了一國一黨的狀況。

以政府、官吏機構和大政翼贊會爲主柱，加上翼贊壯年團與翼贊政治會，完成了爲執行亞洲太平洋戰爭之支配和動員國民的政治體制。

天皇制法西斯主義

翼贊體制具有一連串治安對策的加強。對於新聞、出版已經有很嚴格的統制，一九四〇年十二月，作爲統制言論機關設立了內閣情報局，一九四一年一月，根據國家總動員法所制訂的新聞紙（報紙）等揭載（刊載）制限令，限制和禁止刊登外交、財經政策及「其他對執行國策有發生重大障礙之虞的事項」。三月公布的國防保安法，除現有法令所保護的軍事機密和其他國家機密外，新保護「外交、財政、經濟及其他有關重要國務」的國家機密，並課以死刑以下之嚴重處罰。同年三月，治安維持法、軍機保護法和刑法，曾經修正和加強。尤其修改治安維持法時所採用的預防拘禁制度，不許釋放不改變思想立場的政治犯，是一種永遠從社會隔離而世界所沒有的制度。

亞洲太平洋戰爭開戰後沒多久的一九四一年十二月十九日所公布的言論出版集會結

社等臨時取締法，將政事結社、集會和報刊的發行，由申報制改爲許可制，規定處罰散布謠言、惑亂人心等事項。因一九四二年二月公布的戰時刑事特別法，新設和加重了一連串的犯罪和刑罰。

爲正當化翼贊體制和加強治安對策，基於國家神道之國體觀念的天皇、國家的絕對化和至高化，達到極點。一九四一年七月文部省（教育部）教學局所發行的「臣民之道」，「要芟除（個人主義、自由主義、唯物主義、功利主義等）歐美思想之弊」，「每個國民體會肇國之精神，對天皇表示絕對隨順之誠乃爲臣民之道」，「即使是一碗飯，一件衣服，不只是自己的，遊玩、睡覺時沒有離開國家的自我，一切皆與國家有關。故在我們的私生活不要忘記歸一於天皇，服務國家的念頭」。所以於一九四一年四月，爲「遵照皇國之道，實施初等普通教育，以爲國民的基礎鍊成」，將小學改爲國民學校。

一九四一年一月八日，東條陸相對全陸軍公布的「戰陣訓」（註一）說：「命令一下欣然投入死地」，「以從容生於悠久之大義爲喜」，「生不受虜囚之恥辱，死勿留罪禍之臭名」，不許投降和被俘虜，要求「完成守護皇國之大任」（註二）。「玉碎」乃由此而來。

在如上所述翼贊體制、治安對策、國家神道和國體觀念的統治下，凡是被認爲反對這些者，皆毫不寬恕地予以攻擊、鎮壓和排除。早稻田大學教授津田左右吉（譯註①）之有關《古事記》和《日本書紀》的著作，於一九四〇年二月被禁止發行，三月，與其出版者岩波茂雄（譯註②），以違反出版法同時被起訴（監禁三個月，緩刑二年）。同年十一月，《確立經濟新體制要綱》之企畫院原案，被財界、右翼抨擊爲「赤化思想」，起草者和田博雄（譯註③）等十七人，於一九四一年一月至四月，以違反治安維持法被起訴（企畫院事件）。同年九月以後左爾格、尾崎秀實（譯註④）等人，以「國際間諜團」被檢舉（左爾格事件），左爾格、尾崎以違反國防保安法被判處死刑（此外有五個人死於獄中）。

亞洲太平洋戰爭一爆發，立刻進行大規模的逮捕和預防拘禁，並加強言論和出版的管制。尤其一九四二年九月以後，在揑造說是重建共產黨陰謀的橫濱事件（泊事件）中央公論社和改造社等編輯人員數十人被捕，四人死於獄中，這兩家著名的雜誌社因此不得不停刊。日本軍部對於宗教也很壓迫，創價教育學會首任會長牧口常三郎死在監獄裡，基督教方面也有殉教者。

開始十五年戰爭時之政治體制的天皇制立憲主義，從五一五事件到天皇機關說事件、二二六事件、制訂國家總動員法，至成立翼贊體制，逐漸喪失其立憲主義的層面，而變成新的政治體制。這是以天皇爲頂端的國家權力之下，對內完全剝奪基本人權和人民的政治自由，對於認爲異端的則加以迫害和施行恐怖手段，徹底根除，將國民納入畫一的組織，連其私生活都要爲天皇和國家服務；對外，如借用「臣民之道」的說法，則要與立基於「新民族主義，全體主義原理」的德義攜手，打破「將世界人類置於個人主義、自由主義、唯物主義等支配之下的舊秩序」，總動員國民參加建設以「八紘一宇」爲基本理念的「世界新秩序」之戰爭的政治體制。這種政治體制與德國和義大利同是法西斯主義，而在將其權力及統治的根據求諸於天皇和國體的尊嚴這一點，可以叫做天皇制法西斯主義。而這樣的體制，如前面所述，也及於朝鮮、臺灣和滿洲國。

東條的獨裁與昭和天皇

日本法西斯主義是爲完成中日戰爭和亞洲太平洋戰爭之國家總動員的政治體制，這個事實絕對地加強了戰爭之直接擔任者的軍部在國家權力中的比重和發言權。前面說過，亞洲太平洋戰爭是軍部爲維護其存在和機構的戰爭。日本法西斯主義，在天皇所統率之陸海軍的利害與要求獲得優越於其他一切的地位這一點上，是天皇制法西斯主義。

而具體表現軍部之發言力和優越的是東條英機陸軍大將。一九四一年十月組閣的東條，除內相之外，第一次首相兼陸相，因而掌握了絕大的權力。東條更以其親信占憲兵隊之要職，將憲兵作爲私兵驅使，鎮壓批判東條的勢力。爾後東條又兼任創設於一九四三年十一月的軍需相，一九四四年二月就任參謀總長（註三），集政略、軍略、軍政和軍令之權力於一身，故人們稱其爲「東條的獨裁」。

但東條的權力還是無法介入海軍，因此未能達成國務與統帥的完全一元化。同時，東條的獨裁是以開戰初期預想以上的勝利爲背景，以及昭和天皇給予庇護和信任才有可能實現。東條致力於忠於天皇的意志，而頻繁地透過祕密上奏以確認天皇的意向來行動，由此獲得天皇絕大的信賴和期待，而保持他的權勢。在另一方面，天皇雖然是權力的最高和最後保持者，但其權力之泉源乃在於其超越性和神祕性，因此天皇權力的執行，完全委諸東條的獨裁。在這種意義上，天皇制法西斯主義的最高權力，係由昭和天皇以下皇宮派以及東條以下的軍部互相依賴所分有。

隨戰局的惡化，人們對東條獨裁的不滿和反彈大增。又隨莫大的消耗，暴露了日本國力的脆弱和生產力的極其有限，更因爲迅速不足的生產力、原料和資材的分配問題，繼而以船舶和飛機爲焦點，政府（民需）和軍部（軍需）、陸軍與海軍的對立抗爭日趨嚴重。陸海軍的抗爭，甚至發展到不可收拾的地步，一九四四年二月，昭和天皇直接介入之後才獲得妥協。與此同時，對於戰爭和政治的指導，天皇的干預也與日俱增。昭和天皇曾頻繁地指導統帥部對美軍的決戰，以及出於積極而果敢的攻勢或防禦，有時候下比統帥部的作戰擔任者更正確的判斷，而顯示了作爲大元帥的非凡能力（註四）。

丟了馬里亞納羣島以後，對東條獨裁的不滿和反彈達到極點，因此重臣、海軍、翼贊政治會等開始進行打倒東條的工作。對此，東條驅使憲兵拼命欲保住其政權，但既被昭和天皇看破，也被重臣所厭惡，故終於一九四四年七月十八日提出總辭職。

繼而由朝鮮總督小磯國昭陸軍大將和前首相米內光政海軍大將組織聯合內閣，於七月二十二日，成立了首相小磯、海相米內、外相兼大東亞相重光葵等的內閣。組閣時，小磯曾要求參加大本營，但陸軍表示反對，故另行設立「負責指導戰爭之根本方針的策定及政戰兩略之吻合調整」爲任務，以參謀總長、軍令部總長、首相、外相、陸相、海相爲成員的最高戰爭指導會議（註五、六）。但實際上與從前的大本營政府聯絡會議沒有什麼兩樣，國務與統帥的分裂問題並不因此而獲得解決。

戰爭經濟及其崩潰

日本陸海軍的武器生產指數，如果以一九三七年爲一〇〇，則四一年爲六五三、四二年七一三、四三年九五〇、四四年達一二一九。但一般工礦業的生產指數，以四一年的一六九爲高峯，四二年爲一四二、四三年一一四、四四年更下降到八六，尤其纖維、糧食品等民需生產大減。日本的綜合經濟力，以一九三九至四〇年爲最高峯，到亞洲太平洋戰爭則開始衰退，但軍需生產卻大爲增加，無非是犧牲了國民生活的結果。軍事費用在國家財政所占的比率，一九三一年爲百分之三十點八，但於三七年則增加到百分之六十九點二，四一年百分之七十五點六，四二年百分之七十七點二，四三年百分之七十八點五，四四年更達到百分之八十五點三。

一九四一年八月，根據國家總動員法制訂了重要產業團體令，作爲一業一統制會的一元的統制機構，一共成立了鋼鐵、煤、礦山、水泥、汽車等二十一個統制會，而其主導權則操在財閥系的有力公司手裡，獨占資本由之獲得了龐大的戰時利益。以統制會媒介，國家與獨占資本結合的結果，確立了戰時國家獨占資本主義，因而財閥獨占體的生產和資本更加集中。三井、三菱、住友三大財閥手下公司已繳資本金的市場占有比率，以一九三七年與一九四六年比較時，在金融業爲一五點七比三二點七，在重工業則爲一四點五比三一點六，共計九點〇比二二點八，由此可見其增加之情況。

日本發動亞洲太平洋戰爭的根本目的，如前面所說，乃在於欲從東南亞「迅速獲得（石油等）重要資源」，因而以武力占領東南亞，而爲達到此目的，必須將資源運到日本。可是由於美國潛水艇等的攻擊，和日本海軍輕視海上警衛作戰，導致船舶預料之外的損失，運輸資源到日本，大幅未能達到其期待和計畫，因而戰爭經濟迅速崩潰。

兵力和軍需產業勞力的國民動員在亞洲太平洋戰爭之下，達到極限。一九四三年九月以後，加緊動員女子勞力，一九四四年八月，依女子挺身勤勞令編成女子挺身隊。學生勤勞動員，從一九四三年六月以後正式開始，該年十二月，除理科、教員養成學校以外，二十歲以上的男生一律入伍（叫做「學徒出陣」，即全部服兵役）。

此時，資本家的利潤並未受到限制，但工人的工資卻被抑制，加以通貨膨脹，實質工資指數（以一九三四至三六年爲一〇〇），卻從一九四一年的七九點一，至一九四五年竟降到四一點二。物資的不足，給人民生活很嚴重的影響。從一九四一年四月起，主食開始採取配給制度，繼而糧食統統改爲配給，衣料品及其他生活必需品皆以配給來限制。國民生活於飢餓和物質不足中，並流行比公定價格高數十倍甚至一百倍以上的黑市。但在亞洲太平洋戰爭下日本本土的日本國民沒有一個人餓死，反此，被日本掠奪米糧的越南，據説餓死了一百萬至兩百萬人。

在日本國民之間雖然瀰漫了不安和厭戰氣氛，但積極的反戰一直未擡頭，只有野坂參三、鹿地亘等人在中國大陸組織日軍俘虜，從事反戰活動。

註釋

註一　根據木坂順一郎的説法，原案有「強盜強姦是畜牲的行為……」等文字，惟其將暴露日軍的野蠻行為，故被删除。

註二　現代法制資料編纂會編《戰時、軍事法令集》，圖書刊行會，一九八四年，頁三七〇～三七三。

註三　與此同時，海相嶋田繁太郎兼任軍令部總長。

註四　山田朗《昭和天皇の戰争指導》，昭和出版，一九九〇年。

註五　必要時，其他國務大臣、參謀次長、軍令部次長也出席，内閣書記官長和陸海軍兩軍務局長擔任幹事。

註六　稻葉正夫編《現代史資料(37)大本營》，みすず書房，一九六七年，頁四九二～四九三。

譯註①　津田左右吉（一八七三～一九六一），岐阜縣人，東京專門學校（早稻田大學前身——譯者）出身。曾任早稻田大學教授，獲文化勳章，著作甚多。

譯註②　岩波茂雄（一八八一～一九四六），東京大學畢業。岩波書店創辦人，在日本最早出版袖珍本，對推廣出版物極有貢獻。

譯註③　和田博雄（一九〇三～一九六七），崎玉縣人，東京大學畢業。曾任農林省政務局長、農相、參議院議員。

譯註④　尾崎秀實（一九〇一～一九四四），東京人。中國問題專家，曾任朝日新聞記者，牽連俄國間諜左爾格案，被處死刑。作家尾崎秀樹是他的弟弟。

第二十二章　戰線的崩潰

菲律賓戰役

因一九四四年七月至八月，馬里亞納羣島的失陷，以及馬里亞納海戰的慘敗，「絕對國防圈」爲之崩潰，日本的戰爭指導方針面臨根本的破產。大本營於七月二十四日決定「陸海軍日後的作戰指導大綱」，「本年度後期要進攻美軍主力，指導決戰，以粉碎其企圖」，而決定一號（菲律賓方面）、二號（南西羣島、臺灣方面）、三號（日本本土方面）的「捷號」決戰方針（註一）。根據這個方針，陸軍將重點放在菲律賓，集中兵力，要在呂宋島從事地上作戰，惟因超出預料的船舶損失，海上運輸陷於很大的困難，無法加強戰備。

攻略馬里亞納的美軍，準備進攻菲律賓，九月十五日，登陸巴拉奧羣島的柏利留島，十七日登上安高爾島，而建立了攻擊菲律賓的據點。繼而由哈爾哲上將所指揮的美國第三艦隊從十月九日至十二日轟炸了南西羣島和臺灣。豐田聯合艦隊司令長官以基地航空部隊的全力攻擊美國機動部隊，日本大本營發表說於九月十九日，在臺灣海面的空戰，曾擊沈十一艘航空母艦和兩艘戰艦的「大戰果」，但這是訓練不夠的飛行員的錯誤，實際上只是給對方兩艘巡洋艦大損傷。

在這期間，由麥克阿瑟上將統率的美軍大船隊已逼近雷特島，十月十八日，乘暴風雨進入雷特灣。該日，大本營發動捷一號作戰，變更原來預定在呂宋島決戰的方針，決定在雷特島「統合空海陸之總力決戰」（註二）。因此，寺內壽一南方軍總司令官命令第一四方面軍（軍司令爲山下奉文大將）從事雷特決戰。與此同時，聯合艦隊也以全部軍力出擊，第一游擊部隊（司令長官栗田健男中將——譯註①——戰艦五艘、重巡洋艦十艘等）從聖別那吉諾海峽；第三游擊部隊（西村祥治中將——譯註②——戰艦二艘、重巡洋艦一艘等）和第三游擊部隊（志摩清英中將——譯註③——重巡洋艦二艘等）從斯里卡奧海峽，預定衝進雷特灣美國泊地，機動部隊本隊（小澤治三郎中將，航空母艦一艘、小型航空母艦三艘、航空戰艦二艘等）扮演拖住美國機動部隊的「囮子艦隊」角色。

但從十月二十三日至二十五日一連串菲律賓海面海戰的結果，日軍雖然誘出了美國機動部隊，但未能攻入雷特灣，美國損失一艘航空母艦、二艘護航航空母艦、三艘驅逐艦，但日軍卻失去了三艘戰艦（武藏、山城、扶桑）、一艘航空母艦（瑞鶴）、三艘小型航空母艦、六艘重巡洋艦、三艘輕巡洋艦、八艘驅逐艦、六艘潛水艇，一共三十艘，所以日本聯合艦隊被消滅了（註三）。

在這次戰鬥，第一航空艦隊司令長官大西瀧治郎中將（譯註④），編成以零戰戰鬥機載二百五十公斤炸彈來衝撞美軍軍艦的神風特別攻擊隊，二十四日，在關行男大尉指揮下出擊。陸軍也編成萬朵隊、富岳隊等特攻隊，而從十一月中旬以後，特攻則以航空攻擊爲主體。特攻戰法起初雖然給予美軍很大的衝擊，但這是迅速消耗航空兵力的絕望手段，迨至十一月中旬，雷特島的制空權便落在美軍手中。

菲律賓海面海戰的慘敗和失去制空權，決定了日本在雷特島決戰的敗退。雷特島的日軍一直未能獲得補給，苦戰之後於十二月幾乎完全消滅（戰死七萬九千二百六十一人，生還者大約二千五百人）。美軍於十二月十五日登陸民多羅島，一九四五年一月九日，由呂宋島的林卡恩灣登陸。二月三日，美軍攻進馬尼拉市，展開巷戰，日軍爲菲律賓人的抗日游擊隊和協助美軍的活動所困，二月底，馬尼拉成爲廢墟，在馬尼拉的日軍悉數消聲匿跡。第一四方面軍曾在山林裡欲採取持久戰，因得不到當地居民的支持，糧食罄盡，終在山中倉皇四散。

雅爾達協定、近衛上奏文

一九四三年十一月，美國羅斯福總統、英國邱吉爾首相和中華民國蔣中正委員長在開羅舉行會談，十一月二十七日，發表中美英三國表明戰爭目的的開羅宣言。開羅宣言說，中美英三國正在從事制止和處罰日本侵略的戰爭，她們沒有擴張領土的意圖，聲明三國的目的是要剝奪日本在第一次世界大戰以後所奪取的太平洋羣島，將滿洲、臺灣和澎湖羣島歸還中國，以及令朝鮮獨立，爲達到此目的，與盟邦合作，「繼續採取爲使日本國無條件投降所需之重要而長期的行動」（註四）。

繼而在德黑蘭，羅斯福、邱吉爾和蘇聯首相史大林（或譯「史達林」）舉行了首腦會談，確認蘇聯所要求由美英聯軍開闢第二戰線（註五），同時史大林答應美國參加對日作戰。

美英蘇三國首腦於一九四五年二月，在蘇聯克里米亞半島的雅爾達舉行會談，就處理戰後歐洲政治和領土問題以及成立保障世界安全的機構問題獲得共識，在會議最後一天的二月十一日，簽訂了對日祕密協定（對中國而言，更是祕密協定——譯者）。

羅斯福深信，爲戰勝日本，必須進行對日本本土登陸作戰，而爲了日本本土登陸作戰，需要蘇聯參加對日戰爭，以減輕美國的負擔。對此，史大林提出要使蘇聯國民能夠接受對日參戰的代價，羅斯福同意了史大林的要求。結果成立了雅爾達協定，其主要內容如下：德國投降二、三個月以後蘇聯要參加對日作戰，其條件爲，維持外蒙古（蒙古人民共和國）的現狀（註六），將庫頁島南半部還給蘇聯，承認蘇聯在大連港的優先利益，恢復蘇聯租借旅順作爲海軍基地的權利，中東鐵路和南滿鐵路的中蘇合營，以及將千島列島交給蘇聯等等。

盟國對結束對日戰爭作了重要的決定，而日本對結束戰爭也提出重要的建議。因馬里亞納羣島的失陷和菲律賓戰事的敗退，昭和天皇和皇宮非常不安和不滿。因而從二月七日至二十六日，平沼騏一郎、廣田弘毅、近衛文麿、若槻禮次郎、牧野伸顯、岡田啟介和東條英機分別向昭和天皇表示對戰局的意見。其中，獨近衛於二月十四日準備奏文，斷定「遺憾的是敗戰已不可避免」，並說「敗戰雖然是我國體的瑕疵，但在今日英美的輿論並未至要變革（我）國體，……因此如果只是敗戰，似可不必太擔心國體問題。從維護國體這個前提最值得憂慮的是，因爲戰敗而可能發生的共產革命」，他認爲推動九一八事變以來之戰爭的軍部內「革新運動」的一夥爲「共產分子」，故主張「一掃」這些人，「應迅速設法結束戰爭的方法」（註七）。

青年時代大聲疾呼打破以英美爲本位的世界支配秩序，以首相身分推動亞洲門羅主義擴張政策的近衛，面臨其擴張政策完全破產和大日本帝國全面崩潰的危機，他意圖清算皇宮派與軍部互相依賴的分有權力狀況，在天皇聖斷下，斷然實行排除軍部、結束戰爭、回歸與美英合作的大轉變，以確保「維護國體」，亦即爲天皇制之核心的天皇地位和權能的保全與安泰。這是日後爲維護國體之結束戰爭工作的基本構想。

但昭和天皇卻表示：「梅津（美治郎參謀總長）和海軍說，這次如果能把敵人誘來臺灣（附近）則能予以打擊，然後再採取外交手段」，昭和天皇「對局勢似乎並不很悲觀」（註八）。故（昭和天皇）沒有採納近衛的奏文，而從在亞洲太平洋戰爭日本國民所受慘禍的大半發生於一九四五年三月以後來看，昭和天皇的這個選擇實具有重要的意義。

轟炸日本本土與硫黃島戰役

美軍攻擊馬里亞納羣島的最大目的，在於獲得B29轟炸日本本土的基地。美軍占領馬里亞納羣島之後，立刻開始建設基地，一九四四年十月十二日以後，B29逐漸集中於塞班島、關島和德尼安島基地，在第二〇航空軍（軍司令官爲亞諾特〈Henry 'Hap' Arnold〉上將）指揮之下設第二一轟炸兵團，並吸收了成都基地的第二〇轟炸兵團。

馬里亞納基地的B29，於十一月一日，從一萬公尺以上的高空首次偵察東京，十一月二十四日，首先轟炸中島飛機公司武藏野工廠，繼而從高高空轟炸東京、名古屋、大阪、神戶等地的飛機工廠。日本的航空戰鬥機鍾馗、飛燕、屠龍等，在高高空無法對B29作有效的攻擊，以特攻隊的衝撞攻擊也未能阻止B29的來襲。

在另一方面，因美軍高高空轟炸未能獲得預期的成果，所以在一九四五年一月，任命擔任第二〇轟炸兵團司令官時曾有成果的魯美（Curtis Le May）少將爲第二一轟炸兵團司令官。二月十九日，亞諾特司令官下令以燒夷彈轟炸市街優先於轟炸飛機工廠。

二月二十五日，魯美作爲高高空燒夷彈轟炸東京的嘗試，從三月十日上午零時起兩個多小時，以三百四十四架 B29 低空攻擊東京，投下大約二千公噸的燒夷彈。因剛好有大風，而發生空前的大火災，等於首都東京的大約百分之四〇四十平方公里，二十六萬七千一百七十一戶被燒掉，根據警視廳（首都警察局）的發表，死了八萬三千七百九十三人，推斷死者達十萬人以上。

眼看轟炸東京很成功的魯美，於三月十二日轟炸名古屋，十三日至十四日大阪，十七日神戶，十九日和二十五日又轟炸名古屋，都是夜間的燒夷彈攻擊，皆由二百至三百架 B29，投下了一千五百至二千三百公噸的燒夷彈。由於這個轟炸，東京等五大城的大半成爲廢墟，人民陷於恐怖之中，飛機工廠的生產降到被轟炸前的百分之四十。

在此期間的二月十九日，美軍動員七萬五千的兵力登陸了硫黃島。日機雖然屢次從硫黃島基地轟炸塞班島，但如果美軍確保了位於東京與塞班島之間的硫黃島，就能夠以戰鬥機和轟炸機聯合空襲東京，也可以利用於 B29 的緊急降落，且由於硫黃島在行政轄區上屬於東京都，所以硫黃島的喪失在心理上曾給日本很大的打擊。

在硫黃島，日方配備有由栗林忠道（譯註⑤）中將指揮的陸軍大約一萬五千五百人和海軍大約七千五百人。日軍的坑道陣地長達大約十八公里，採取持久戰的方針。在太平洋戰線，硫黃島的戰爭最爲激烈（美國有「硫黃島」戰役的電影——譯者），美軍也付出了意料之外的代價，但卻將日軍追往該島北部。栗林中將於三月十五日，向大本營發出訣別電報，與剩下的兵力八百人作最後的攻擊，戰鬥到二十七日自殺。日軍戰死二萬一千三百零四人，美軍死傷二萬三千人。

失去琉球

三月二十三日，結束琉黃島戰役以後，美國機動部隊開始猛攻琉球（沖繩）羣島，二十六日登陸慶良間羣島，四月一日登陸琉球本島。進攻琉球的美軍，包括英國的機動部隊，艦船大約一千四百艘，航空母艦載的飛機一千七百架，人員達四萬五千多人，由第一〇軍司令官巴克納（Simon Bolivar Buckher）中將統率的陸海軍十八萬三千人登陸了琉球本土。

琉球本土有第三二軍（軍司令官爲牛島滿——譯註⑥——中將）的主力，因爲雷特戰役，一九四五年一月，最精銳的第九師團（金澤）調往臺灣的結果，其兵力成爲大約七萬七千人，裝備也差。因此，牛島軍司令官決定放棄位於琉球本土中部的北、中機場，並在島的南部採取持久戰法，所以美軍於四月一日便占領了北、中機場。無論是美國或日本哪一方都以確保航空基地視爲琉球最高戰略價值的大本營和陸海軍航空部隊對此非常驚愕，加以昭和天皇表示「現地軍爲何不出於攻勢」（註九），故要求第三二軍出於攻勢。第三二軍一再延期停止出於攻勢之後，於四月十二日，實行總攻擊，但蒙受很大損失，而轉變爲持久戰。

另一方面，因「陛下問起是否只有航空部隊的總攻擊」（註一〇），豐田聯合艦隊司令長官遂於五月五日，命令由戰艦大和與第二水雷戰隊（輕巡洋艦矢矧、八艘驅逐艦）組成的海上特攻隊（指揮官爲伊藤整一中將）衝進琉球。把剩下燃料湊在一起的海上特攻隊，於五月六日從德山錨地經由豐後水道出擊，七日下午，在九州西南海面遭到美機的攻擊，大和、矢矧等四艘驅逐艦與三千七百二十一名的日本官兵沈於海底。如此一來，日本聯合艦隊的海上兵力歸於消滅。

可是日本聯合艦隊仍然嘗試「投入指揮下的一切航空戰力以總追擊」（註一一），再三動用特攻隊，和以火箭推進的「人身炸彈櫻花」來進攻。但陸軍卻將日本本土當作最後的決戰場，視琉球戰役爲日本本土決戰的出血持久前哨戰，故不欲投入一切航空戰力，而與意圖在琉球進行決戰的海軍對立。因此，從四月六日到六月二十二日，日本陸海軍投入了二千三百九十三架的特攻機，航空母艦二十二至二十五艘、戰艦四艘、巡洋艦二十四艘等，一共四百零四艘被擊沈或擊破。而美軍的損失，被擊沈三十六艘，其中並沒有航空母艦、戰艦和巡洋艦。

在琉球本島，受到美國登陸軍壓倒性優勢的攻擊，日本第三二軍的戰線於四月底五月初崩潰，到五月下旬，兵力減至大約三萬人，而被追到琉球本島西南端的喜屋武崎。日軍固守洞窟陣地，繼續作絕望的抗戰，六月二十三日，牛島司令官等軍首腦自殺，戰鬥以日軍之幾乎完全消滅收場，殘兵又曾意圖抵抗。

因不許投降之日軍的玉碎戰法而被拖累的非戰鬥員、民間的悲慘命運，在塞班島已經歷過，而琉球戰役的情況則是規模更大和更加殘酷。第三二軍總動員了縣民五十七萬人當中，小學六年級以上男子，以協助構築陣地和補救作業等等，召集滿十七歲以上至四十五歲的男子大約二萬五千人組成防衛隊，以參加戰鬥（其中大約一萬三千人戰死）。同時從縣內的一切中學（當時日本的中學爲五年制——譯者）和女中徵召兩千人以上男女學生，組織鐵血勤皇隊和「山丹隊」等學生隊從軍（其中戰死了一千一百零五人）。至於婦女老少則採取疏散到島外的方針，在美軍登陸之前疏散了大約八萬人，爾後大約五萬八千人避難於琉球本島北部，但剩下來的人卻直接被捲入戰鬥，除遭到被形容爲「鐵的颱風」之美軍激烈的砲轟外，被集體殘殺、暴行、強姦和強制勞動等，極其悲慘。逃到本島北部的縣民，則爲飢餓與瘧疾所困，令人鼻酸非常。飢餓、瘧疾的「地獄」，尤其在宮古、八重山等離島更是嚴重。

琉球戰役的陣亡人數，日本本土出身軍人六萬五千九百零八人，琉球出身軍人軍屬（在軍事機關服務的文職人員——譯者）二萬八千二百二十八人，一般老百姓的犧牲者爲大約九萬四千人，如果加上因瘧疾病死者和餓死者，可能爲十五萬人左右。反此，美軍的陣亡者爲一萬二千五百二十人。

琉球縣民之悲劇，由於日軍殺害縣民而大增。在慶良間羣島，有五百五十三人被強制集體自殺，在久米島，包括以間諜嫌疑的朝鮮人一家七口（夫婦與幼兒五人）在內的二十人被處刑。在琉球本島，常以間諜嫌疑或妨礙戰鬥等理由處刑、殺害居民。被日軍殺死的琉球人，包括集團自殺者，達八百人以上。

此外，可能有一萬至兩萬名的朝鮮人被帶到琉球，男的充當軍夫，女的爲從軍慰安婦（關於慰安婦，請參閱拙稿〈慰安婦問題日政府難以卸責〉和〈日曾強迫荷蘭婦女從事慰安婦〉，分別刊登於民國八十一年七月十九日和二十四日的《臺灣日報》副刊——譯者），而死了很多人。同時欲逃亡、投降而被日軍幹掉的朝鮮人，也為數不少。

註釋

註一　防衛廳防衛研究所戰史室《戰史叢書　大本營陸軍部(9)》，朝雲新聞社，一九七五年，頁五四～五四。

註二　同前，頁三七八。

註三　菲律賓海面戰役，戰艦金剛與新造航空母艦信濃被美國潛水艇擊沈，一九四四年年底日本的主力艦為戰艦三（大和、長門、榛名）、航空戰艦二（伊勢、日向）、航空母艦四（隼鷹、龍鳳、天城、葛城），惟因裝載飛機不足，航空母艦無法出擊，而欠缺航空母艦的戰艦不但無從發揮其威力，而且燃料不繼，無法行動。反此，當時美國，在第一線擁有二十四艘航空母艦。

註四　《主要之書》，頁五九四～五九五。

註五　美英聯軍於一九四四年六月六日登陸諾曼第，呼應蘇聯的東方第一戰線，而形成第二戰線。

註六　這是在開羅會議，相對於蔣中正主張擬將外蒙古編入中國而提出者。

註七　《主要文書》，頁六〇八～六〇九。

註八　細川護貞《細川日記》，中央公論社，一九七八年，頁三五四。

註九　防衛廳防衛研修所戰史室《戰史叢書　大本營陸軍部(10)》，朝雲新聞社，一九七五年，頁一一三。

註一〇　防衛廳防衛研修所戰史室《戰史叢書　大本營海軍部・聯合艦隊(7)》，朝雲新聞社，一九七六年，頁二七四。

註一一　同前，頁二八六。

譯註①　栗田健男（一八八九～），茨城縣人，海兵、水雷校畢業，中將。曾任第七、第三戰隊司令官、第二艦隊司令長官、海兵校長。

譯註②　西村祥治（一八八九～一九四四），秋田縣人，海兵、海大畢業，中將。曾任第四水雷戰隊、第七戰隊司令官、第二艦隊司令長官，戰死於雷特灣。

譯註③　志摩清英（一八九〇～一九七三），宮崎縣人，海兵、海大畢業，中將。曾任通信學校校長、第五艦隊司令長官、高雄警備府長官兼第一航空艦隊司令長官。

譯註④　大西瀧治郎（一八九一～一九四五）兵庫縣人，海兵畢業，中將。曾任第一航空艦隊司令長官、軍令部次長，日本投降時自殺。

譯註⑤ 栗林忠道（一八九一～一九四五），長野縣人，陸士、陸大畢業，中將。曾任第二十三軍參謀長、第一〇九師團長，戰死於硫黃島，晉昇大將。

譯註⑥ 牛島滿（一八八七～一九四五），鹿兒島縣人，陸士、陸大畢業，中將。曾任第十一師團長、陸士校長、第三十二軍司令官，戰死於琉球，晉昇大將。

第二十三章　波茨坦宣言與投擲原子彈

日本本土的決戰體制

小磯（國昭）內閣在被稱爲「天王山」的菲律賓戰役戰敗，美軍登陸琉球，透過汪精衛政權之一員而又與重慶有接觸的繆斌，其對重慶和平工作也失敗，故於一九四五年四月五日提出總辭職。日皇命退役海軍大將、樞密院議長鈴木貫太郎組閣，四月七日新內閣降世。對陸相，以「一定要完成戰爭」，「要毫無躊躇地實行爲（日本）本土決戰必勝之陸軍所企圖的諸政策」爲入閣的條件（註一）而由阿南惟幾大將出任，海相由米內光政留任。前外相東鄉茂德令首相鈴木同意「要繼續戰爭實際上已經很困難，相信不可能再打一年仗」，「擬設法早日結束（戰爭）」（註二）之後，於四月九日就任外相兼大東亞相。

美軍從馬里亞納基地轟炸日本本土，因燒夷彈的消耗和協助琉球作戰而暫時停止，但自四月七日以後，硫黃島基地的P51亦參加而再度開始，五月二日解除支援琉球作戰的任務以後，因五百架規模的B29實施大轟炸，迨至六月中旬，東京、大阪、名古屋、神戶，橫濱、川崎的六大都市，幾乎完全成為廢墟，軍需工廠亦因大型炸彈的密集轟炸而毀滅。燒光大都市的B29，從六月十七日以後，則開始轟炸中小都市，因此日本全國面臨了空襲的威脅和破壞。軍需生產崩潰，數百萬人遭受災害，國民的戰意大受影響。

轟炸都市與工廠的同時，B29於三月二十七日，以關門（下關與門司）海峽為開端，對日本全國的水路、港灣陸續投擲水雷，予日本的海上運輸以很大的打擊。從美軍基地琉球起飛的轟炸機和戰鬥機，聯合轟炸北九州，同時機動部隊的艦載飛機也參加攻擊。迨至七月，美國戰艦等已接近日本本土，釜石、室蘭、日立、勝田、濱松等都市遭到美國軍艦的砲擊。

在這期間的歐洲戰線，於四月二十二日，蘇軍攻進柏林，三十日，希特勒自殺。五月一日，柏林淪陷，七日，德國無條件投降。法西斯擴張主義同盟，剩下垂危的日本以外，全部都被消滅了。

在戰局全面絕望的情況中，軍部並未放棄日本本土決戰的希望，二月下旬，軍部起草了以日本本土原有兵團數一〇師團、六獨立混成旅團、一戰車師團，加上從滿洲轉用三師團和一戰車師團，另外新動員四〇師團、一六獨立混成旅團和六戰車師團的計畫，惟這是以在鄉軍人爲首的所有男子的動員，包括許多未教育兵和老兵，裝備又差，因此「以先求人和爲第一要義」（註三）。三月三十一日，在大本營進轄下，新設了負責東日本作戰的第二總軍（軍司令官杉山元元帥），擔任西日本作戰的第一總軍（軍司令官畑俊六元帥）和航空總軍（軍司令官河邊正三大將）。

四月八日，陸軍決定日本本土作戰計畫〈決號作戰準備要綱〉，在「帝國陸軍應迅速加強戰備，確立必滅敵人之戰略態勢，在本土要域迎擊主敵美國之侵寇」的基本方針下，「應利用國土的特性，尤其要發揮軍民一致、舉國皆兵的傳統精神，以達成作戰的目的」（註四）。

同一天，作爲官兵面對日本本土決戰的精神準備，四月二十一日，軍部公布了「決戰訓」。它意想天開地命令「皇軍要死守皇土。皇土是天皇所居住，神靈安息之地。誓必擊攘外夷之侵襲，即使倒斃亦要以魂魄予以守護」，「貫徹舉軍衝撞之精神，必死敢鬥，舉凡侵犯皇土者皆予屠殺，不使一人生還」，以發揮舉軍特攻化的精神（註五）。

「決戰訓」是「一億國民的戰訓」，它要求「全國國民要貫徹衝撞的精神」（註六）。

杉山第一軍總司令官於四月十九日指示：「爲打死一個敵人，我不惜犧牲十個人」，「以槍戰十人」（註七）。

三月二十六日，小磯內閣會議「爲防衛國土，總動員全國國民挺身以爲國家的緊急情況盡力」，決定了國民義勇隊的編成（註八）。鈴木內閣繼承這個方針，於五月三十日和六月十三日，分別解散翼贊壯年團和大政翼贊會，並將其改編爲國民義勇隊。而爲予國民義勇隊的戰鬥組織化以法律上的根據，於六月二十二日公布和施行義勇兵役法，從年齡達十五歲那一年的一月一日起，至六十歲那一年的十二月三十一日的男子，以及年齡達十七歲那一年的一月一日起，至四十歲那一年的十二月三十一日的女子，都要服義勇兵役，並開始著手編成國民義勇戰鬥隊。它的口號是「一億特攻」。

停戰工作

除對重慶中華民國政府的和平工作以外，小磯內閣也曾經意圖透過對蘇外交工作以打開局面，但未能獲得任何成果。小磯內閣於四月五日提出總辭職，蘇聯通知日本不延期日蘇中立條約，而予日本的戰爭指導者很大的衝擊。蘇聯對日參戰的可能雖然大增，但於一九四四年，關東軍的大部分常設師團皆被動員於南方和琉球作戰，剩下的三個師團也於一九四五年三月被轉用日本內地，因匆匆新設師團，所以完全不能抵抗蘇軍。

德國已於五月七日投降，在雅爾達會談所決定蘇聯對日參戰的日期漸近，但日本對此卻毫無所知。五月十四日，最高戰爭指導會議之成員的會議，爲謀求防止蘇聯參戰，以及爭取蘇聯的好意，以請其居間調停結束戰爭，商議了對蘇交涉。這是一向敵視蘇聯之日本戰爭指導者一廂情願的期待（幻想）。爲使對蘇交涉順利成功，該項會議確認：將南庫頁島歸還蘇聯、取消漁業權、開放津輕海峽、讓渡北滿各鐵路、蘇聯在內蒙古的勢力範圍、租借旅順和大連，以及準備讓出北千島列島，但保留朝鮮，「要儘量維持滿洲帝國的獨立」（註九）。是即滿洲是十五年戰爭的根本原因，日本徹底執著的對象。根據這個方針，受東鄉外相委託的前首相廣田弘毅，於六月三、四日，與蘇聯駐日大使馬立克（Iakov Aleksandrovich Malik）會面，但只是作了抽象的試探。

繼六月六日的最高戰爭指導會議之後，六月八日的御前會議決定了「今後應採取之戰爭指導大綱」。在「以七生盡忠之信念爲源力，以人和地利徹底完成戰爭，以維護國體，保衛皇土，來達到征戰之目的」的方針下，「迅速加強皇土的戰場態勢，集中皇軍之主戰力於此」，「以期對蘇對支施策之活潑強力的實行」，「以整備適應皇土決戰，貫徹國民戰爭之本質的各種態勢」（註一〇）。是以御前會議所決定的是絕望的日本本土的決戰方針。

焦慮事態的內大臣木戶幸一，於六月八日起草了收拾時局的對策試案。他以本年度下半年以後，日本將根本失去從事戰爭之能力，「引起人心之不安」，「下爲萬民，擬懇請天皇陛下立勇斷」，「奉陛下之親書以居間調停國交涉」，以締結「榮譽之媾和（最低限度亦不得已之事）」（註一一）。六月九日，聽取木戶之意見的昭和天皇，同意木戶的意見。本期待陸海軍之反擊的昭和天皇，得知本土決戰的準備根本不行以後，遂認爲除結束戰爭以外，別無選擇。

琉球本島的日軍完全消聲匿跡的六月二十二日，昭和天皇召集了最高戰爭指導會議成員的鈴木首相、東鄉外相、阿南陸相、米內海相、梅津參謀總長和豐田軍令部總長，告訴「關於戰爭之指導，上次御前會議已有所決定，至於結束戰爭，不必爲以往觀念所拘束，盡快作具體的研究，希望努力實現」。梅津答說：「雖然沒有異議，但其實施要慎重」，昭和天皇問：「當然要慎重，但會不會因爲這樣而失去時機」，梅津「明白奉答需要盡快」（註一二）。

基於昭和天皇的意向，自六月二十四日至二十九日，重新開始廣田、馬立克會談，廣田提案日蘇兩國互相支持、簽訂不侵略條約和「中立化滿洲國」等等，馬立克答應向其政府報告內容。東鄉外相希望和策畫派特使前往蘇聯進行停戰交涉，七月八日，懇請近衛文麿訪蘇。七月十日，經最高戰爭指導會議之決定，十二日，爲斡旋和平，昭和天皇命令近衛訪蘇，同日訓令佐藤尚武駐蘇大使就近衛訪蘇事與蘇聯交涉。十三日，佐藤向蘇聯提出此事，惟因莫羅托夫外相以忙於前往柏林，而未同意會面。十四日，莫羅托夫與史大林首相往柏林出發。

波茨坦會議

從七月十七日起，在柏林的郊外波茨坦舉行了美英蘇的三國首腦會議。美國總統羅斯福於四月十二日去世，副總統杜魯門繼任總統出席是項會議，英國首相邱吉爾因爲落選，中途改由亞特禮首相出席。會議的議題是德國問題、東歐問題和日本的停戰問題。

七月十七日，史大林表示：懸案的蘇聯對日參戰日期爲八月十五日，使杜魯門放心。可是同日接到前一天即十六日在新墨西哥沙漠史上首次所作原子彈試爆成功消息以後，杜魯門突然改變態度，擬使用原子彈以結束對日戰爭，以封殺因蘇聯參加對日作戰增強其在東亞的發言權。此時，美蘇兩國之間就德國問題和東歐問題已經開始嚴重對立，與親蘇的羅斯福不同，就反蘇的杜魯門而言，原子彈是壓倒蘇聯的「王牌」（註一三）。

七月十八日，史大林就十三日日本所提出之事徵求杜魯門的意見，根據杜魯門的意思，作成近衛的使命不清楚，「不能作任何明確的回答」的答覆，同日送交佐藤大使（註一四）。七月二十五日，佐藤大使根據日本政府訓令，再次向蘇聯政府提出：「近衛特派使節的使命是，爲結束戰爭擬請蘇聯政府盡力斡旋，並將向蘇聯政府陳述具體的意圖」（註一五）。

七月二十四日，杜魯門批准在八月三日以後（波茨坦會議預定於八月二日結束），要盡快將第一顆原子彈投於廣島、小倉、新潟或長崎的任何一個城市的命令。

七月二十六日，經過沒有參加波茨坦會議之蔣中正國民政府主席的同意之後，中美英三國發表了對日共同宣言亦即波茨坦宣言。在該項宣言的第一至第四項，三國的陸海空軍警告：「對日本國已完成即將予以最後打擊之態勢」，「吾等軍事力最高度之使用，意味著日本國軍隊不可避免且完全之毀滅，同時必然地使日本國本土全面被破壞」，「日本國已經到達：必須決定選擇到底要繼續接受因無知的打算，將日本帝國帶到滅亡之深淵由一意孤行的軍國主義者統御的道路，還是要走理性道路的關頭」，「吾等之條件如左」，掃除軍國主義者之權力和勢力（第六項），占領同盟國所指定日本國領域內各地點（第七項），根據開羅宣言縮小日本領土（第八項），解除日本國軍隊之武裝與復員（第九項），處罰戰犯與建立民主主義（第十項），為取得賠償維持產業與禁止重新軍備之產業（第十一項）等等，「達到上述各種目的，根據日本國民自由意志表明，成立和平傾向且負責任的政府時，盟國的占領將立刻由日本國撤退」（第十二項），最後正告：「吾等要求日本國政府即時宣布全日本國軍隊的無條件投降，……上述以外之日本國的選擇，就是日本國迅速而全面的毀滅」（註一六）。

波茨坦宣言是以對德國戰爭勝利和三年八個月之對日本戰爭的經過為基礎，發展一九四一年十一月二十六日哈爾備忘錄的旨趣，以反擴張主義、反法西斯主義之理念結合的各同盟國全面而最後的共同意思表示。同時波茨坦宣言的第十二項，刪掉了其原案中「（日本政府）將包括現今皇統之下的立憲君主制」的這些文字（註一七）。這消除了以維持國體爲抗戰、停戰之至上課題的日本，即刻接受波茨坦宣言的可能性。第十二項的變更，反映了以使用原子彈結束戰爭之杜魯門的政略和美國帝國主義的戰略。

使用原子彈

對於波茨坦宣言，七月二十七日的最高戰爭指導會議和內閣會議，根據東鄉外相的主張，確認不要拒絕，暫時不表示態度，繼續推動對蘇交涉的方針。可是於七月二十八日，鈴木首相受到軍部的壓力，在記者招待會表示：「我認爲三國共同聲明是開羅宣言的改寫。政府以爲它並沒有任何重要的意義。所以只有『默殺』（置之不理）。我們惟有斷然往完成戰爭而邁進」，隔天的日本報紙大事報導了其內容（註一八）。鈴木的「默殺」應該是 no comment 的意思，但同盟國卻將其解釋爲 ignore，即日本拒絕了波茨坦宣言的意思。

八月二日，波茨坦會議結束。三日，美國政府下達了投擲原子彈的作戰命令。六日，由吉別茲（Paul Tibbets）上校指揮的 B29 愛諾拉．凱機，裝載使用鈾二三五的原子彈「小男孩」（相當於 TNT 炸藥一萬二千五百公噸），從得尼安基地出發，於上午八時十五分十七秒，從廣島的上空九千六百公尺投下這顆原子彈。它於四十三秒後在大約五百八十公尺的上空爆發，因其猛烈的熱線、衝擊波、爆風、放射線和大火災，大約十三平方公里的市區頓時變成廢墟，被炸後四個月之內死亡者達九萬到十二萬人，而且有更嚴重和悲慘的後遺症。

杜魯門總統於該日聲明這個炸彈是原子彈，並預告如果日本的領導者不接受波茨坦宣言，將再以原子彈攻擊。

日本大本營於八月七日下午三時三十分，發表「廣島市受到 B29 少數敵機之攻擊，發生相當之損失。……敵方在上述攻擊似使用了新型炸彈，目前正在詳細調查中」（註一九），防空總本部以避難於防空洞內有效，不要露出手腳，並指示「只要穿軍裝程度的衣服應該不會燙傷」（註二〇）。陸軍輕視其嚴重性，不欲承認這是原子彈。但於八月八日，東鄉外相向昭和天皇就美方所發表有關原子彈作了詳細報告，天皇以對方既然使用了這種武器，要繼續作戰已屬不可能，而命令東鄉要努力於盡快結束戰爭。

因而於八月九日舉行了最高戰爭指導會議。這一天，裝載使用鈈二三九的原子彈「胖子」（相當於 TNT 炸藥二萬二千公噸）B29 伯克斯．卡機，由得尼安基地起飛，因第一目標的小倉不能目視瞄準，遂飛往第二目標的長崎，於上午十一時二十分投下該顆原子彈。以浦上地區為中心的大約六點七平方公里成為廢墟，死了六萬到七萬人（註二一）。

註釋

註一　編纂委員會編刊《鈴木貫太郎傳》，一九六〇年，頁一八九。
註二　東鄉茂德《東鄉茂德外交手記》，原書房，一九六七年，頁三二〇～三二三。
註三　《戰史叢書　大本營陸軍部(10)》，頁二四五。
註四　同前，頁一六四。
註五　《朝日新聞》，一九四五年四月二十一日。
註六　《週報》，一九四五年四月二十五日。
註七　防衛廳防衛研修所戰史室《戰史叢書　本土決戰準備(一)》，朝雲新聞社，一九七一年，頁二五四。
註八　下中彌三郎編《翼贊國民運動史》，同刊行會，一九五四年，頁二七〇。
註九　《主要文書》，頁六一一～六一二。

註一〇　同前，頁六一五～六一六。
註一一　《木戶幸一日記(下)》，頁一二〇八～一二〇九。
註一二　同前，頁一二一三。
註一三　荒井新一《原爆投下への道》，東京大學出版會，一九八五年，頁二二三、二二九～二三〇。
註一四　外務省編《終戰史錄(3)》，北洋社，一九七七年，頁一六三。
註一五　同前，頁一六四。
註一六　《主要文書》，頁六二六～六二七。
註一七　《原爆投下への道》，頁二三九。
註一八　《朝日新聞》，一九四五年七月三十日。
註一九　同前，一九四五年八月八日。
註二〇　同前，一九四五年八月十日。
註二一　投於長崎的原子彈雖然比投於廣島者破壞力大，其所以比廣島死傷的人數少，係由於爆心地為被丘陵環繞的谷地浦上地區，市中心街為丘陵所遮住，熱線和爆風幾乎沒有波及所致。根據一九九〇年五月所發表厚生省的調查，因原子彈死亡者，廣島為二十萬一千九百九十人；長崎為九萬三千九百六十七人，共計二十九萬五千九百五十六人，但也有人調查死亡總數為大約三十八萬人。根據此項調查，被丟原子彈當天的死者，廣島為百分之二十三點五；長崎為百分之二十點一，一九四五年的死者，廣島為百分之三十九點五；長崎為百分之三十點六。

第二十四章　日本投降

蘇聯對日參戰

一九四五年八月八日下午五時，等著蘇聯答覆的駐蘇大使佐藤尚武，從莫羅托夫外相所得到的是蘇聯對日參戰的宣言。它說日本拒絕波茨坦宣言，故日本對蘇聯所提出居間調停的提議，「完全失去其基礎」，蘇聯按照同盟國的提案參加波茨坦宣言，以「促進和平，從更大的犧牲和苦難拯救各國國民，（做爲）令日本人……避免危險和破壞的唯一手段」，通告自八月九日起，蘇聯將與日本進入戰爭狀態（註一）。而蘇聯之所以比在波茨坦所約定八月十五日提早六天對日宣戰，是因爲美國在廣島投下了原子彈。杜魯門的政略完全與願違。

蘇聯遠東軍，以華西勒夫斯基（Alexadr Mikhailovich Vasilévskii）元帥爲總司令官，早在遠東集中並展開了一百五十萬以上的兵力。八月九日，蘇軍從外蒙古南部國境至沿海州和庫頁島國境，在五千公里以上的戰線同時開始攻擊，八萬外蒙軍也與蘇軍共同行動。

關東軍（總司令官爲山田乙三大將）雖然補足了七十五萬的人員，但其精英部隊多轉用於南方和日本內地，所以是動員在滿洲之日人濫竽充數的弱體部隊，既訓練不足，裝備又差，甚至於有火砲皆無的野戰重砲兵聯隊。五月三十日，大本營在「滿鮮方面對蘇作戰計畫要項」，下令關東軍要固守以朝鮮國境爲底邊，長春爲頂點的三角地帶的方針（註二）。而且，對於遷居國境地帶之墾荒團（日語爲開拓團——譯者）的日僑，爲「確保對蘇靜謐」，不採取事先疏散的措施。這意味著要把日僑棄置不顧，做爲關東軍的「稻草人」或「擋箭牌」（註三）。

八月九日，大本營命令「關東軍以對蘇作戰爲主要作戰，俾保衛皇土和朝鮮」，十日，再次命令「保衛朝鮮」，並准許關東軍總司令部「轉移」（註四）。十日，關東軍總司令部決定「轉移」通化，十二日，山田總司令官率領幕僚由長春退卻到沒有通信設備的通化。關東軍在整個戰線潰退，滿洲國一舉瓦解（註五）。

被關東軍遺棄之以婦女、幼兒爲主的日本人，在蘇軍猛攻下流竄中被殺傷，或集體自殺，更被掠奪、毆打和強姦。也有受到中國人的報復者。他們的前途，只有飢餓、酷寒、疾病中慘澹的逃難。

琉球戰役與蘇聯參戰下之滿洲的情況，充分證明：作爲國家權力機構的軍隊，係以保存其本身爲最後的使命、目的和欲望，而爲著這個使命、目的和欲望，他們不惜犧牲自己國家的國民。

蘇聯對日本宣戰時，日蘇中立條約仍然有效，故蘇聯對日開戰是侵犯該項條約的不當行爲。但日本在德蘇開戰時，已經以關東軍特種演習實質上侵犯了該項條約，故日本實無非難蘇聯對日開戰的資格。

蘇聯的對日參戰，本係基於美國的請求，而實行雅爾達協定者。蘇聯的參戰，打破了擬請蘇聯居間調停結束戰爭之日本戰爭領導者的幻想。因此曾予爲維護國體最懼怕共產革命之天皇以下皇宮派以極大的衝擊。在另一方面，日本本土決戰體制係以蘇聯不參戰爲前提的構想，因其前提已經崩潰，所以軍部便失去了本土決戰、反對接受波茨坦宣言的根據。是以蘇聯之參戰粉碎了日本之戰爭指導者的抗戰意志，並使其決心接受波茨坦宣言。蘇聯之對日參戰「促進和平」，結束了第二次世界大戰。

如果沒有蘇聯的參戰，日本的戰爭指導者尤其是軍部，雖然廣島和長崎被投擲原子彈，他們很可能還是會繼續抗戰。若是，杜魯門在八月二十一日左右，「可能命令投第三顆原子彈於東京、新潟、小倉的其中一個城市」（註六）。

但蘇聯的對日參戰擁有將此種意義化爲烏有的否定因素。以雅爾達協定將千島列島交給蘇聯（註七）爲首的大國主義、擴張主張的政策，對日開戰之報復主義的根據（註八、九），前述蘇軍對日本人非戰鬥員的暴行，許多日本軍民長期在西伯利亞、中亞的拘留和強制勞動（註一〇、一一、一二），未經中國同意，將舊滿洲國的產業設施、資產、資材搬到蘇聯等等便是其牢牢大者。凡此，大大地損傷了在反法西斯主義、反擴張主義戰爭中獲得勝利，從德國的侵略自求解放的社會主義國家蘇聯的榮譽和理念。

日本有條件地接受波茨坦宣言

蘇聯的對日參戰粉碎了日本之戰爭指導者的抗戰意志，並使其不得不接受波茨坦宣言。八月九日上午九時五十五分，昭和天皇命令木戶內大臣：「就收拾戰局需要迅速研究決定，故應與首相充分懇談」（註一三）。十時十分，木戶「轉達（鈴木首相）以聖旨，極力主張此時當利用波茨坦宣言，以結束戰爭之必要」（註一四）。東鄉外相也決心除保留國體問題以外，只有接受波茨坦宣言之一途。

但在上午十一時以前召開的最高戰爭指導會議，東鄉外相以維護國體爲保留條件主張接受波茨坦宣言，反此，阿南陸相、梅津參謀總長和豐田軍令部總長，除維護國體外，主張加上自動撤兵、日本自己處理戰犯和不保障占領的三個項目做爲接受波茨坦宣言的條件，經過激烈辯論結果，於下午一時停止開會，將問題交給臨時內閣會議。總之，日本一直執著的滿洲國，在自己瓦解以後，自不能確保了。

下午二時半，舉行臨時內閣會議，一個條件的東鄉外相與米內海相和四個條件的阿南陸相對立，晚上十時在意見不一致的狀況下休息。在這期間的下午四時許，得到長崎被投原子彈的消息。

木戶於下午三時十分、四時三十五和十時五十分，三度晉見昭和天皇，並與鈴木首相商量。鈴木首相請求於晚上十一時在天皇御前召開最高戰爭指導會議，並請平沼騏一郎樞密院議長出席，昭和天皇立刻同意。十一時二十分，木戶又與天皇商量。由此決定了近衛和木戶等人所構想準備擬以聖斷解決停戰的梗概。

晚上十一時五十分，在皇宮的防空洞，舉行了事先未經溝通的無前例御前會議（譯註①）。在這會議席上，一條件論的東鄉外相和四條件論的阿南陸相針鋒相對，米內和平沼支持東鄉，梅津與豐田聲援阿南，三比三，陷於僵局狀態。十日凌晨二時，鈴木首相向昭和天皇請求「以聖慮決定本會議」（註一五）。天皇下了贊成東鄉外相之意見的判斷（聖斷），並說明其理由：「譬如說本土決戰，最重要的九十九里濱的防備還沒有完成……計畫和實行常常不一致。這樣怎麼能夠打勝仗？當然，想到忠勇的軍隊之被解除武裝、處罰戰爭負責人等……實在不忍心。但今日是必須忍所不能忍的時候」（註一六）。凌晨三時，召開內閣會議，決定以維護國體爲條件接受波茨坦宣言。凌晨六時四十五分以後，發出「在不包括變更天皇之國家統治大權之要求的了解下」願意接受波茨坦宣言的電報（註一七）。

一個條件與四個條件的對立，是互相依賴分有天皇制法西斯主義國家權力的皇宮派與軍部，面臨其權力滅亡的危機，爲著維護其各自的生命作你死我活鬥爭的反映。皇宮派獲得政府首腦的協助，意圖捨去賴以依靠的天皇制軍部和軍隊，以確保天皇制之核心的天皇的地位與權能的保全與安泰。準備把天皇、國家和國民拖進本土決戰的軍部，除非保證他們機構的生存和安泰，否則他們不肯同意投降。而這個軍部首腦之所以接受一個條件，乃是由於因蘇聯的參戰而失去了本土決戰的最後生路，同時作出此種決定的又是軍部本身權力的根本，最高、絕對的統帥天皇（大元帥）。

但陸軍省軍務局的少壯軍官們，卻不支持軍部首腦的屈服，準備徹底抵抗，並計畫要發動政變。

投降的聖斷

八月十日上午十時左右，杜魯門總統接到日本政府的答覆，中飯後，在白宮美國政府舉行了首腦會議。會議就日本所提出的條件意見對立，惟認爲必須在蘇軍到達日本本土以前令日本投降，因此以調和日本的條件和波茨坦宣言第十二項的方式接受日本的投降，並由美國國務卿龐茲（James Byrnes）起草回答文，經中、英、蘇三國的同意，於八月十一日通知日本。回答内容如下：

從投降時起，天皇和日本國政府的國家統治權限，將隸屬於爲實施投降條款認爲需要採取必要措施之同盟國軍最高司令官限制之下（Shall be Subject to）。……最後之日本國政府的形態（The ultimate form of government of Japan），依照波茨坦宣言，要由日本國國民自由表明的意志決定（註一八、一九）。

八月十二日上午八時半，梅津、豐田兩總長對昭和天皇表示反對同盟國答覆的意思。十一時，東鄉外相向昭和天皇表示應該接受同盟國的回答，天皇也指示要立刻接受。但平沼樞密院議長以不能維護國體而由贊成變成反對，阿南陸相強硬主張就國體問題再照會，鈴木首相也贊成阿南的意見，下午二時左右將此意思報天皇，天皇亦稍稍動搖而指「要好好研究」（註二〇）。東鄉決心辭職，而請木戶作最後的努力。木戶「很擔心」，乃於下午九時半與鈴木會面，「即使國內有發生動亂等憂慮，亦力主需要斷然實行，首相表示完全同感，而使我加強信心」（註二一）。

八月十三日，在上午九時前召開最高戰爭指導會議，下午四時舉行內閣會議，在這兩個會議席上，即時接受論與再照會論互相對立，議論始終無法交集。鈴木首相說擬再次懇請聖斷，而於下午七時停止內閣會議。八月十三日黃昏以後，B29在東京等地開始散發印著希望日本政府接受波茨坦宣言和同盟國回答文的勸告停戰傳單，因此已經刻不容緩。

八月十四日早晨，鈴木和木戶認爲應由昭和天皇提議召開御前會議，乃於上午八時四十分向天皇請求。昭和天皇基於這個建議立刻召集御前會議，命令所有閣員和最高戰爭指導會議的全體成員於十時半進宮。在這以前的十時二十分，昭和天皇召見杉山元、畑俊六、永野修身三元帥說：「皇室的安泰，敵方已確約，……沒有問題」，並命令就接受同盟國回答「元帥也要協助」（註二二）。

既不是天皇蒞臨事先準備好的御前會議，而是天皇親自所召集沒有前例的御前會議，從上午十一時五十分左右起，舉行於皇宮的防空洞。

在會議席上，鈴木首相指名梅津、豐田總長和阿南陸相說明爲何主張應該再照會。昭和天皇聽完了之後表示：「我的想法與上一次所說沒有兩樣。……現在已經無法繼續從事戰爭。同盟國的回答對國體問題有人表示疑慮，但我認爲對方在大致上接受了我方的主張」，所以希望接受同盟國的答覆，並說：「我實在不忍心再看到國民的痛苦。我無論遭到何種遭遇，我要救國民。……如果需要呼籲國民，我願意站在麥克風前。」與會者皆「感泣嗚咽」，昭和天皇也流涕（註二三、譯註①）。至此，以聖斷決定了日本的投降。

在昭和天皇等人費時於結束戰爭的期間，國民的犧牲仍然在繼續增加。即從八月十四日晚上到十五日早晨，二百五十架 B29 以燒夷彈攻擊七都市，高崎、熊谷等幾成爲廢墟，死傷數千人。

八一五事件、天皇廣播與簽字降書

御前會議以後，召開内閣會議，以審議結束戰爭的詔書案，包括阿南陸相的全體閣員副署之後，於晚上八時半由鈴木首相向昭和天皇提出，十一時公布接受波茨坦宣言的詔書，同時通知同盟國。晚上十一時二十分左右，在皇宮開始錄音昭和天皇的廣播（日人稱爲「玉音放送」——譯者）。

對於八月十一日之同盟國的回答，欲抗戰到底的陸軍省軍務局的畑中健二少佐、椎崎二郎中佐、竹下正彥中佐等人，曾使用東部軍近衛師團的兵力，壓制皇宮等，計畫「保護要人，擁皇上，以期變更聖慮」的政變，並於八月十三日下午八時建議阿南陸相於十四日上午十時實行（註二四）。阿南沒有作明確回答，而於十四日上午七時徵求梅津參謀總長的同意，但梅津沒有同意。爾後，經昭和天皇召見三元帥，御前會議和聖斷，下午二時四十分，阿南、梅津、教育總監土肥原賢二大將、杉山、畑和航空總軍司令官河邊正三大將的陸軍六首腦，簽署了「皇軍將絕對服從聖斷以行動」的「陸軍的方針」（註二五）。

陸軍首腦雖然服從聖斷，但畑中、椎崎等卻意圖以近衛師團占領皇宮，奪取昭和天皇的錄音片，而於八月十四日夜半求見近衛師團長森赳（譯註②）中將，要求其同意政變，因被拒絕，遂殺死森，並假森之名發出僞師團長命令，以近衛師團的一部分占了皇宮。但未能找到錄音片，也未能逮捕木戶內大臣等，而爲東部軍司令官田中靜壹（譯註③）大將的手下所鎮壓，畑中和椎崎自殺（八一五事件），阿南陸相也於八月十五日凌晨自盡。此外，厚木海軍航空隊和民間的強硬派等也曾經有過叛亂行動，但對大勢毫無影響。

八月十五日中午，廣播了昭和天皇的錄音。日本國民在茫然之中迎接了戰爭的結束。下午三時二十分，鈴木內閣提出總辭職。翌（十六）日，昭和天皇命令東久邇宮稔彥王組閣，十七日內閣正式成立。

八月二十八日，盟軍先遣部隊到達神奈川縣厚木機場，三十日，麥克阿瑟盟軍最高統帥飛抵厚木。九月二日，在東京灣密蘇里美國戰艦上舉行降書簽字儀式，重光葵外相和梅津參謀總長在降書上簽字。自一九三一年九月十八日以來的十五年戰爭，至此結束。

註釋

註一　外務省《終戰史錄(4)》，北洋社，一九七七年，頁八三。

註二　《戰史叢書　大本營陸軍部(10)》，頁二三二。

註三　編集部《棄民四一年の國家責任》，《朝日ジセーナル》，一九八六年五月三十日。

註四　防衛廳防衛研修所戰史室《戰史叢書　關東軍(2)》，朝雲新聞社，一九七四年，頁三九七～四〇〇。

註五　「皇帝」溥儀於八月十八日宣布退位，十九日意圖亡命日本時，在瀋陽機場為蘇軍逮住。

註六　前揭荒井信一《原爆投下への道》，頁二六三。

註七　千島列島，當然包括國後島、擇捉島，至最北端的占守島的整個島嶼，於一八七五年，與俄帝的庫頁島交換條約確定為日本領土，所以將其交給蘇聯顯然違反開羅宣言。

註八　史大林於九月二日對蘇聯國民的布告說：「日俄戰爭當時的敗北，……為我國留下污點。我國國民一直等著打敗日本，拭掉這個污點的一天。……這個日子終於到來了」。

註九　《終戰史錄(4)》，頁九三。

註一〇　這違反了波茨坦宣言第九項。被扣留者為六十三萬九千六百三十五人，其大部分已於一九四九年年底左右以前回國。迄至一九五六年年底戰犯長期受刑者被釋放回國，一共死了六萬二千六十八人。日軍被俘虜六十萬九千四百四十八人，軍方文職人員、民間人士被扣留者六千六百五十八人，共計死了六萬一千八百五十五人。

註一一　ソ連科學アカデミー東洋學研究所アレクセイ・キリチエンコの談話。《朝日新聞》一九九〇年六月十七日、《讀賣新聞》一九九〇年六月二十一日。

註一二　ソ連軍事史研究家ガリツキー　海軍大佐による。《每日新聞》一九九一年二月八日夕刊。

註一三　《木戶幸一日記(下)》，頁一二二三。

註一四　同前。

註一五　《終戰史錄(4)》，頁一四一。

註一六　《木戶幸一日記(下)》頁一二二三～一二二四。

註一七　《主要文書》，頁六三二。

註一八　八月十二日聆聽到盟邦回答之廣播的日本外務省，將原文的「從屬」，包括天皇的「日本最後政治形態」，各以上述引用文意譯傳達。

註一九　《主要文書》，頁六三五。

註二〇　《終戰史錄(4)》，頁二二五、二三一。

註二一　《木戶幸一日記(下)》，頁一二二五。

註二二　《戰史叢書　大本營陸軍部(10)》，頁五〇五。

註二三　外務省《終戰史錄(5)》，北洋社，頁一九七八年，四八。

註二四　《戰史叢書　大本營陸軍部(10)》，頁四九七。

註二五　同前，頁五一一。

譯註①　請參閱拙譯《昭和天皇回憶錄》中，迫水久常的〈日本的最後一次御前會議〉一文。

譯註②　森赳（一八九四～一九四五），高知縣人，陸士、陸大畢業，中將。曾任第十九軍參謀長、近衛第一師團長，日本投降時被叛亂分子所殺。

譯註③　田中靜壹（一八八七～一九四五），兵庫縣人，陸士、陸大畢業，大將。曾任憲兵司令官、第十四章司令官、陸大校長、第十二方面軍司令官，日本投降後自殺。

結語　十五年戰爭的加害、被害和責任

十五年戰爭，是日本爲貫徹其帝國主義的國家利己主義，以武力壓殺中國恢復主權和民族解放的正當要求，以占領中國之東北爲根本原因的侵略戰爭。侵略的對象是從東北到華北，由華北到全中國，由全中國擴大到東南亞至太平洋。這是基於日本帝國主義兩面性之矛盾的，亞洲門羅主義擴張的實現，惟因從對美英依靠的現實不斷地再生對美英協調（合作）的導向，故其擴張過程並非直線的，而曲折地前進。由於進行亞洲太平洋戰爭，其擴張達到極限，同時迅速破產，擴張終於導致了大日本帝國的毀滅。接受波茨坦宣言（投降）意味著亞洲門羅主義擴張完全挫折和清算，以及全面回歸對美英的合作，但在軍事上的慘敗、被占領和冷戰的條件下，這個回歸不啻是合作和依靠，而且出現了日本附從美國的情況。

透過十五年的侵略戰爭，日本國曾給予對方極大的加害。現在只提到人命的損傷，其最大的被害者是中國，根據刊登於一九八五年八月十八日《人民日報》之石仁禹〈中華民族的壯舉〉的說法，從盧溝橋事變以後中國軍民的傷亡人數爲二千二百二十六萬多人，其中死亡者九百零六萬二千多人，盧溝橋事變五十周年的一九八七年，更發表死者二千萬人以上的數字（註一）。其他各民族、各地區之正確犧牲者的數目不詳，據說大約爲一千萬人。日本對殖民地朝鮮、臺灣的加害，作爲軍人、軍屬將其動員到前線，甚至於強行帶走。此外，還有大量、集體、不區別的屠殺、處刑，化學戰、細菌戰、活人身體實驗、鴉片、麻醉藥、強制勞動等等許多反人道的行爲和犯罪。

在另一方面，因爲此次戰爭，日本國民也受到很大的傷害。其犧牲者人數，軍人、軍屬大約二百三十萬人，在外地死亡的平民大約三十萬人，日本本土戰災死亡者大約五十萬人，共計大約三百十一萬人（其中，中日戰爭死亡者十八萬九千人）。至於平民的被害，廣島、長崎的原子彈，琉球戰役，東京大轟炸，滿蒙開拓團的損失特別大；軍人則以「玉碎」、「特攻」的方式表現了日軍反理性、反人性到極點。

對於一九九一年的波斯灣戰爭，伊拉克的胡笙總統被批評爲「無謀」（胡來）和「狂信」。但伊拉克軍並沒有特攻和玉碎，更沒有拖著居民作絕望的抵抗，而單純地投降和停戰，對多國籍軍也沒有使用過化學武器。十五年戰爭的日本，遠比波斯灣戰爭的伊拉克凶暴和愚蠢。

十五年戰爭的加害和被害並非不可避免的和宿命的，而是大日本帝國的戰爭指導者和執行者一連串政策和行爲之選擇的結果，因此必須追究戰爭指導者和執行者的責任和犯罪。在占領下的遠東國際軍事審判和 BC 級審判雖然追究過，但並不夠徹底，尤其對於十五年戰爭具有最大責任的某人物竟置之不問。

在十五年戰爭期間，更換過首相十三人（十五人次），參謀總長五人，軍令部長（總長）六人，其他的戰爭指導者也換得很頻繁。惟有昭和天皇裕仁始終一貫保持其地位，以陸海軍大元帥身分統率日本帝國陸海（空）軍。陸海兩總長並非像國務大臣那樣的輔弼者，而是輔佐天皇的最高幕僚長，因此就天皇之統帥權的行使應該負責任（註二）。

昭和天皇在九一八事變的時候，默許了林（銑十郎）朝鮮軍司令官的重大違反軍紀，並對關東軍的獨斷行動發布了全面的贊揚勅書。昭和天皇在中日戰爭時，於御前會議同意過對中國很苛酷的媾和條件，未支持欲與國民政府繼續交涉的參謀本部立場，導致近衛內閣「爾後不以國民政府爲對手」而走上使戰爭長期化的道路。昭和天皇在太平洋戰爭時，經四次御前會議之後下了開戰的聖斷，以大元帥身分直接指導戰爭，未接受近衛建議迅速停戰的上奏，致使造成重大的慘禍，同時拘泥於維護國體，對接受波茨坦宣言費時，因而擴大日本的慘禍。以上是昭和天皇應負的主要戰爭責任。

在十五年戰爭中，日本國民之所以忍耐犧牲和痛苦，甚至玉碎、集體自殺和從事特攻，是因爲假天皇之命以這個戰爭爲天皇的戰爭（聖戰，註三）的結果。昭和天皇令日本國民絕對隨順他，盡忠報國，滅私奉公，粉骨碎身，以完成戰爭，因此造成天大的加害和被害。昭和天皇實不能免除這種道義的責任。

大日本帝國憲法第三條有「天皇神聖不可侵犯」，君主不負責的規定，故有主張不應追究昭和天皇的戰爭責任的見解。但這個見解之成立有一個前提，就是天皇必須遵守大日本帝國憲法，可是昭和天皇卻以在憲法上沒有根據的御前會議這個非立憲的程序再三決定了重要的最高方針。一方面脫離憲法，另方面要以憲法來辯護是不可能的。而且，憲法是國内法，對外沒有免責天皇的權能。事實上，在遠東國際軍事法庭，有不少主張應該起訴昭和天皇的意見，威布審判長在判決的「另外意見」中指出：「以天皇只有根據建議而行動此種説法與證據互相矛盾。即使他是根據建議而行動，但這他意味著他認爲這樣作是適當的。故這並不限制他的責任。總之，對於依照大臣的建議而犯國際法上的罪，縱使是立憲君主也是不能允許的」（註四）。是即免責昭和天皇，乃是美國的政略的結果。

我認爲，不因同盟國沒有追究其責任，昭和天皇的戰爭責任就告消滅。最低限度，昭和天皇在日本投降後沒多久，應該自動對國內外就其戰爭責任謝罪（註五、六、七），並退位和隱居（註八、九）。但昭和天皇沒有這樣作，而繼續留於其位。一九九〇年所發表的所謂〈昭和天皇獨白錄〉（註一〇），說明了在遠東國際軍事審判快要開庭的一九四六年初，昭和天皇用心於如何免除其責任和罪過。（註一一）經過三十年以後的一九七五年一月三十一日，對於新聞記者問起戰爭責任，昭和天皇回答說：「對這種辭藻，我因對文學方面沒有什麼研究，所以對此種問題不能作答」。（註一二）因此對於昭和天皇在一九四五年八月十四日御前會議所說「不管我會怎麼樣，我都要救國民」這句話，我覺得很空洞。

總而言之，導致這樣嚴重的結果，而未被追究責任，自己也沒有負起責任，仍然保持其地位，且享受天年的君主，古今中外，實絕無僅有。在此種意義上，作爲君主，昭和天皇是成功的。

但這種成功，與作爲君主的昭和天皇是否英明，乃是兩件事。至少，昭和天皇被免除責任繼續保持其地位，天皇和皇室無疑地付出了巨大的代價。這個代價就是日本國民喪失了對天皇和皇室真正的尊敬和連帶的感情。

一部分的日本國民，雖然蒙受過十五年戰爭的災難，對天皇和皇室仍然具有單純而天真的敬愛之情是事實。惟因昭和天皇對戰爭責任所表現的態度，多多少少損傷了相當部分日本國民的心，或多或少使他們對昭和天皇和皇室的不信任。昭和天皇去世以後的民意調查的結果如另表，而從這個數字，我們可以看出日本國民的血絕沒有白流。即包括以爲昭和天皇沒有戰爭責任的這些人在內，我相信絕大多數的日本國民，不會再爲昭和天皇的繼承人奉獻其生命。與因聖斷結束了聖戰（天皇）的同時，日本國民之信仰和奉獻聖上（天皇）也結束了。

另一方面，在與天皇等戰爭指導者不同層次的意義上，對於十五年戰爭，日本國民也有責任。亦即日本國民也深爲國家利己主義所迷，除少數者外，絕大多數的日本國民都支持戰爭，時或甚至於狂熱地協助戰爭。這是由於多年來的教育，灌輸日本國民以天皇和日本國家爲至高無上的觀念，鞏固軍國主義和排外主義的念頭，在嚴格的媒體管制之下只片面提供錯誤的資訊，被置於絕不容許批評和反對天皇、國家、軍部和戰爭的嚴重鎮壓機構之下所造成，但既然依國民的支持和協助進行戰爭，因這個戰爭給予各國國民和各民族很大的慘禍，國民也未能自己來結束這場戰爭，日本國民也應對外負戰爭的責任。

但日本國民對此次戰爭責任的自覺並不夠，《朝日新聞》的主題談話室「戰爭」，從一九八六年七月到一九八七年八月，曾經刊登過一千零二十五個人投稿（註一三），其中被害經驗者八百六十三人（百分之八十四），加害經驗者一百零四人（百分之十），其他五十八人（百分之六）。這顯示日本國民對於十五年戰爭的加害與被害具有與事實不符的認識。他們徒有被害者意識，很少有加害者意識，當然也就很難對戰爭產生責任的自覺。

不過，日本國民這種自我中心的對戰爭的看法，乃是由於昭和天皇對其責任沒有作適當的去留。戰後的日本政府以昭和天皇爲首，對日本的戰爭責任一直採取含糊的態度，在學校教育上，依檢定教科書的方法故意掩飾日本的侵略、戰爭犯罪和不正行爲的結果。

一九八九年二月十八日，在眾議院預算委員會，對於日本共產黨副議長不破哲三之「希特勒的戰爭，是不是侵略戰爭」的質詢，竹下登首相回答說：（是否）要把它總括爲侵略戰爭，應由將來的史學家去評斷」，對此韓國和中共自不在話下，但義大利各報則說「這是歪曲歷史」而予以抨擊（註一四），而這個日本國首相的言辭之如何傲慢和自以爲是，與於一九八九年九月一日，爆發第二次世界大戰五十周年，西德首相柯爾在西德聯邦議會特別院會所作的紀念演講比較，就很明顯。柯爾首相的演說，對於不懂戰爭的日本國民的年輕一代，或許能夠幫助他們了解日本人應有的責任和義務。他說：

「以德國人之名和德國人之手，對人類和各國國民帶來無法形容的災禍，我們要謝罪。唯有道出事實才能彌補戰爭的傷痕和導致和解。……西德的年輕一代對獨裁和大戰，都沒有受到責備的理由。因爲他們年輕。但過去與我們同在，年輕的一代也負這個責任。任何德國人都無法逃避（納粹犯罪的責任）。……知道本世紀之歷史的人，對現代的危機和誘惑是很敏銳的。」（註一五）

註釋

註一　劉大年《抗日戰爭と中國の歷史》，前揭《中日戰爭と中日關係》，頁二八。

註二　前揭家永三郎《戰爭責任》，頁四四、二六五。

註三　三國一朗《戰中用語集》，岩波書店，一九八五年，頁六一。

註四　《朝日新聞》法庭記者團《東京裁判(下)》，東京裁判刊行會，一九六四年，頁一七四。

註五　一九四五年九月二十七日，昭和天皇往訪麥克阿瑟元帥時，說是「願意負全責」

的《麥克阿瑟回憶錄》（一九六四年）的敍述，已被證實是一種虛構。而即使是昭和天皇說過這種話，從昭和天皇日後的言行來判斷，應該解釋為要麥帥肯定其皇位的拼命說詞。

註六　豊下楢彥〈天皇は何を語，つたか——『天皇・マツカーサー會見の歷史的位置』〉，《世界》，一九九〇年二、三月號，松尾尊公〈象徵天皇制の成立についての覺書〉，《思想》，一九九〇年四月號。

註七　前揭江口圭一《昭和天皇の戰爭責任と日本人の國家意識》，頁一八一～一八六。

註八　近衛文麿於一九四五年一月說：「屆時（最壞時）（天皇）不僅要退位，進仁和寺或大覺寺，以祭祀陣亡官兵之英靈也是一個方法」。

註九　前揭《細川日記》，頁三四一。

註一〇　〈昭和天皇獨白錄〉，《文藝春秋》，一九九〇年一二月號，前揭寺崎英成ほが編著《昭和天皇獨白錄　寺崎英成日記》。

註一一　江口圭一〈昭和天皇の虛像と實像〉，《文化評論》，一九九一年二月號。

註一二　《朝日新聞》，一九七五年十一月一日。

註一三　朝日新聞テーマ談話室編《戰爭—血と涙で綴つた證言（上）（下）》，朝日ソノラマ，一九八八年。

註一四　《中日新聞》一九八九年二月二十一日。

註一五　《每日新聞》、《朝日新聞》一九八九年九月二日。

國家圖書館出版品預行編目資料

近代中日關係研究 第二輯：中日十五年戰爭小史：九一八事變~日本投降 / 江口圭一 著 / 陳鵬仁譯. -- 初版. -- 臺北市：蘭臺出版社, 2022.11

冊；　公分--（近近代中日關係研究第二輯；1）

ISBN 978-626-95091-9-5(全套：精裝)

1.CST: 中日關係 2.CST: 外交史

643.1　　111011488

近代中日關係研究第二輯 1

中日十五年戰爭小史：九一八事變～日本投降

作　　者：江口圭一
譯　　者：陳鵬仁
主　　編：張加君
編　　輯：沈彥伶
美　　編：淩玉琳、陳勁宏、塗宇樵
校　　對：楊容容、古佳雯
封面設計：陳勁宏
出　　版：蘭臺出版社
地　　址：臺北市中正區重慶南路1段121號8樓之14
電　　話：(02) 2331-1675 或 (02) 2331-1691
傳　　真：(02) 2382-6225
E - MAIL：books5w@gmail.com或books5w@yahoo.com.tw
網路書店：http://5w.com.tw/
https://www.pcstore.com.tw/yesbooks/
https://shopee.tw/books5w
博客來網路書店、博客思網路書店
三民書局、金石堂書店
經　　銷：聯合發行股份有限公司
電　　話：(02) 2917-8022　　傳真：(02) 2915-7212
劃撥戶名：蘭臺出版社　　帳號：18995335
香港代理：香港聯合零售有限公司
電　　話：(852) 2150-2100　　傳真：(852) 2356-0735
出版日期：2022年11月 初版
定　　價：新臺幣12000元整（精裝，套書不零售）
ISBN：978-626-95091-9-5